Edition Vita

RIMON

Über den Autor

Viele Jahrzehnte tollte er als Farbtupfer durch die Grauwerte des Alltags. Mit zwanzig Jahren hat alles begonnen, mehrmals ist er mit seinem Eigenheim auf Rädern um die ganze Welt gefahren, begleitet von seiner Frau Maria, den beiden Töchtern Carmen und Mariza sowie seinem Sohn Marco. Er fuhr auf schlechten Straßen, durch Wüsten, bei Nacht, Nebel und Schnee, immer mit dem Ziel vor Augen, einer der ganz großen Clowns zu werden. Wie traurig macht lustig sein? Die Falten im Gesicht von Walter Galetti waren Lach- und keine Sorgenfalten, obwohl er viele Rückschläge erdulden musste. Der kleine Mann mit dem großen Herzen schwelgte lächelnd in Erinnerungen an seine Abenteuer, Höhepunkte und Erfolge. Er dankte seinem Schöpfer, dass er ihm eine Frohnatur in die Wiege gelegt hatte. Seine Augen leuchteten, wenn er von seiner Zukunft erzählte. Er liebte Spontanität und die Arbeit nahe am Menschen und: einfach nur lachen machen. Er hat das Leben all derer, die ihm begegnen durften, bunter gemacht.

Walter Galetti wurde am 21. Januar 1931 in Thayngen geboren. Er begann seine Zirkuskarriere im Stall als Tierpfleger und schaffte den Aufstieg zum berühmten Weltclown, der mit zahlreichen internationalen Preisen ausgezeichnet wurde. Darüber hinaus machte er sich einen Namen als Filmschaffender. Am 20. November 2020 ging die letzte Reise des "Clowns mit Herz" zu Ende.

Walter Galetti

Ein Clown geht um die Welt

Autobiografie

RIMON VERLAG

Unser Angebot im Internet:
www.rimonverlag.com

3. Auflage 2023
Rimon Verlag, Tübingen

Herstellung: Books on Demand, Norderstedt
Umschlagmotiv: Mariza Üstün-Galetti
Umschlaggestaltung, Satz & Layout: Elke Sieferer

ISBN 978-3-910786-02-8

Vorwort Ueli Bietenhader

Es ist zwar noch kein Clown vom Himmel gefallen, dafür aber in eine Wiege. Das muss bei Walter Galetti vor 75 Jahren in Thayngen SH der Fall gewesen sein. Damals hat er es noch nicht gewusst, aber ein Jahrzehnt später, in seinen Bubenjahren, als er anfing, die Menschen in seiner Umgebung durch Kapriolen und Spässe zum Lachen zu bringen, da begann der Clown schon vom Himmel zu fallen. Wie es kam, dass er nach vielen Jahren harten Schaffens, der weltberühmte Clown Galetti wurde, erleben Sie hautnah, wenn Sie sich dieses Buch zu Gemüte führen. Ich hatte das Glück, als Lektor dieses Buches zu fungieren und hätte nie gedacht, dass ich den Clown, der mich in jungen Jahren im Circus derart faszinierte, auf diesem Wege noch genauer kennen lernen würde. Ich kann mich erinnern, dass ich damals schon sagte: „So muss ein Clown sein!" Er muss über die Fähigkeit, lustig, witzig, spassig, humorvoll zu sein, noch etwas Umwerfendes darüber hinaus mitbringen. Und das ist Walter Galetti mit „Der Clown und seine Ballerina", der Koppelung des blossen Clowns mit dem Artisten auf dem Seil, gelungen. Das hat ihn zum weltberühmten Clown gemacht, wie die Höchstauszeichnungen von Paris und Monaco zeigen. Mit dieser Nummer hat er die Circuswelt erobert und ist kreuz und quer durch Europa, nach Arabien bis hin nach Japan „gegangen" – eben: „Ein Clown geht um die Welt". Wenn Sie sein Buch lesen, gehen Sie einfach mit. Seine Sprache, in welcher er erzählt, ist einfach und wahr, liebevoll und mitteilsam, humorig und witzig. Der Clown schimmert auch hier durch.

Persönlich habe ich Walter vor zwei Jahren bei den Dreharbeiten des Spielfilmes „Il venditore ambulante" näher kennen und schätzen gelernt. Walter Galetti zeigt nicht nur in seinem Clown-Sein wahre Grösse, sondern auch als Mensch. Wenn Sie irgendwo rechts oder links des Rheins, im Vorarlberg oder in der Schweiz, einem Menschen begegnen, der in seinen Bewegungen, in seinem Gang immer noch den ehemaligen weltberühmten Clown verrät, und der immer noch den Schaffhauser Dialekt spricht, dann ist es zweifellos Walter Galetti.

Altstätten, 17. März 2005

Vorwort Ralf Klossner

Vor circa fünfzehn Jahren lernte ich Walter Galetti im Filmclub Feldkirch kennen. Mit seinen künstlerisch gestalteten Filmen ist er mir schon damals angenehm aufgefallen. Als Walter Galetti bei einem Clubkollegen die Hauptrolle in dem Spielfilm „Der Baum in Nachbars Garten" drehte, bemerkte ich seine besondere Art, solche Charakterrollen zu spielen. Ich überlegte nicht lange und bot ihm die Hauptrolle in einem meiner neuen Spielfilme „Das Brot meiner Kindheit" an. Zu meiner Freude war Walter Galetti von dem Vorhaben begeistert und hat gleich zugesagt. Mit diesem Film verbuchten wir schon bei der Premiere im alten Kino in Rankweil einen grossartigen Erfolg. Mittlerweile arbeiten wir bereits am dritten Filmprojekt zusammen. Walter Galetti hat immer wieder begeistert von seinem Buch erzählt, welches er am Schreiben sei. Nächtelang sitze er in seinem Atelier vor der Schreibmaschine und bringe seine Erinnerungen und Gedanken auf Papier. Als er mich dann letzten Sommer bat, ihn bei der Relation und der Vermarktung seines Buches zu unterstützen, habe ich nicht lange überlegt und mich mit Freude dieser neuen Aufgabe gewidmet.

Mir gefällt Dein Buch sehr gut, Walter. War es mir doch vergönnt, durch Dein Schreiben einen tiefen Blick in Deine Seele zu werfen. Ich staune immer wieder, wie Du mit offenen Augen durch Deine Welt gehst. Du hast es nicht immer leicht gehabt in Deinem Leben. Knüppel hat man Dir öfters vor die Füsse geworfen. Aber durch Deinen Humor und Deine Zielstrebigkeit hast Du diese Hindernisse meistens mit Bravour umschifft. Freunde sind wie Sterne: Du kannst sie nicht immer sehen, aber Du weisst: sie sind immer für Dich da! Es tut gut, Dich zum Freund zu haben.

Ruggell, im März 2005

Aller Anfang ist schwer

Erst einmal Mensch zu werden. Dann Clown. Und nun noch Memoirenschreiber, wo ich doch lieber angeln würde. Also um Clown zu werden, muss man erst einmal Mensch sein. Und willst du noch ein guter Clown werden, gibt es nur eines: Du musst ein guter Mensch sein. Ein bisschen kompliziert das Ganze, aber im Grunde eigentlich ganz einfach. Als Mensch kann man nur Fröhlichkeit schenken, wenn man selbst fröhlich ist, und ein herzliches Lachen kann nur von Herzen kommen, wenn man auch ein Herz hat. Diese zwei Sachen sind das Fundament eines guten Clowns. Aber um zu lachen und fröhlich zu sein, muss man erst einmal auf dieser Welt sein. Das sollte eigentlich in der nächsten Zeit geschehen. 21. Januar 1931. Da ist es dann passiert.

Meine Eltern wohnten in einem kleinen alten Bauernhaus, hinter diesem kleinen aber lieben Häuschen wuchsen Reben, die sich bis hoch zum Kapf, dem Hausberg von unserem Dorf Thayngen hoch zogen. Deshalb hiess mein Geburtshaus Wyberg. Ich bin also im Wyberg geboren worden. Ich nehme an, dass ich deshalb den Wein so liebe. Von meinem Geburtshaus nur durch eine Strasse getrennt, war der Friedhof. Meine Annahme ist nun die, dass ich deswegen ein bisschen immun gegen das Sterben bin. Ich glaube, dass das stimmt, denn sechsmal hatte ich in meinem bewegten Leben das grosse Glück und die Gnade, dass mein Lebensfaden nie ganz gerissen ist, mich der Tod nur gekitzelt hat. Davon werde ich später gerne erzählen.

Ja, mein Schutzengel und ich, wir hatten schon ein bewegtes Leben, eigentlich auch jetzt noch. Er hatte mit mir noch recht viel zu tun. Der Einfachheit halber haben wir uns auf das Du geeinigt, und er hat mir auch erlaubt, ihm einen Namen zu geben. Meine Grosseltern hatten über ihrem Ehebett ein grosses Bild hängen vom Engel Gabriel, der ein Kind vor dem daher donnernden Zug rettete. Er war gross und stark und doch lieb und zart. Was lag da näher, als meinen Schutzengel auch Gabriel zu nennen. Ich habe seinen Namen gekürzt, ich nannte ihn Gabi, weil es doch manchmal recht schnell gehen musste. Auf seinen Wunsch hin, habe ich meinen Lebensstil ein bisschen eingebremst. Ich darf ja meinen Schutzengel mit seinen bald 75 Jahren nicht zu viel belasten. Er hat nicht nur Arme und Beine, er hat ja auch noch Flügel, und das braucht doppelte Kraft. So wie ich jetzt lebe, ist er recht zufrieden mit mir, wenigstens fast immer. Wenn nicht, dann schubst er mich halt ein wenig von der Seite. Ihm zuliebe schalte ich dann einen Gang tiefer.

Zurück zum 21. Januar 1931. Mein Onkel war bei meinen Eltern auf Besuch. Obwohl er Ernst hiess war er von allen meinen Onkeln der Lustigste. Am 21. Januar ist er dann auch noch Pate geworden. Das hatte er gerne getan, denn er war ein bisschen mitschuldig, dass ich zu früh auf diese bucklige Welt gekommen bin. Er hatte erfahren, dass in dem alten Bauernhaus eine herrenlose Katze aus- und einging. Meine Mutter verpflegte sie ab und zu. Viel war es sicher nicht. Aber sie dankte es ihr mit Schnurren und Schmusen. Die Katze, sie war hungrig und alleine. Sie war froh, dass mein Onkel sich ihrer angenommen hatte, sie streichelte und ihr ein besseres Leben versprach. *Liebe Katze! Du hast das grosse Glück, mit mir eine grosse Reise zu machen.* Er steckte sie in seinen Rucksack, in die so genannte Katzenreisetasche. Mit der Vorfreude auf einen guten, duftenden Braten und einem Schmunzeln im Gesicht wollte er sich von meiner Mutter verabschieden. Aber von diesem Moment an lief alles anders.

Der Boden in der Küche war nicht ganz eben und die Bodenbretter gaben ein wenig nach. Dadurch stand der Küchenschrank nicht so sicher auf seinen vier Füssen. Wenn nun jemand, der nicht ganz so leicht war, am Küchenschrank vorbeiging, öffnete sich die Türe von selbst. Auch an dem Abend des 21. Januar 1931. Onkel Ernst bedankte sich noch für die gute Erbsensuppe. Das war übrigens ein Menü, das es damals öfters gegeben hatte. Dann drückte er meiner Mutter einen Abschiedskuss auf die Wange. Der muss ganz schön kräftig gewesen sein, denn die Schranktüre ging von alleine auf. Sie streifte die Katze in Onkel Ernsts Katzentransportsack. Sie protestierte mit

Miauen, aber nicht das gewöhnliche Miauen, sondern sie stimmte einen richtigen Miaugesang an. Mutter stocherte immer noch in der Erbsensuppe. Sie hatte gerade eine Erbse im Mund, die wohl ein etwas älterer Jahrgang war. Sie sollte gerade geschluckt werden, da ertönte der schöne Miaugesang.

Meine Mutter lachte gern, dass Sie über den Katzengesang lachen musste, das war ja klar. Sie lachte herzlich und lange. Später habe ich sie viele Male so lachen gehört und gesehen. Ich habe es sogar manchmal richtig herausgefordert. Wenn sie so gelacht hatte, dann kamen ihr die Tränen. Sie ging in die Knie und quietschte nach Luft. Sie ging noch tiefer in die Knie, und das Lachen ging in allen Tonarten weiter. Aber diesmal kam die alte Erbse, die nicht weich werden wollte, noch dazu. Sie stellte meiner Mutter die Luft ab. Tränen, Kniebeugen, Lachen und keine Luft mehr, das war zu viel. Nicht nur die Erbse, auch das Lachen ist ihr im Hals stecken geblieben. Es gab auch nichts mehr zu lachen, denn die Wehen setzten ein. Und der kleine Galetti wurde geboren. Also, ich bin wegen zu vielem, aber fröhlichem Lachen meiner Mutter zu früh auf die Welt gekommen. Meine Mutter hat mir das Lachen in die Wiege gelegt. Da musste ich ja Clown werden, um das Lachen und die Fröhlichkeit weiterzugeben.

Bis zum nächsten Lachen ist dann wohl eine längere Zeit vergangen. Die dreissiger Jahre waren eine karge und arme Zeit. Arbeitslosigkeit. Da gab es wenig zu lachen. Irgendwann muss es doch besser geworden sein, Vater hat eine Arbeit gefunden. Es konnte also wieder gelacht werden. Noch nicht so laut und so oft. Aber manchmal ist ein kleines, zufriedenes Lachen oder ein herzliches Schmunzeln genauso gut oder sogar noch besser. Lieber Lachfalten als Sorgenfalten. Nach Mutters Erzählungen habe ich nicht nur Freude gemacht, auch viel Arbeit und ab und zu auch ein bisschen Sorge.

Ich konnte schon mit zehn Monaten laufen, wollte alles wissen und war viel auf Entdeckungsreisen. Von einer solchen hat mir meine Mutter später erzählt. Sie fand in der Küche statt. *Oh, was ist denn das?!* Zündhölzer! Sie waren so schön farbig, und man konnte sie überall anzünden. Ein wenig, nur ganz wenig reiben, egal wo, und sie brannten. Wenn man zwei aneinander rieb, brannten zwei. Wenn man viele aneinander rieb, brannten viele. Es war eine schöne, runde Schachtel, und das Praktische daran war, dass es nicht nur unten, sondern auch oben eine Reibefläche gab. Ja und noch praktischer war, wenn man die Schachteln in den Deckel stellte, dann wurde sozusagen alles eine Reibfläche. Das wusste ich damals noch nicht. Ich wollte ja nur die schöne Schachtel vom Küchenschrank herunterholen, um ein bisschen damit zu spielen.

Die Schachtel war rund, man musste sie nur anschubsen, und schon rollte sie. Das schaffte ich mit einer Kelle. Jetzt rollte sie sogar vom Schrank herunter. Aber bevor sie zum Flug ansetzte, stoppte sie an der Kante und drehte sich um die eigene Achse, die Zündhölzer rieben sich aneinander, und im freien Fall vom Küchenschrank herunter wurden sie zum Feuerwerk. Das Ganze habe ich dann mit meinem Fuss, nein Füsschen, aufgefangen. Ein Vulkanausbruch. Zündhölzer, Schachtel, Reibfläche und Schwefel wurden zur Lava. Das Ergebnis war ein Fünffränkler grosses Loch in dem kleinen Fuss. Meine Mutter konnte nicht nur lachen, sie konnte auch sehr schnell reagieren. Sie verhinderte einen Wohnungsbrand. Das Loch war verheilt, die Schmerzen und die Aufregung vergessen.

Mein Vater hatte Glück. Er bekam Arbeit in seinem alten Beruf. Er war Säger. Nein, nicht Sänger, er hatte mit Holz zu tun. Wäre er tatsächlich Sänger gewesen, da wäre bestimmt so manches anders gekommen. Denn Sänger heiraten immer andere Frauen, nicht so eine liebe wie meine Mutter war. Der Lachkrampf wäre ausgeblieben, und im Wyberg wäre auch kein kleiner Galetti geboren worden. Was hätte ich bloss ohne meine liebe Mutter gemacht? Mein Vater konnte gut singen. Noch besser konnte er Gitarre spielen.

Abbildung 1
Ich im stolzen Alter von einem Jahr. (Foto Rembrant)

Es war kein Morgen wie sonst. Vater sagte zu meiner Mutter: *Heute gehe ich nicht arbeiten, ich habe eine Vorahnung, dass etwas passieren wird.* Dann kam der Chef: *Josef, du musst unbedingt zur Arbeit kommen, am Güterbahnhof steht ein Langholztransport. Du musst die hintere Steuerung übernehmen. Das kann sonst keiner.* Zwei Stunden später hatte es ihm zwischen Baumstämmen, die vom Wagen herunter rollten, die rechte Hand zerquetscht und seinen Daumen abgetrennt. Aus war es mit Gitarre spielen. Schade.

Es war auch schade, dass ich sein gutes Musikgehör nicht geerbt hatte. Meines ist nicht so besonders, ich kann beim Singen die richtigen Töne nicht finden und halten. Dafür hatte unser Lehrer ein gutes Musikgehör. Er leitete alle Chöre in unserem Dorf. Den Frauenchor, den Männerchor und den gemischten Chor und sogar den Kirchenchor. Er hat jeden falschen Ton heraus gehört, und das habe ich des Öfteren zu spüren bekommen. Nur einmal das Do mit dem Re verwechselt, dann gab es für das falsche Do einen Klatsch, für das falsche Re einen Klitsch. Dieses Klitsch Klatsch förderte mein Singen überhaupt nicht. Dabei wäre ich so gerne in der ersten Reihe gestanden, um mich ein bisschen zu produzieren. Ich suchte dann in der letzten Reihe einen Ausgleich und Deckung, um ein bisschen Clown zu spielen. Dazu hatte ich Talent, zum Singen nicht. So blieb mir eben nur das eine. Der Clown.

Wir sangen das bekannte Lied von Schubert *Am Brunnen vor dem Tore*. Mitten im Lied heisst es: Der Hut fiel mir vom Kopfe. Ich fand, das ist die Stelle, die für eine Clownszene recht gut geeignet wäre, und auch von der Gestik her etwas brächte. Eine halbe Pirouette und ein schneller Griff um den Hut aufzufangen. *Hurra, ich habe ihn erwischt.* Ich hatte mit meiner Einlage, obwohl sie recht kurz war, einen grossen Erfolg. Sie ist bei den Mitschülern gross angekommen, bei dem lieben Herrn Lehrer nicht. Der hatte mein Hineinfühlen in das Schubertlied nicht verstanden. Dabei wollte ich doch nur zum Ausdruck bringen, was Schubert mit dem Hut eigentlich wollte. In der Oper wird ja so was auch gemacht, und die Sänger werden noch dafür bezahlt.

Ich habe die Gage auch gleich bekommen. Für das Fangen des Hutes einen Klitsch und für die halbe Pirouette ein Klatsch. Klitschklatsch, das war prompte Auszahlung. Den Mitschülern habe ich für das Lachen gedankt. Dem „lieben" Herrn Lehrer habe ich verziehen. Der kann ja nichts dafür, dass er von Dramaturgie nichts versteht.

Viel später habe ich es noch einmal mit Singen versucht, in einem Clown-Soloprogramm, das war mein grösster Reinfall in meiner Clownkarriere. Ich hatte eine alte Gaslaterne gebastelt die verschiedene Tücken in sich hatte. Und wollte das Lied von der Lilli Marlene unter der roten Laterne singen. Nichts hatte geklappt, am schlimmsten war wohl mein Singen. Durch das Hinterfenster der Bühne bin ich verschwunden, sogar auf die Gage habe ich verzichtet. Und das war diesmal kein Klitschklatsch. Ich habe nie mehr gesungen.

Also, die Geschichte von Schuberts Hut, das war ein wenig voraus gegriffen, fast acht Jahre. Ein bisschen möchte ich die Zeit wieder zurückdrehen. Meine Eltern sind aus dem alten kleinen Bauernhaus ausgezogen. Sie haben eine neue Wohnung angeschafft und für mich einen Bruder. Herrmann hiess mein neuer Bruder. Den „Herr" vor dem „Mann" hat er immer versucht auszuspielen. Den „Mann" hinter dem Herr, das hat er fast immer vergessen. Es war ja auch noch ein bisschen zu früh, ein Mann zu sein. Also, wir waren umgezogen. Wir wohnten nun in der Blumenstrasse im Restaurant zur Blume, im dritten Stock, aber da oben roch es mehr nach Wein und Bier als nach Blumen.

Meine Eltern waren tagsüber bei der Arbeit. Ich war noch im Vorschulalter, aber trotzdem musste ich so viel wie möglich im Haushalt helfen. Ich war schon ein bisschen stolz auf meine Selbstständigkeit. Um meiner lieben Mutter zu helfen, tat ich es gerne. Ich war dafür zuständig, den Kaninchen Futter zu besorgen und sie zu füttern. Es waren viele, manchmal bis zu fünfzig von diesen lieben, aber immer hungrigen Tierchen. Vier Treppen hoch, Holz rauftragen, für Ofen und Herd. Feuer in dem alten Herd und im Ofen machen. Kartoffeln kochen für die allabendliche Rösti.

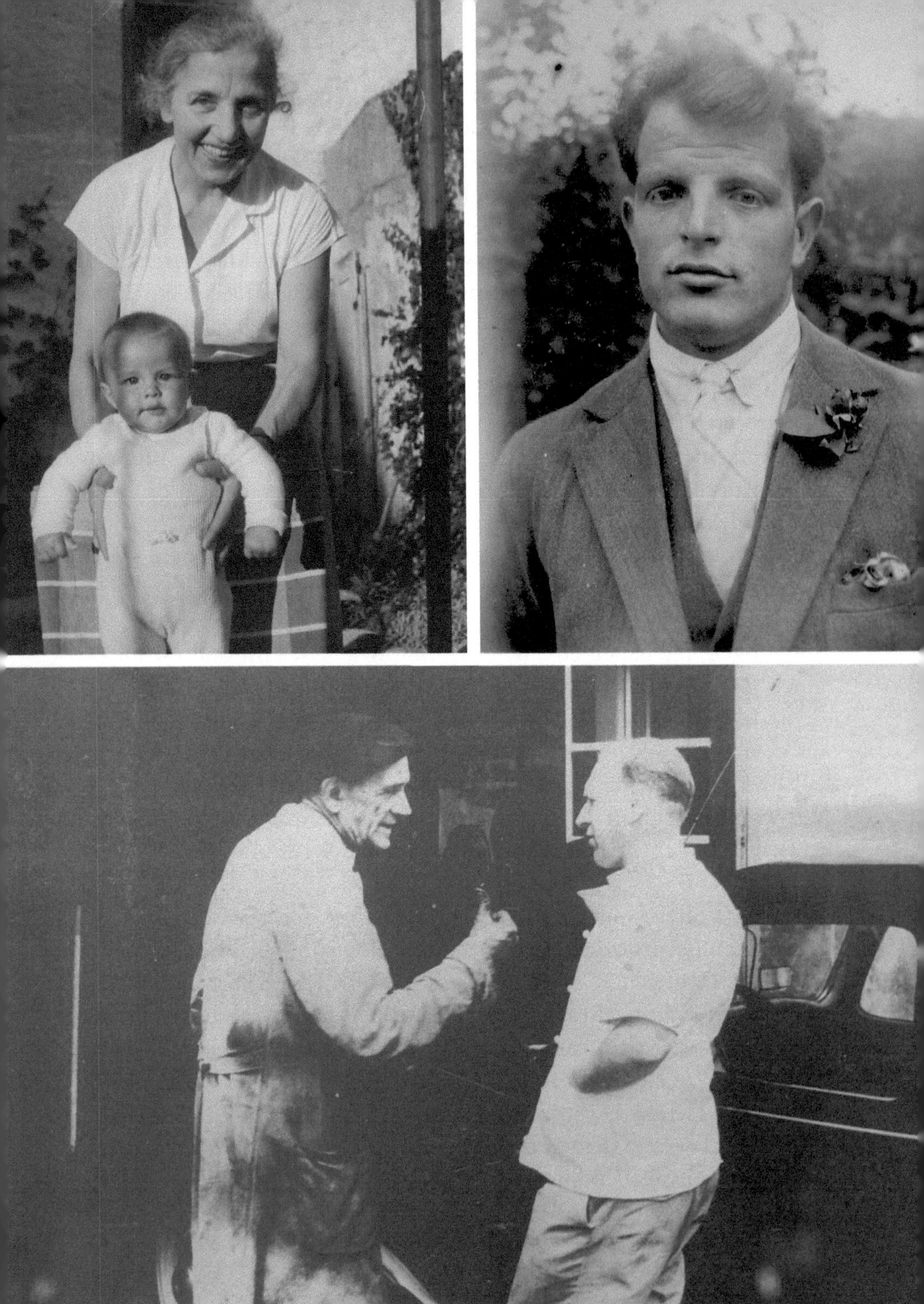

Wenn die Eltern abends von der Arbeit kamen, hatte ich ein fix und fertiges Nachtessen auf dem Tisch. Nicht nur etwas auf das Brot gestrichen, nein ich hatte Kartoffeln gekocht, dann daraus eine goldgelbe herrliche Rösti gemacht. Was heisst gemacht, kreiert hatte ich eine gut schmeckende, goldgelbe Kartoffelspeise. Dazu gab es einen Milchkaffee und das alles gekocht und gebraten auf einem alten Herd mit Holzfeuerung und Wasserschiff, schweren Kupferpfannen, die jedes Mal klemmten, wenn man sie vom Herd nehmen musste. Sie klemmten auch immer dann, wenn die Milch überkochen wollte, und das wollte sie eigentlich immer. Die Pfannen klemmten an den so genannten Feuerringen, die man mit einem Haken vom Kleinsten bis zum Grössten auswechseln musste je nach der Grösse der Pfannen. Es ging gut, wenn sie nicht gerade ineinander hingen wie Chinesische Zauberringe. Aber das Essen stand pünktlich auf dem Tisch. Und es hat allen geschmeckt.

Abbildung 2
Meine Mutter Mina Galetti 1960 mit ihrem ersten Enkelkind
Carmen. (Privatfoto)

Abbildung 3
Mein Vater Josef Galetti im Jahr 1935. (Privatfoto)

Abbildung 4
Meine ersten Chefs. Rechts Fritz Naegeli, der Bäckermeister, und links
Herrmann Narr, der allseits beliebte Mechaniker.
(Fotoarchiv Naegeli)

Mein Bruder war drei Jahre jünger. Er glaubte, dass er auch dreimal weniger tun müsse. Wir hatten selten die gleiche Meinung, speziell bei der Küchenarbeitseinteilung. Da musste etwas passieren. Ich hatte eine geniale Idee. Mit einer Kreide zog ich quer durch die ganze Küche einen Strich. Einen Tag von der linken Ecke in die rechte und am andern Tag von rechten in die linke Ecke. Ich hatte dann jeden Tag abgewechselt, sonst hätte mich die Abwaschecke jeden Tag getroffen. Aber am Schluss musste ich doch das Meiste selber tun. Gut, er war jünger, aber faul war er auch. Nun ist er schon viele Jahre tot. Aber ich hatte ihm schon lange davor verziehen.

Mein Vater arbeitete in einer grossen Sägerei. Meine Mutter arbeitete in einer Feuerwehrschlauchweberei, falsch; Feuerwehrendlosschlauchweberei. So musste auch die Arbeit gewesen sein – endlos. Aber der Herr Feuerwehrendlosschlauchfabrikant war ein guter Mann, so richtig lieb und fromm. Der war so lieb und fromm, dass er meinen Eltern sogar erlaubt hatte, im Frühling von den grossen, alten Lindenbäumen die Blüten zu pflücken. Manchmal, wenn er ganz fromm und lieb war, durften sie es sogar von einer Leiter aus tun. Es war ein guter und gesunder Tee. Vater hatte aber dann auf Apfelmost umgestellt, und den, – den hatte er sich selbst gekauft.

An den Wochenenden durfte ich zu meinen Grosseltern. Es waren die Eltern meines Vaters. So hiess der Grossvater nicht Grossvater, sondern Nono. Wenn es eine Olympiade für gute Nonos gäbe, müsste man für meinen Nono Platin einführen. Lorbeeren und einen Oskar müsste er auch bekommen. Aber der Oskar müsste mit Chianti gefüllt sein. Das war sein Lieblingswein. Er war nicht nur lieb, er war auch ein grosser, schöner Mann mit breiten Schultern und einem Zwirbelschnauz. Er hatte ein grosses Herz, und das auf dem richtigen Fleck, und er hatte es immer und immer wieder gezeigt. Ich habe nie ein böses Wort von ihm gehört. Wenn ich zurückdenke, was wir zusammen alles unternommen hatten!

Zwanzig Jahre liebten wir uns. Am Anfang war es die grosse Liebe zwischen Grossvater und Enkel. Später verband uns dann eine tiefe

Freundschaft, obwohl zwei Generationen zwischen uns lagen. Ich hatte in meinem Leben viele liebe und herzensgute Menschen kennen gelernt. Aber dieses Gefühl der Liebe und der tiefen Freundschaft habe ich nie mehr erlebt. Nono tat alles für mich. Es war ihm einfach nichts zu viel. Er wusste alles, er konnte alles. Er war ein Mensch, der aus Nichts etwas machen konnte. Für jedes Wehwehchen hatte er ein Kräutchen, für jeden Schmerz eine Linderung. Er konnte kochen, ein Armeleuteessen wurde bei ihm zum kulinarischen Hochgenuss.

Er zog als junger Maurer über den Gotthard in die Schweiz. Auf der anderen Seite gab es keine Arbeit, da waren sie noch ärmer. Nono sass mit seinen Geschwistern und Eltern um den Küchentisch. Auf einem Holzteller dampfte eine Polenta. Darüber hatten sie einen geräucherten Fisch aufgehängt. Jeder durfte mit einer Gabel voll Polenta den Fisch antupfen, um ein bisschen von dem Geschmack des Fisches an die Maisspeise zu bringen. Wenn die Polenta aufgegessen war, wurde der Fisch redlich unter alle aufgeteilt.

Nicht umsonst kannte er auch alle Überlebenstricks. Er hatte sie mir natürlich beigebracht. Fischen, sie wissen ja schon, ohne alles. Wir kannten die besten Plätze. Wir organisierten auch andere essbare Sachen. Brat-Suppenhühner, Kaninchen, Bauernbrot, Speck, Eier, nein das hatten wir ja selbst, aber das Futter für das liebe Federvieh – aber immer auf legalem Weg.

Die Leute in der Wannegasse liebten ihn, sie brauchten ihn nicht nur für Haus, Hof und Tiere, auch für ihre kleinen und grösseren Wehwehchen. Das war die Quelle für manch guten Braten. Sonntags war bei Nono immer das Haus der offenen Tür. Wer es am Sonntagmorgen irgendwie einrichten konnte – Söhne, Töchter, Freunde, Kollegen, Landsleute – kam zu Nonos Chiantirunde. So nannte es die Grossmutter. Man sass gemütlich beisammen. In der Mitte des Tisches die bauchige Chiantiflasche. Und etwas ganz besonderes gab es dazu zum Knabbern. Eine Scheibe Polenta wurde mit einem kleinen Holzspiess in die Senkrechte gehalten und so in die heisse Feuerstelle vom Kachelofen gestellt. Meine Aufgabe war, die Scheiben nach einigen Minuten zu drehen, um sie dann, wenn sie knusperig und knackig waren, herauszunehmen und sie in der Runde zu servieren. Eine billige, aber im Geschmack nicht zu übertreffende Beilage zum Wein. Dann stand einer auf, dann noch einer, jeder hatte etwas zu tun.

Onkel Simon war meistens der Erste. Er war Coiffeur, deshalb in der Runde der am meisten gefragte. Übrigens, Onkel Simon verehrte ich fast so sehr wie Nono. Er hatte zwar keinen Zwirbelschnauz, aber er war genauso ein liebenswerter Mensch. Und er hatte Humor. Sonntags hatte er dann die Brüder, Freunde und Kollegen „schön" gemacht. Vor die Schranktüre wurde ein Stuhl gestellt, darüber war ein Haken, der war extra für die Schönmach-Zeremonie angebracht worden. Daran wurde ein Kissen aufgehängt, und das zusammen war der Ersatz für den Coiffeurstuhl. So bis Mittag war die Hälfte der Chiantirunde geputzt und gestriegelt, rasiert und frisiert, die andere Hälfte kam dann am nächsten Sonntag dran, und eine neue Flasche.

Es wurde aber nicht nur getrunken, für das Essen wurde auch gesorgt. Onkel Herrmann konnte gut kochen. Sonntags übernahm er die Küche. Dann kamen seine italienischen Spezialitäten, Lasagne, Marobini, Tortellini, Spaghetti, Risotto, Gnocchi auf den Tisch, alles selbst gemacht. Es war einfach prima. Wunderbar, sie waren alle zufrieden und fröhlich. Man hatte noch Zeit und war füreinander da. Aber dass alles so herzlich und lieb war, das alleine war Nono mit seiner Persönlichkeit. Ich glaube, wenn Nono herunter schaute, wäre er sicher mit mir zufrieden, denn ich habe versucht, diesen Familienzusammenhalt fortzusetzen. Und ich glaube, ein bisschen habe ich es geschafft.

Für uns Kinder gab es zwei Paradiese. Das alte Bauernhaus, in dem meine Grosseltern wohnten und die Wanngasse selbst, in der das alte Bauernhaus stand. Die Wanngasse war ja auch wie eine Wanne. Am rechten oberen Rand war der grosse Dorfbrunnen, in dem mein Traumschiff den verpatzten Stapellauf hatte. Das war aber zwei drei Jahre später. Am anderen oberen Rand war wieder ein Brunnen, der war aber nicht ganz so gross und auch nicht rund. Dafür gab es grosse, glatt geschliffene Steinplatten. Darauf hatten vor vielen Jahren die Frauen ihre Wäsche gestrippt und gewaschen. Vielleicht sind sie noch aus dieser Zeit so glatt geschliffen. Für uns Kinder war das wunderbar. Die Steinplatten waren für uns ein Ersatz für eine Rutschbahn, und sie war erst noch viel interessanter. Die Abfahrt war nicht so lange, dafür aber viel schneller. Man konnte das Tempo sogar noch erhöhen, wenn man die Platten ein bisschen nass machte. Aber dann musste man den Trick mit der Gewichtsverlagerung schon beherrschen, vor allem unten vor dem Ende das war wichtig. Oberkörper nach rechts, Tempo wegnehmen und auf den Füssen abfedern, dann hatte man es geschafft.

Obwohl die Chiantirunde interessant war und ich sie sehr liebte, brauchte ich ein wenig Abwechslung. Eben mal schnell ein bisschen rutschen. Komisch, dass keine anderen Kinder da waren, um ein bisschen um die Wette zu rutschen. Sicher ist das Wetter schuld, es ist ja auch recht kalt. Gut, dann rutsche ich eben alleine, man muss ja in Form bleiben. Also, rauf auf die Platten, ein bisschen anfeuchten und los ging es. Aber das Anfeuchten hätte ich besser sein lassen. Meine Rutschbahn wurde zur Bobbahn. Gewicht verlegen, Oberkörper nach rechts und Tempo wegnehmen, das klappte nicht. In vollem Tempo war der kleine Galetti im kalten Brunnenwasser verschwunden. Ich hatte Glück, mein Tauchgang endete im kleinen Brunnenteil. Wumm. Mein Schutzengel war schon da. Eine tolle Leistung für einen Engel im Winter. Später war er noch schneller zur Stelle, denn er hat herausgefunden, dass es vorteilhafter war, dem kleinen Galetti seine nicht immer ungefährlichen Abenteuer vorher abzubremsen, als sie danach auszubügeln. Aus dem Wasser ziehen konnte er mich ja nicht, denn es war sogar für einen Engel zu kalt.

Meine Tante Frieda, sie wohnte sonst in Wuppertal, war bei Nono auf Besuch. Sie war auch eine sehr liebe Frau und Tante. Sie hatte viel Gefühl. Ihr hatte mein Schutzengel ins Ohr geflüstert. Du, der kleine Galetti ist am oberen Brunnen beim Tauchen. Schnell, schnell, denn in diesem Augenblick ist er schon fast unten angekommen. Tante

Frieda hat mich vermisst, gesucht, gefunden und gerettet. Die ganze Chiantirunde war froh und glücklich. Geschimpft hatten sie nur, weil sie an meinen Winterschuhen die gefrorenen Bändel nicht so schnell aufknüpfen konnten. Ich sehe sie heute noch, alle die lieben Gesichter über mir, als sie mich in Nonos Bett aufwärmten. Aber auch die Gesichter meiner Eltern habe ich nicht vergessen.

An zwei Wochenenden durfte ich nicht in die Wanngasse. Das hab ich mir mit meiner Rutschpartie eingehandelt. Ausgerechnet jetzt, wo Nono ein Radio gekauft hat. Die Dinger hiessen damals Volksempfänger und waren natürlich eine Sensation. Und was da alles aus diesem Kasten herauskam. Eines habe ich nur nicht verstanden, warum man einen Draht von der Stube in die Küche ziehen musste und dort an die Wasserleitung festband. Sie nannten es Antenne. Und dann kam Musik heraus. Im Paradies Wanngasse gab es noch etwas, was mich faszinierte. Da gab es zwischen zwei grossen alten Bauernhäusern so etwas wie eine kleine Oase, es war keine mit Palmen und einem Ziehbrunnen, es war ein kleines italienisches Ristorante. Es war der Treffpunkt fröhlicher Menschen. Es gab ein riesiges Wandgemälde mit Häusern, die im Wasser standen. Aber das schönste waren die Gondeln, die haben es mir angetan. So ein Schiff werde ich mir bauen. Aber wie?

Da es mir an Ideen und Phantasie nie fehlte, war das Problem schnell gelöst. Nono hatte doch so eine schöne Werkstatt, fast schon eine Werft für meinen Schiffsbau. Ein grosses und ein kleines Brett, Nägel und alles was man sonst noch so brauchte, alles war da. Das grosse Brett wurde der Schiffskörper, und das Kleine das Oberdeck, die Nägel die Reling. Immer eine Kinderhand breit ein Nagel. Siebziger für Steuerbord, Achtzigernägel für Backbord, und für die Aufbauten Spezialnägel mit grossen Köpfen. Nonos Richtschnur von Nagel zu Nagel gespannt, war das nicht eine grossartige Reling. Sie passte zwar nicht zu einer italienischen Gondel, aber egal, mir hat sie gefallen. Ich habe das Schiff natürlich nicht alleine gebaut, dazu war es zu gross. Ich hatte Hilfe von der Wanngassrasselbande. Wir brachten unser Schiff zum grossen Dorfbrunnen. Es war ein Stapellauf mit allem Drum und Dran. Wir hatten sogar Publikum. Der Mesner wollte gerade zur Kirche, denn er musste jeden Tag um elf Uhr die Glocken läuten, da musste er am Brunnen vorbei. Er blieb stehen und schaute sich den Stapellauf des etwas zu gross geratenen Schiffes ein bisschen schräge an. Eben wie eine Landratte. Ich als Kapitän nahm an, dass er ein Abgeordneter der Gemeinde war. Extra für den Stapellauf abgeordnet.

Ich habe mich geirrt, sehr sogar. Klatsch, hatte ich eine Ohrfeige. Das war damals so Brauch. Mit etwas mussten die Erwachsenen ja zeigen, dass sie über den Kindern standen. Der Klatsch war wohl der Ersatz für das Knallen der Sektflasche. Der Klatsch war da, aber kein Sekt. Nicht so schlimm, wir hatten für unser Schiff ja auch noch keinen Namen. Aber wie konnte der Mesner denn wissen, dass ich der Kapitän war und nicht einfach nur Matrose? Das hatte ich dann schnell mitbekommen. Die ganze Besatzung hatte gemeutert und war abgehauen. Die wussten schon warum. Denn die Bauern kamen mit ihren Kühen zum Tränken an den Brunnen. Aus dem Stapellauf wurde ein Stapelflug. Zur Wiedergutmachung übernahm Nono das Kommando. Schiff in die Werft bringen und auch abwracken. Alle Nägel ausreissen und sie wieder gerade klopfen. Ay-ay Sir. Was blieb mir anderes übrig.

Zurück zur Oase Kleinitalien in das Ristorante Italia. Es gab da nicht nur die Gondeln an der Wand, sondern noch etwas Grossartiges. Es gab ein elektrisches Klavier. Die Tasten bewegten sich ganz von alleine. Ornamente, Bilder in allen Farben erschienen über dem Klavier und wechselten zur italienischen Mandolinenmusik. Es war faszinierend, die Bilder und die Musik. Nur einen kleinen Fehler hatte das Wunderklavier. Es hatte einen Schlitz, und sollte es spielen, musste man da Geld reinstecken, wenn man welches hatte. Ich hatte keines, also musste ich bei den Gästen versuchen, welches herauszulocken, mit schönen Augen und einem unschuldigen Gesicht. Und damals schon mit ein bisschen Komik. Es klappte fast immer. Wenn Nono und ich ins Ristorante kamen, fragten die Gäste schon: Was möchte denn der Herr Maestro heute spielen?

Da ist es gut zu verstehen, dass ich mit allen Mitteln versuchte, Nono bei jeder Gelegenheit, zu einen Besuch in die Oase Italia zu bewegen. Wenn es nicht klappte, dann lag es daran, dass die Grossmutter etwas dagegen hatte. Heute hatte sie nichts gegen einen Italia Ausflug. Mir ging es ein bisschen zu langsam. Ich rannte schon einmal voraus, um uns anzumelden. Aber so weit kam ich gar nicht. Die Wanngasse war eigentlich keine Gasse, sie war sogar eine Hauptstrasse. Sie war die Verbindung nach Deutschland. Am oberen Ende war schon das Zollhaus. Sonntags kamen selten Autos durch die Wanngasse. Aber heute fuhr eines. Es war ein schöner, grosser, schwarzer Wagen mit vier Türen, grossen Scheinwerfern, Trittbrett und einer Aussenhupe. Der Fahrer hat sie noch mit aller Kraft gedrückt. Zu spät. Ich lag schon unter dem schönen, grossen schwarzen Wagen. Ich sah auch lange nur schwarz. Das ist aber gut zu erklären. Das schöne schwarze Auto ist über mich weggefahren. Ich vorne rein und hinten wieder raus. Und dem kleinen Galetti ist wieder einmal nichts passiert.

Damals waren die Autos noch recht hoch gebaut. Zwischen der Strasse und dem Boden des Wagens war viel Platz. Das war mein Glück. Es gab sogar so viel Platz, dass mein Schutzengel einen Flügel über mich ausbreiten konnte. Er war danach zwar ein wenig ramponiert. Der Fahrer brachte mich im Geleit aller Gäste, die auf die Strasse gerannt waren ins Ristorante. Als sie sahen, dass ich lebte und bei mir alles heil war, gab es ein grosses Fest. Ich bekam gleich einen Sirup, und diesmal war gar nicht so viel Wasser drin. Nono durfte sich mit zwei Römer Chianti beruhigen. In das elektrische Klavier steckten die Gäste so viel Geld, dass es noch spielte, als wir den schweren Weg zur Grossmutter antraten. Es spielte: Einzug der Gladiatoren. Das gab uns Mut. Sie wusste schon alles. Die Wanngass-Trommel funktionierte einwandfrei. Sie schimpfte ein wenig wegen der schönen Sonntagshose, aber wir konnten sie überzeugen, dass man sie ja auch werktags tragen konnte.

Meine Grosseltern hatten das Bauernhaus aufgegeben und sind in die Stadt gezogen. Vorbei war es mit dem Paradies in der Wanngasse, aus mit dem Spielen mit meinen Freunden im alten Bauernhaus. Nonos Werkstatt, der Heuboden, die grosse Scheune unser Spielplatz an Regentagen, die Schaukel, ich habe nie mehr eine höhere gesehen und erlebt. Sie war über fünf Meter hoch, man hatte mit ihr nicht geschaukelt, man ist mit ihr geflogen. Nur einmal, viel später, als ich einmal am fliegenden Trapez im Circus geflogen bin, habe ich wieder das Gefühl gehabt, von einem Horizont zum andern zu fliegen.

Wer nimmt mich mit auf seinem Velo, mit wem sollte ich fischen und Frösche fangen. Mit wem sollte ich Schneemänner bauen, die so gross waren, dass man eine Leiter anstellen musste, um Augen und Nasen einzusetzen? Das war kein Schneemann, das war ein Schneeriese, man konnte bei ihm zwischen den Beinen durchgehen. Aber auch für die anderen Menschen, die in der Wanngasse wohnten, war das Paradies vorbei. Die Wanngasse wurde zweigeteilt. Genau in der Mitte haben sie Eisenschienen in die Strasse gerammt und dazwischen dicke Baumstämme übereinander geschichtet, ein gewaltiges Ding. Sie nannten es Barrikade. Nur für die Fussgänger gab es auf der Seite eine Lücke. Die Bauern mussten mit ihren Fuhrwerken grosse Umwege machen.

Nono, bitte sage mir, für was ist das jetzt gut?

Ja, Piccolo, das ist so: Da drüben hinter dem Zoll gibt es einen Herrn Hitler, und die Leute in der Wanngasse wollen nicht, dass er hier durchmarschiert.

Kommt der alleine?

Nein, der hat viele Freunde, schon viel zu viele.

Das muss aber kein lieber Mensch sein, wenn die Leute in der Wanngasse nicht wollen, dass er hier durchkommt.

Ja, Piccolo, da hast du recht

Schulanfang, erste Klasse Elementarschule. Klingt fast wie bessere Hochschule, war es aber nicht. Ich musste ganz unten anfangen. Dazu hatten wir eine liebe Lehrerin, Frau Wäckerli. Ich sehe sie heute noch vor mir. Auch an das Klassenzimmer kann ich mich gut erinnern. Später war es sogar einmal meine „Künstler Garderobe." Und ausgerechnet bei meinem Durchfall als Soloclown. So ist das, wenn man glaubt, mit dreizehn Jahren wäre man ein grosser Clown.

Aber zurück zu der Zeit, als ich noch nicht Clown, sondern Lokomotivführer werden wollte. Ich habe gerade die erste Klasse überstanden, da gab es in unserer Familie ein grosses Problem. Onkel Herrmann hatte eine Geliebte; ich meine, er hatte eine Verlobte, aber kein Bett für sie. Meine liebe Mutter, wer sonst, besorgte ihr nicht nur ein Bett, auch noch ein Zimmer. Sie hatte es aber nicht lange gebraucht. Sie starb an Lungentuberkulose. Wir, die ganze Familie, wurden von der Liga der TBC-Kontrollstelle eingeladen.

Hurra, wir fahren in die Stadt, dann können wir Nono besuchen. Aber erst mussten wir alle zum Arzt, da wurden wir durchleuchtet. Der Arzt, der mich untersuchte, er liebte mich. Ich durfte gleich da bleiben. Das war eine Katastrophe, ich wollte doch Nono besuchen. Nach Davos, hoch in die Berge haben sie mich geschickt, in ein Sanatorium. Da war ich nun für einige Monate mit meinen Wünschen und Träumen. Und das erste Mal in meinem Leben ganz alleine. Nein, ich hatte kein Heimweh, aber Rache hatte ich geschworen, und zwar der Oberschwester. Da war für Heimweh kein Platz.

Kaum angekommen, ich war noch ganz dusselig von der langen Reise, musste ich nackt vor ihr baden. Ich habe noch nie nackt vor einer fremden Frau gebadet. Aber sie hat mich nur ausgelacht und auf einen Balkon geschickt, da musste ich ganz steif liegen. Am helllichten Tag liegen. Und dann gleich zwei Stunden lang, liegen ohne Bewegung. Erst habe ich geglaubt, dass es eine Strafe war, aber da lagen gut zwei Dutzend Menschen stocksteif auf ihren Liegen. Sie haben mich dann aufgeklärt: *Nein, das ist keine Strafe, das ist Erholung.* Und diese Erholung machten wir jeden Tag. Eine Schwester hatte die Aufsicht, wenn man sich bewegt hat, und sie hat es gesehen, musste man eine Viertelstunde nachliegen. Auf dem riesigen grossen Balkon war ich oft der Einzige, der da noch gelegen hatte. Die Schwester muss mich geliebt haben, denn sie schaute immer auf mich. Einmal hat sie sogar gerufen: Kuck mal, der kleine Galetti kann sogar die Nasenflügel bewegen. Warum sie das gerufen hatte, weiss ich nicht, denn es durfte ja doch niemand Antwort geben oder gar hinschauen. Ist ja auch egal. Nachdem sie mir noch einmal fünfzehn Minuten Ruhe geschenkt hat, ist sie verschwunden. Und jetzt bin ich stocksteif liegen geblieben, ich hatte ja auch meinen Stolz. Dafür habe ich mich am anderen Tag ein wenig bewegt. Ich tat so als würde ich schlafen, im Schlaf bewegt man sich ja ein bisschen. Haha, wer zuletzt lacht.

Die grosse stramme Oberschwester, sie sprach genauso wie die Leute hinter der Barrikade in der Wanngasse, halt so wie der Herr Hitler. Eines Tages, es war im Herbst 1939, gab es süsseren Tee als sonst und original deutschen Streuselkuchen und Bienenstich, und das einfach so. Bruchweise habe ich dann erfahren, was der Grund für den süssen Tee war. Wörter wie Polen, Einmarsch, Führer, Krieg und Siegheil wurden am meisten gebraucht. Die Oberschwester gehörte zu einer Clique, die da in Davos versuchten nicht nur den deutschen Kuchen, auch Hitler in der Schweiz beliebt zu machen. Erst als ich wieder zu Hause war, habe ich mitbekommen, was Führer, Krieg, Siegheil und Hitler überhaupt war. Sie sagten auch nicht mehr Herr Hitler, jetzt war er nur noch der Hitler, und er war schuld daran, dass es auch in der Schweiz Rationierungsmarken gab. Unseren Nachbarn haben sie sogar mit einem Militärauto abgeholt. Im Dorf sagte man, dass er ein Landesverräter sei und zum Tode verurteilt wurde. Vielleicht stimmt es, ich hatte ihn nie mehr gesehen. Ich verstehe nur nicht ganz, was er verraten haben sollte. Die Bunker und die Luftschutzkeller haben sie doch erst jetzt zu bauen begonnen. Vielleicht wusste er, wo die Rationierungsmarken gedruckt wurden.

Es war also Krieg. Bei uns war es nicht so schlimm wie hinter der Barrikade in der Wanngasse. Einige Schikanen, die der Krieg so mit sich bringt, gab es natürlich auch bei uns. Zum Beispiel die Mühle im Dorf durfte kein Weissmehl mehr mahlen. Aber der Müller war ein lieber und hilfsbereiter Mann. Für Leute, die er mochte und die ein bisschen Geld übrig hatten, um den Grüschverlust damit aufzuheben, gab es schon noch Weissmehl genug. Zu der Zeit gab es riesengrosse Taschentücher. Man hat ja nicht jeden Tag gewaschen, es musste ja darin etwas Platz haben. Wenn man so ein Tuch, natürlich ein sauberes, einmal faltete und es unten und auf der Seite zunähte, gab es einen wunderbaren Mehlsack. Fünf Kilo hatten darin Platz. Damit bin ich in die Stadt gefahren zu den Leuten, die Grüsche bezahlten, die nicht im Mehl war. Ich habe das nicht lange gemacht, denn es war ein reines Verlustgeschäft. Ich hatte vergessen, auf das Weissmehl, den Preis vom Bahnbillet zu schlagen. Und Äpfel, die mein Lohn sein sollten, die hatten wir auf dem Lande selbst.

So Extratouren wurden dann von meinem Vater auch rasch eingestellt, denn es gab so viel zu tun, um der Rationierung ein Schnippchen zu schlagen. Die Gemeinde hat ganze Wälder gerodet, um Pflanzplätze zu gewinnen. Mein Vater konnte gleich zwei solche Plätze pachten. Einer hätte doch gereicht, ich meine wegen der vielen Arbeit. Also, für das Gemüse war gesorgt. Fehlte noch der Dünger, den habe ich auf der Strasse gefunden, und zwar Rossmist, der lag damals einfach so da. Natürlich musste er erst eingesammelt und sorgfältig auf den Pflanzplätzen verteilt werden. Dann hacken, sähen, pflanzen, jäten, tränken und noch mal hacken. Es leben die Vitamine. Ja, für das Gemüse war gesorgt. Freizeit hatte ich fast keine mehr. Es waren ja nicht nur die Gärten, die sich in der Zwischenzeit auf drei gesteigert hatten. Was musste man sonst noch vieles organisieren. Tannzapfen zum Anheizen, Brennholz für Herd und Ofen, das gab es ja bei der Rodung genug, aber die waren ja nicht hinter dem Haus, die lagen weiter weg. Dann Grünfutter für unsere Kaninchen, Heu, Stroh, Ähren lesen auf abgeernteten Feldern, und da lagen auch Kilometer dazwischen.

Ich besass, stelle man sich das vor, ein Velo, es war Mutters altes Damenfahrrad. Meine so genannten besseren Freunde lachten mich deswegen ja auch des Öfteren aus. Dabei konnten sie, wenn sie auf ihren Herrenfahrrädern auf dem Sattel sassen, die Pedale nicht erreichen, und wenn sie auf den Pedalen standen, fehlte ein ganzes Stück bis zum Sattel. Dann mussten sie wie Schlangenmenschen unter der Stange durch versuchen, das Gefährt zum Fahren zu bringen. So hat ein Damenfahrrad eben auch seine Vorteile. Wenn ich auch mit einer Holzzwinge den Sattel an der Sattelstange weiter unten fest klemmen musste, weil ich sonst die Pedale auch nicht erreichte hätte.

Um die ganze Sache noch zu steigern, baute mein Vater, was heisst baute, er konstruierte ein Gefährt so zwischen Kinderwagen und dem Luftschiff des Grafen Zeppelin. Meine Luxuskarosse hatte nur eines mit dem Zeppelin gemeinsam, es war ein Leichtbau. Ein so genannter Veloanhänger. Sein Vorfahre war ein Kinderwagen. Damit schaffte ich alles nach Hause, oft sogar meinen lieben Bruder. Manchmal habe ich vergessen, nach dem Misttransport den Hänger sauber zu machen. Das gab dann am Abend von der Mutter mit dem nassen Geschirrlappen so kurz eine hinter die Ohren. Pumps! Aber das war der Spass wert. Ich hätte diesen Pumps meinem Bruder gerne weitergegeben, aber ich wusste nicht genau, hatte er mich verraten oder hatte es meine Mutter gerochen.

Es hat mich schon fasziniert, wenn der Zeppelin über mein Dachfenster geflogen war, Richtung Friedrichshafen, dort war er ja zu Hause. Wenn sie über unserem Dorf waren, sahen sie von ihrer Gondel aus schon Friedrichshafen, so nahe lag das. Später, als das Siegheil nicht mehr so laut war, und der Zeppelin nicht mehr über unser Dorf flog, sondern Bomber, die ihre Last über Friedrichshafen abluden, sahen wir den Feuerschein der brennenden Stadt aus meinem Dachfenster. Es war Verdunklungspflicht. Jede Ritze und jeder Spalt musste zugeklebt sein. Es war stockdunkel, da war der Feuerschein der brennenden Stadt gewaltig. Krieg schauen aus dem Dachfenster haben mir die Eltern ganz schnell verboten. Denn die Bomber, die den Zeppelin abgelöst haben, haben unser Dorf mit dem hinter der Barrikade verwechselt. Bumm! Bumm! Ein Mann tot. Der halbe Bahnhof, das Stellwerk und unsere schöne Ziegelfabrik. Weg, einfach weg. Ausradiert.

Auch unseren schönen Dörrofen hatten die Amerikaner bombardiert. Ja richtig, unseren Dörrofen hatten sie dem Boden gleich gemacht. Unser Nachbar war Heizer , in der Ziegelei, als sie noch stand. Er war ein lieber Mann, und er hatte eine grossartige Idee. *Besorge Dir ein grosses Stück Packpapier, das kannst Du auf meinem Ofen auslegen und darauf Obst dörren. – Ja danke, Du hast eine grossartige Idee und ich eine Aufgabe mehr.* Das circa drei Quadratmeter grosse Papier wurde auf dem Brennofen ausgelegt, und darauf kam nun das in Schnitze geschnittene Obst und wurde mit Papier gegen den Kohlenstaub abgedeckt. Man musste nur aufpassen, dass man die Heizlöcher nicht mit Obst belegte, denn da hat unser Nachbar Kohle nachgeschüttet, damit die Lehmsteine zu Backsteinen und unser Obst zu Dörrobst wurde.

Die Idee mit dem Obst dörren auf dem grossen Ziegelbrennofen hat sich schnell herumgesprochen. Das halbe Dorf hatte versucht, einen Dörrplatz zu bekommen. Man musste schon Beziehungen oder den Heizer als Nachbarn haben. Da entstand ein Duft aus dörrenden Zwetschgen, Pflaumen, Birnen und Äpfeln, den es wohl nie mehr geben wird, weil der Duft der glühenden Back- und Ziegelsteine fehlte. Und jetzt war alles weg. Die Ziegelei und unser Dörrobst. Die Maschinenfabrik im deutschen Nachbardorf, die stand noch.

Abbildung 5
Bombardierung von Thayngen am Weihnachtstag 1944. Ein amerikanisches Geschwader von 36 B29-Bombern warf 25 Sprengbomben von je 500 kg über dem Dorf ab. Sie trafen und zerstörten die Ziegelei und das Stellwerk beim Bahnhof. Im Dorf hatte es kaum noch ganze Fensterscheiben und vielerorts Risse in den Hausmauern. (Fotoarchiv Naegele)

Abbildung 6
Mein erster Auftritt als Clown 1943 in Thayngen. (Privatfoto)

Es war Sonntag. Niemand hatte in der Ziegelei gearbeitete, und Dörrobst umdrehen hat man auch auf die Wochentage verlegt. Der Heizer hatte Glück, denn er war im Kohlenlager, und das ist stehen geblieben. Auch in unserer Wohnung haben die Amerikaner ein paar Spuren hinterlassen. Es gab Risse in der Wand, das Kamin war um seinen Hut und etliche Steine kürzer geworden. Das Bild über dem Bett meiner Eltern krachte von der Wand, dem Engel, der das Kind vor der daher donnernden Dampflok rettete, ist nichts passiert, obwohl das Glas genau über seinem Kopf in Brüche ging. Unsere Katze ist drei Tage nicht mehr nach Hause gekommen. Ob der Krieg oder der Frühling schuld daran war, weiss ich nicht. Ich weiss nur, dass die Amerikaner mir noch einen Sack gemischtes Dörrobst schuldig sind. Mit Irak einen neuen Krieg anfangen, aber bei mir vom alten Krieg noch Schulden haben, fast nicht zu glauben!

Jetzt haben sie auch noch Schaffhausen bombardiert. Es liegt wie unser Dorf Thayngen auf der rechten Seite des Rheins. Ein Stück Schweiz über dem Grenzfluss Rhein. Das war wohl nicht so ganz genau in den Fliegerkarten eingezeichnet gewesen. Es war schlimm, über vierzig Tote. Der Vater meines Schulkameraden wurde von einem Feuerball einer Brandbombe getroffen. Er hatte Platz auf zwei Händen, als sie ihn weg trugen. Auch die Mutter meines späteren Freundes wurde so getötet. Meine Grosseltern, drei Onkels und genau so viele Tanten, die auch in Schaffhausen wohnten, hatten Glück, obwohl die Häuser, in denen sie wohnten, getroffen wurden.

Wenn die Sirenen heulten, war unser Dorf leer. Alles rannte in die Keller. In unserem Schulhaus gab es keinen bombensicheren Keller. In Zweierreihen sind wir zum nächsten Bauernhof gelaufen. Wenn der Bauer auf dem Feld war und der Keller geschlossen war, sind wir eben zum nächsten oder zum übernächsten gelaufen. Wenn es eilte in Viererreihen, und wenn man die Flieger schon hörte, dann im Rudel. Später wurde die Sache organisiert. Die kleinen Kinder kamen in den ersten Keller, die Mittleren in den Zweiten, und die Grossen in den Dritten. Das war Strategie hinter der Front.

Es waren keine richtigen Luftschutzkeller, aber sie waren tief und gewölbt. Es waren grosse Weinkeller. Der gute Thaynger Landwein wurde darin gelagert. Der letzte Jahrgang 1941. Lieber Herr Lehrer von damals, wie viele Male hast Du, Entschuldigung, haben Sie es mich merken lassen, dass mein Vater kein Schweizer und meine Mutter nur eine Putzfrau war? Wie viele Male hätte ich jetzt verraten können, dass Sie Angst, richtig Angst um Ihr bisschen Leben hatten. Unser Stundenplan hatte keinen Wert mehr. Mit Lernen war nicht viel los. Es gab nur wenig Licht und auch keine Schulbänke. Aber viel Schatten von den grossen Weinfässern.

In der Strasse, in der wir wohnten gab es ein Fahrradgeschäft. Ausserhalb der Werkstatt stand eine grosse Holzkiste. Für uns Kinder, ich meine für uns Jungs, war es mehr eine Schatzkiste. Denn darin landeten die Sachen, die für die Werkstatt keinen Wert mehr hatten. Gefragt waren die Halter der Schutzbleche und Reste von Gummischläuchen, das ergaben Präzisions-Steinschleudern. Der Herr Narr, er war aber keiner, er hiess nur so, er war lieb und klug. Alle Jungs liebten ihn. Als ich wieder einmal auf Schatzsuche war, fragte mich Herr Narr: *Möchtest Du bei mir arbeiten, ich brauche einen Werkstattjungen?* Wauu! Mensch, war das ein Angebot für einen Jungen wie mich, denn in der Werkstatt gab es ja noch mehr Schatzkisten. Ohne meine Eltern zu fragen, habe ich ja gesagt.

Wie ich das alles schaffte, weiss ich nicht mehr, denn ich hatte ja so viel zu tun. Bei Herrn Narr verdiente ich das erste Taschengeld. Ich habe es mit Stolz unserem Haushalt beigesteuert. Herr Narr war ein Genie. Er machte aus fast nichts die tollsten Sachen. Das war natürlich in der Kriegszeit gefragt. Aus Altem etwas Neues zu machen, Sachen, die es nicht mehr zu kaufen gab. Ich habe auch schnell gelernt, aus noch brauchbaren Schlauchstücken einen ganzen luftdichten Fahrradschlauch zusammenzuvulkanisieren. Wer kennt heute noch so etwas und kann so etwas noch machen? Wenn ich später auf meinen Reisen den Trick siebzehn anwenden musste, habe ich oft an meinen ersten Lehrmeister Herrn Narr gedacht. Er war ein guter Mensch.

Sein Bruder weniger, der machte die Buchhaltung und mir Ärger. Er konnte mich nicht leiden. Er schnüffelte in der Werkstatt herum und wollte seine schlechte Laune an mir abreagieren.

Es gab eine kleine Luftstation, um die Reifen der Kunden aufzupumpen. Erwachsene konnten sich selbst bedienen. Kinder mussten um Hilfe bitten. Einer Schulkameradin habe ich natürlich diese Hilfe angeboten, dass der Sache ein bisschen der Ernst fehlte, das war ja klar. Dem trockenen Buchhalter passte das nicht. Er gab mir einen Tritt in den Hintern. Ich liess mich genau auf die getroffene Stelle fallen. Mit meinem Körper und meinen Beinen drehte ich mich um hundertachtzig Grad, unterstützt mit Druckluft aus der Pumpanlage. Ich wirkte wie ein Windflügel. Zack, ich traf den Trittverteiler an seinen Beinen, er verlor seinen Halt und sass auch auf seinem Allerwertesten, mit einem dummen Gesicht neben mir. Ich drehte mich neunzig Grad zurück, stand auf und bediente weiter. Er ist lange sitzen geblieben, um den Vorfall zu verarbeiten. Vielleicht sind ihm Sprüche eingefallen wie *Hochmut kommt vor dem Fall*, oder vom Hoch-hinaus-wollen und dann tief fallen.

Meine Mutter hatte Besuch, sie führte ihn ins Schlafzimmer und zeigte ihm einen Wäschekorb auf Rädern. Über das Ganze war ein schönes Dach aus hellblauem Stoff mit kleinen roten Blümchen gespannt. Als meine Mutter den Wagen vorführte, den Vorhang hob und über das ganze Gesicht strahlte, wurde mir klar, was da passieren sollte. Die Familie sollte grösser werden. Ausgerechnet jetzt, wo ich so einen tollen Job in der Velowerkstatt hatte. Ich sah schon, was da auf mich zukommen würde. Aber vielleicht wurde es nicht so schlimm, wenn dadurch meine Mutter mehr zu Hause sein würde. Mein Bruder Josef, ich meine halt, unser Bruder Seppel, war auf die Welt gekommen.

Ich freute mich riesig, dass man nun die Küchenarbeit in drei Teile teilen konnte. Aber bis es so weit war, hatte ich schwer draufgezahlt. Erstmals wurde ich Kindermädchen, obwohl ich doch ein Junge war. Eine Sache habe ich nicht vergessen. Das Bild, wenn mein Vater mit dem kleinen Bruder auf dem Arm seiner Familie voraus in den Keller lief, weil schon wieder Fliegeralarm war. Das war in letzter Zeit so oft. Unsere kleine Kellerecke war mit einem Lattenverschlag abgegrenzt. Ausser Mutters Soleier, ein Kistchen mit in Sand eingegrabenen Karotten, einem Sack Kartoffeln und Vaters Mostfässchen gab es nichts. Aber hinter dem Lattenverschlag gab es in dem riesigen Gewölbe grosse Weinfässer. Sie gehörten zum Restaurant Blume. Trotz des poesievollen Namens war es eine düstere Sache. Die Besitzerin und Wirtin war schon ein bisschen eine welke Blume. Sie hatte kein Herz für uns Kinder. Sie hätte doch nur etwas Kleines aus den überfüllten Regalen abgeben können. Eine Brezel, eine Salzstange oder eine kleine Schokolade. Da hätten doch mitten in der Nacht Kinderaugen gestrahlt.

Max, der Nachbarsohn brachte eine Einladung zu einer Diavorführung. Und ausgerechnet jetzt musste ich auf meinen Bruder Seppel aufpassen, füttern und trocken legen. Eine Einladung für mich, wo doch dem Max seine Eltern stinkreiche Leute sind. Die hatten sogar eine Klavierlehrerin und eine Putz- und Waschfrau, das war meine Mutter. Immer wenn Mutter bei den Doktors arbeitete, habe ich ihr einen kleinen Besuch abgestattet. Denn ich wusste, wo der Herr Doktor, der auch noch Imker war, seinen Honig lagerte. Die Kessel waren nicht verschlossen. Und ich liebte Honig so sehr. Am besten war der weiche, der hat keine Spuren hinterlassen, wenn man den Finger noch so tief hinein steckte.

Also, Diavorführung ist angesagt. Allein das Vorführgerät war schon eine Sensation. In diesem Wundergerät brannte eine richtige Petroleumflamme, nein ein Petroleumlicht. Das Ding sah aus wie eine Dampfmaschine. Nur da war kein Dampf, sondern da kam richtiger schwarzer Rauch aus dem kleinen Kamin. Wenn man den Docht kleiner stellte, wurde der Rauch weniger, aber das Bild an der Wand auch. Der Vater von Max war Tierarzt, war ein prima Mensch, gross und stark. Er sollte eine Kuh behandeln, es war eine dumme Kuh, denn sie spürte nicht, dass er ihr helfen wollte. Sie hat mit ihren Hörnern einfach zugestossen. Und so hat der Herr Doktor ein Auge verloren. Und wie meistens wenn etwas passierte war ich dabei.

Einige Jahre später war ich bei unserem Nachbarn, dem Bauern, Hüterbub, da ist mir dasselbe passiert, nur ich war schneller als der Herr Doktor. Ich habe mich blitzschnell fallen lassen, und seitlich abgerollt unter der Kuh durch, dann stand ich hinter ihr und sie hat ins Leere gestossen. Seitdem bin ich vor sanften Kuhblicken gefeit. Wegen dieser blöden Kuh bin ich ganz vom Thema abgekommen. Also, Max wollte mich zur Diaschau abholen. Seppel, mein kleiner Bruder lag nach dem Füttern mit trockenen Windeln friedlich in seinem Bettchen. Friedlich ist ja gut, aber er sollte nicht nur friedlich sein, er sollte schlafen. Ich wollte doch zu der Dampfmaschinendiaschau gehen. Da hatte ich eine geniale Idee. Bitte, ich möchte vorausschicken, ich war ja auch noch ein kleines Kind, ein Kind mit viel Phantasie. Ich spuckte meinem lieben Bruder Seppel kräftig auf jedes Auge. So jetzt konnte er die Augen nicht mehr aufmachen, er war gezwungen zu schlafen. An Mangel von Ideen und Phantasie habe ich nie gelitten. Ein bisschen gelitten habe ich dann am Abend. Mein Bruder Herrmann hatte mich beim Vater verpfiffen. Und ich habe ihn noch zur Diaschau mitgenommen. Das ist der Dank. Mein Bruder Seppel müsste mir eigentlich dankbar sein, dass er durch mich ein richtiger Mann geworden ist. Ich habe ihn schon als Baby abgehärtet. Er hatte sich gut angepasst, das muss man ihm lassen.

Um das Haushaltsgeld etwas aufzustocken hat meine Mutter noch eine Arbeit angenommen, die wenig einbrachte, dafür aber viel Ärger machte. Heftli, Wochenzeitschriften austragen. Mutter hat die Abonnenten in der Nähe beliefert, wir, der Seppel und ich, diejenigen, die weiter weg wohnten. Die heutigen Kinderwagen und auch die heutigen Babys würden das nicht mehr aushalten. Ich sass seitlich auf dem Kinderwagen, und mit dem rechten Fuss brachte ich mein Gefährt in Schuss. Die Abkürzungen und Schleichwege, die ich kannte, hatten es schon in sich. Gelaufen bin ich eigentlich selten. Und Schuss gab es bestimmt bei hundert Metern Höhenunterschied auf nur fünfhundert Metern Länge. Wenn die Wege trocken waren, war das Bremsen mit den Füssen und die Seitenlage gut zu meistern.

Wenn es nass war, dann war das Risiko bedeutend grösser, die Kurve in die Hauptstrasse nicht zu schaffen. Ich habe auch herausgefunden, dass mit heruntergeklapptem Kinderwagendach die Fahrt noch rasanter wurde. Dann fehlte allerdings der Überrollbügel. Ausgeleert habe ich nur einmal. Mein Bruder hatte es wohl gar nicht mitbekommen oder war dabei so ruhig, weil er wahrscheinlich einen Schock hatte? Von den vier Kilometern hin, davon konnten wir zwei fahren, und von den vier Kilometern zurück, davon wieder zwei fahren, sind genau vier Kilometer weniger laufen. Die Zeitschriften austragen war ein Verlustgeschäft. Und draufzulegen, wenn man nichts hatte zum Drauflegen, das war schwer.

Als ich zwei Jahre später beim Bäcker Naegeli Ausläufer wurde, war dies kein Verlustgeschäft. Die Bäckerei Naegeli suchte einen Ausläufer, der nach der Schule Brot und andere Backwaren austragen sollte. Ich habe natürlich sofort zugesagt. Was gibt es besseres, wenn alles rationiert ist, als in einer Bäckerei zu arbeiten. Fünfzig Franken im Monat war nicht gerade der Haufen, aber es gab ja auch noch ein Essen pro Tag. Aber das Beste war die Schrabskiste. Das muss ich wohl ein bisschen erklären. Also, es gab wie beim Herrn Narr eine Schatzkiste. Nur kamen da keine Speichen und alte Schläuche hinein, nein, da kamen Backwaren hinein, die aus dem Laden zurückkamen, weil sie nicht verkauft worden sind. Es kamen auch Bruchsachen hinein, und all die guten Sachen wurden gemahlen. Das ergab dann einen Teil der Nussgipfelfüllung. Psssst. Nicht weiter sagen.

Der Meister sah es natürlich nicht gerne, wenn ich die Finger in der Schrabskiste hatte. Ich wusste, wie man Spuren verwischt. Aber da ich ja Kost im Hause hatte, stand mir doch eine Kleinigkeit zu. Leicht war die Arbeit sicher nicht. Allein die grossen meterlangen schweren Holzscheite, in die Backstube zu schleppen, wäre eine Arbeit für einen Mann gewesen, aber nicht für einen dreizehnjährigen Jungen. Für diese Arbeit hatte ich einen Karren, aber der war so schwer und hatte nur eine Achse. Er kippte immer auf die falsche Seite. Die Brotkrätze, sie war genau so gross wie ich. Eigentlich war sie für Erwachsene und nicht für einen Kleinen wie mich gemacht, auch wenn man die Träger ins letzte Loch verstellte.

Mit diesem geflochtenen Ungetüm, beladen mit vielen Kilo Brot, den richtigen Schwung zu bekommen, um auf das Fahrrad zu kommen, das war schon ein akrobatisches Kunststück. Nach einigen Fehlversuchen bin ich dann, wie die alten Reiter, von einer Mauer aus auf den Sattel geklettert. Nur ich bestieg kein Pferd, sondern einen Drahtesel. Ein stabiles, schweres Militärfahrrad. Bei diesen Rädern gab es noch keine Übersetzungen, da hiess es; den Berg raufstrampeln oder schieben. Das war schneller gesagt als getan, mit der schweren Last auf dem Rücken. Man musste das schwere Ding beim Absteigen ausbalancieren, sonst lag man mit Rad, Krätze, Brot und Brötchen auf der Strasse. Nach dem dritten Sturz hat der Bäckermeister einen Fahrradanhänger bauen lassen. Wissen Sie noch? Mein Vater hatte einen Veloanhänger gebaut, Zeppelin-Leichtbauweise. Aber der hier, der war fast so schwer, wie der Holzkarren. Dieses Gefährt, gefüllt mit Brot, zu ziehen, das gab Muskeln in den Beinen und manchmal Tränen in den Augen. Aber die kamen auch aus Wut, weil einige böse Weiber, ich meine böse Frauen, auf Kosten des kleinen armen Ausläufers besser leben wollten. Es gab Rationierungsmarken, auch für das Brot. Die einen waren hundert und die andern tausend Gramm wert. Aber die Frauen, die mit Absicht tausend mit hundert verwechselten, und dann noch breitbeinig vor mir standen, denen habe ich nichts Gutes gewünscht.

Bis zum Schulende durchgehalten habe ich hauptsächlich wegen der Freundschaft mit dem Schäferhund Rex, der mich mehr liebte als seinen Herrn, den Bäcker. Auch ein bisschen wegen der Chefin. Entschuldigung, ich hätte sie eigentlich vor dem Hund nennen sollen. Aber Rex war halt doch ein bisschen mehr auf meiner Seite. Für ihn war es auch einfacher, lieb zu mir zu sein, denn er hatte keine Schwiegermutter, die immer schaute, dass der Kleine genug Arbeit hatte. Ausläufer, das war für sie nur ein notwendiges Übel und erst noch ein Ausländer. Sie hatte einen Stehkragen, weil sie den Kopf so hoch trug.

Und ich, der Kleine hatte Zivilcourage und Mut, das konnte nicht gut gehen. So bin ich dann gegangen.

Fast zehn Jahre später gab es eine kleine Episode, die möchte ich erzählen, weil sie mit dem Bäckermeister zu tun hat. In einer Lokalzeitschrift ist ein Artikel, sogar mit Foto über mich erschienen. Mit dem Circus standen wir in Schaffhausen, nur zehn Kilometer von meinem Dorf entfernt. Wir hatten einen spielfreien Tag. Das habe ich ausgenützt, um meine Mutter zu besuchen. Ich bin extra durch das Dorf gelaufen in der Hoffnung, dass mich einer auf den Artikel anspreche. Nichts. Nicht einer. Ich suchte das Ristorante Italia auf. Da sass der Bäckermeister, mein alter Chef von früher, aber auch da keine Reaktion. Er hat wohl den Artikel gar nicht gelesen, und was noch viel schlimmer war, er erkannte mich nicht mehr. Dabei hatte ich erwartet, dass er mir auf die Schulter klopfte und seinen Stammtischkollegen sagte: *Das war einmal mein Ausläufer, und jetzt ist er Künstler!*

Zurück in die traurige Zeit. Die Tragöde von Stalingrad hatte ihren Höhepunkt erreicht. In der Schule haben wir wohl gelernt, wo Stalingrad und Moskau liegt. Aber was hatten diese Städte mit den vielen abgemergelten, verwundeten Soldaten und hungrigen Flüchtlingen in unserem Dorf zu tun? Warum und wieso? Das sagte uns keiner, das mussten wir schon selber herausfinden. Mein Vater hatte ein altes Bauernhaus gekauft. Es stand mitten im Dorf. Bevor wir eingezogen sind, stand es längere Zeit leer. Das Rote Kreuz hatte die Scheune und die Tenne als Notlager für Soldaten und Flüchtlinge benutzt. Auch dann noch als wir darin wohnten. Es waren Menschen aus vielen Nationen und sie kamen von überall her. Wir hatten in unserem Haus nun das im Kleinen, was sich in Russland im Grossen, sogar im ganz Grossen abspielte: Tragödien, Dramas, Schicksale und Uniformierte, die alles besser wussten, und es noch schlimmer machten. Dann ist in dem alten Haus etwas Wunderbares passiert.

Nur durch eine Wand getrennt, auf der einen Seite Leid und Schmerz, und auf der andern Seite hatte meine Mutter eine Tochter geboren. Ihr grösster Wunsch war in Erfüllung gegangen. Nach drei

Jungs ein Mädchen. Irgendetwas ist geschehen. Auf beiden Seiten der Wand war eine grosse Freude. Viele der armen Menschen versuchten meine Mutter aufzusuchen, ihr zu gratulieren und das Kind zu sehen. Doris, meine Schwester, gab den Menschen auf der andern Seite der Wand Mut und Hoffnung, obwohl sie nicht bei ihnen im Heu und Stroh geboren war.

Jetzt war schon viele Jahre Krieg. Und das Organisieren von Essbarem für uns und unsere Kaninchen und was sonst so gackerte oder miaute, wurde immer schwerer. Als die „Siegheils" von unserem Nachbar noch laut waren, hatte ich kein Problem mit der Futterbesorgung. Dann wurde alles knapper, und auf einmal gehörte es zum guten Ton, den Rossmist nicht nur vor der eigenen Villa zusammenzukratzen. Bald gab es keinen Löwenzahn, kein Grasbüschel, der nicht irgendjemand gehörte, und wenn er noch so weit vom Dorf weg wuchs. Mein Vater konnte Bach- und Strassenränder pachten. Das Heu für den Winter war dadurch gesichert.

Ich war dabei, ein Bachbord zu mähen. Mit einer grossen Sense. Was blieb mir anderes übrig? Es gab ja keine Kindersensen Ich war wie immer barfuss, und in kurzen Hosen, dann habe ich es gespürt, erst am Fuss und dann am ganzen Körper. Ich war in ein Wespennest getreten. Wuff und schwirr! Ohne Vorwarnung haben sie mich angegriffen. Grosse, starke und gesunde Wespen, von der Abteilung Krieger, ein ganzer Schwarm. Ich bin in den Bach gesprungen und wollte tauchen, aber im Sommer gab es kaum Wasser. Der Bach war ausserhalb des Dorfes, der Arzt auch, aber genau auf der gegenüberliegenden Seite. Jetzt war Tempo gefragt, mein Engel Gabriel musste jemanden finden, der motorisiert war. Ich hätte so gerne gewusst, wen er an den Bach geschickt hat? Es war ja meine Lebensretterin oder Retter. Ich habe nie erfahren, wer mich noch rechtzeitig zum Arzt gebracht hat. Es muss jemand gewesen sein, der schnell und entschlossen gehandelt haben muss, als er mich rot, am ganzen Körper verschwollen und bewusstlos im Wasser liegen sah. Der Lebensfaden ist nicht gerissen. Gabi, dir und deinem Chef vielen Dank.

Ich habe mich dann auf Sachen spezialisiert, an denen die anderen nicht so sehr interessiert waren. Ich wusste sogar, wo es Kohle gab. Durch unser Dorf fuhr die deutsche Bahn. Ein Heizer war dabei, hinter dem Lokschuppen den Tender seiner Dampflok mit Kohle aufzufüllen. Bei ihm konnte ich einen Handkarren voll Kohle gegen eine Schweizer Zeitung eintauschen. Darin konnte er lesen, wie es in Russland und an den anderen Fronten wirklich stand.

Jetzt wusste der Heizer der deutschen Lok mehr, als Göbbels erzählte, und er hatte es Schwarz auf Weiss. Er schaute mich an und meinte: *Das war mir eine Karre voll Kohle wert. Diese paar Brocken würden das tausendjährige Reich auch nicht mehr retten.* Beim Lokschuppen haben sie dann eine Tafel aufgehängt: VORSICHT DER KOHLENKLAU GEHT UM!

Ein herrliches Herbstbild. Sonne, Felder mit reifer Frucht und im Hintergrund ein stattlicher Wald. Ein Hügel, davor ein Acker, ein grosses starkes Pferd und ein Bauer der pflügt. So würde es ein Maler sehen. Aber das Herbstbild war ganz anders. Die Felder waren abgeerntet, die Sonne schon untergegangen, es war nebelig und kalt. Nur das schöne starke Pferd das stimmte. Es war auch kein Bauer. Ich war ein Kind von nicht einmal zwölf Jahren, das da hinter dem Pflug her stapfte. Das Pferd war in Ordnung. Wir haben uns gut verstanden und zusammengehalten. Was blieb uns anderes übrig. Wir arbeiteten doch beide bei demselben geizigen, beschissenen Bauern. Warum ausgerechnet bei dem, wo es doch viele Gute gab.

Aber mein geiziger Bauer war nicht alleine, er hatte eine Frau, die ihn nicht nur an Geiz, sondern auch an Kilos weit überflügelte. Beim Schweine schlachten werden die Blut- und Leberwürste im Sud gekocht. Ab und zu platzte mal eine der nicht allzu grossen Würste. Die Brühe wurde dann etwas dicker. Das nannte dann die Bäuerin Wurstsuppe. Grosszügigerweise durfte ich davon dann ein Kesseli voll mit nach Hause nehmen. Aber nicht die kleinste Schrumpfwurst hatte sich in dieser so genannten Wurstsuppe verirrt. Meine Mutter hat dann die Brühe mit Brotschnitten verbessert.

Oh, ich bin ganz vom Pflügen abgekommen. Ich war müde. Es war anstrengend am Ende des Ackers das Pferd und den schweren Pflug zu drehen und die Schar in die neue Furche zu kippen. Und dann in der schweren Erde des neuen, tiefen Furchengrabens zu gehen. Da hatte ich wieder einmal eine meiner guten Ideen. Ich habe mich entschlossen, auf dem festen Ackerboden zu gehen, mich am Geschirr meines Pferdes festzuhalten, und mich von seinem Ackergaulrhythmus mitziehen zu lassen. Der Geruch des schäbigen, ungepflegten Geschirrs neben meinem Gesicht erinnerte mich an die Wurstsuppe der nicht gerade geliebten Bäuerin. Ich war müde, nicht nur müde, ich war einfach fertig, und mit meinen Wünschen und Gedanken schon zu Hause. Ich war für diese Arbeit einfach zu jung und zu klein. *Auu! – Du blöder Gaul, schau doch, wo Du hin trampst. Es gibt so viel Platz, und Du Trampeltier trittst auf meinen Fuss. Warum stehe ich in meinem Schuh nass? Aua, das ist ja Blut. Danke mein lieber Schutzengel, Du hast meine grosse Zehe gerettet.* Nur den Zehennagel hat mir der Max mit seinen Stolleneisen vom Zehen weggedreht. Der Nagel war weg, ganz weg. Dabei sollten Hufeisen doch Glück bringen. Glück hatte der Bauer, dass ich einen kaputten Fuss hatte und so klein war. Einen Tritt in den Hintern hätte er schon verdient, denn sein Kommentar zu dem Vorfall war genau so lausig wie er selbst.

Da gibt es noch ein schönes Herbstbild. Eine Hochebene, wunderbares Herbstwetter, grosse Wolkengebirge, die sich auftürmten. Ab und zu bricht ein Sonnenstrahl durch dieses Wolkengebilde. Es war Erntezeit. Der Weizen wurde eingefahren. Die Fuhrwerke wurden mit Garben beladen. Überall waren Leute bei der Ernte. Ja ein herrliches Motiv für den Maler. Aber die Wirklichkeit war auch hier ganz anders. Die Hochebene stimmt, die Wolken auch, aber die waren nicht weiss, sondern fast schwarz und gelb. Es würde nicht mehr lange dauern, und die ersten Blitze würden daraus auf die Felder niederfahren. Es waren auch nicht viele Leute bei der Ernte, sondern nur der Bauer, der noch ein finstereres Gesicht machte als sonst. Und sein Sohn, der jetzt still war, aber sonst von morgens bis abends immer die gleiche

Melodie sang: „Bei mir bist du scheen." Was bei dem „scheen" sein sollte, weiss ich wirklich nicht, vielleicht für einige sein Geld. Ja, für Geld, da hätte man Leute anstellen können, die hier auf dem Feld fehlten. Leute, die Garben auf den Wagen luden. Und ein Mann, der das schwere und hoch geladene Fuhrwerk von den hoch gelegenen Feldern ins Tal und in die Scheune fahren konnte. Ein Mann, der mit Pferden umgehen konnte und zwar mit nervösen Pferden, so wie sie jetzt waren, die fühlten, dass es nicht mehr lange dauern würde, bis das Gewitter losbrach.

Was sollte der Bauer jetzt tun? Selbst fahren wollte er nicht. Er musste ja auf dem Feld noch zusammentragen, was er zusammentragen konnte. Da kam er auf die glorreiche Idee, mich mit diesem grossen Erntewagen loszuschicken, mich zwölfjährigen Jungen. Mein Gott war ich stolz. Ich, ein richtiger Fuhrmann und dann gleich mit so einem riesigen Fuhrwerk, das hoch und breit geladen war und dann noch zweispännig. Nur schade, es war kein Mensch weit und breit, der mich hätte sehen können. Und wenn ich das morgen in der Schule erzähle, das glaubt mir keiner. Wie die Pferde mir gehorchten, das war ein Hochgefühl, alles lief wunderbar. Ein Problem gab es schon. Um an die Kurbel der Bremse zu kommen, musste man unter die zu weit heraus geladenen Weizengarben kriechen und versuchen, die Bremskurbel zu drehen. Und das während der Fahrt. Und wohin mit den Zügeln? Sie um den Hals hängen, das war die einzige Möglichkeit, wenn man die Hände zum Bremsen frei haben sollte. Auua! Da vorne wird es eng, ein Stacheldrahtzaun. Warum bauen die auf ein freies Feld einen Stacheldrahtzaun? Ach ja, Krieg, Deutschland, die Landesgrenze. Aber ausgerechnet hier, wo der Weg sowieso so schmal ist. Wo soll ich denn hin?

Diese Frage wurde mir abgenommen, denn im selben Moment ging es los. Nicht aus heiterem Himmel, sondern aus den grossen schwarzgelben Wolken. Hagelkörner, nein Hagelbälle so gross wie Pingpongbälle, sausten auf uns nieder. Ich war ja einigermassen von den überhängenden Garben geschützt. Aber meine Pferde, die traf es voll. Pingpong auf Kopf, Schulter und Rücken. Durch die Blitze waren sie sowieso schon übernervös. Und jetzt ging es los. Erst wieherten sie panisch und bäumten sich auf, trommelten mit ihren Hufen in den Gewitterhimmel. Und was sie in der Luft taten, das taten sie nun auch auf der Erde. Sie setzten zum Galopp an, und das ausgerecht da, wo die Strasse abfällt und dann in vielen Kurven das Tal erreicht. Das wäre noch ein Motiv für ein Herbstbild gewesen. Der Hintergrund grau, schwarz, gelb bis ins Tal, dann Blitze und Hagel und im Vordergrund wiehernde, mit panischer Angst kämpfende Pferde. Dahinter Weizengarben, hoch auf dem Fuhrwerk aufgeladen, die vom Hagel zerzaust und gedroschen wurden. Und ich ganz am Rand in das Stroh gedrückt, weil für mich einfach kein Platz war zwischen Stacheldrahtzaun und Wagen.

Zum Glück hatte ich mit dem Kutschieren eine gewisse Erfahrung. Sie kam zwar nur von meinem schweren Brotkarren, aber wenn der voll geladen war, hatte er bei den Talfahrten auch einen ganz schönen Drall nach vorne. Meine Erfahrung sagte mir deshalb, bremsen, bremsen, bevor der Wagen in Schuss ist. Ich hatte nur eine kleine Chance, bevor es zur Katastrophe kam. Ich musste so nah wie möglich an den Wagen kommen. Das musste ich auch so, ohne bremsen zu wollen, denn sonst hätte mich der Stacheldrahtzaun erwischt, und da wäre vom kleinen Galetti nicht mehr viel an einem Stück übrig geblieben. Die Zügel um den Hals, gebückt unter der vorspringenden Ladung an den Wagen heran, das Stroh vor der Kurbel wegreissen und drehen und bremsen und drehen.

Hurra, es bremst, es bremst! Noch zwei, drei Umdrehungen, und er steht. Aber in dem Moment, fuhr ein Blitz vor uns in den Stacheldrahtzaun, es zischte und funkte. Die Pferde sind wie auf ein Kommando mit den Vorderhufen in die Hagelwolken gestiegen. Der Vorderteil des Wagens machte trotz seiner schweren Fracht einen Ruck nach oben und auf die Seite. Ich wurde unter das Fuhrwerk hinter die Vorderachse geworfen. Die Zügel hatte es mir vom Hals gerissen und um das sich wieder senkende Rad gewickelt. Es blockierte. Die Pferde, wurden durch die Zügel mit einem gewaltigen Ruck nach hinten gezogen. Das Fuhrwerk kam zum Stehen. Ich lag nur um Haaresbreite vor den stehenden Hinterrädern. Ich konnte mich unter dem Wagen hervorrollen, die Bremse ganz zudrehen und mich bei meinem Schutzengel für die grossartige Lebensrettung bedanken. Der Hagel und auch der Stacheldrahtzaun waren vorbei. Ich bin nach vorne zu den Pferden gegangen und habe sie von den blockierten Zügeln befreit. Da standen wir drei, nass und zerschlagen. Ich habe mich noch einmal bei meinem Gabriel und bei seinem Chef, der ihn losgeschickt hatte, bedankt. Der Bauer, der hielt das nicht für nötig. Bei ihm da oben nicht, und auch bei mir nicht, obwohl ich die ganze Ernte, heil mit Ross und Wagen auf den Hof gebracht hatte, und das mit zwölf Jahren.

Das war dann auch mein letzter Tag, bei dem „lieben" Bauern. Ich hatte grosses Glück, gleich wieder Arbeit zu bekommen. Aber diese Geschichte kennen sie ja schon. Ausläufer bei der Bäckerei Naegeli. Mein Vater hatte das Bürgerrecht der Gemeinde Thayngen erhalten. Ein Entgegenkommen für seine grosse Hilfe, die er den verwundeten Soldaten und Flüchtlingen entgegengebracht hatte. Jetzt sind die Galettis nicht nur Thaynger, jetzt sind sie auch Schweizer. Und noch etwas grossartiges ist passiert: Ich hatte die Möglichkeit für einen Auftritt als Clown. *Hurra, ich bin ein Clown, ein Clown! Man hat mich engagiert!*

Das muss ich erzählen, wie es dazu gekommen ist. Einmal im Jahr veranstaltete der Fussballclub eine grosse Abendunterhaltung. Herr Hackejos, der Präsident, wollte mich, den Clown Galetti, in seinem Programm haben. Ja sie haben richtig gelesen, Galetti der Clown. Es muss sich herumgesprochen haben, dass der kleine Galetti ein Clown ist. Zwar bis jetzt nur ganz klein und nur in Freundeskreisen. Aber die Leute hatten Spass und bezahlten sogar dafür. Unser neues Paradies hiess nun „im Gatter". Da gab es eine grosse Sägerei. Am Sonntag, wenn die Sägen still standen, dann verwandelte sich bei schönem Wetter das Holzlager in einen kleinen Circus und bei schlechtem Wetter, die Sägerei Bernart in ein Theater. Walter, Willi, meine Freunde, Arnold und Eugen die Söhne unseres Circus- und Theaterbesitzers. Wir waren die Künstler, aber auch Bühnenarbeiter, Textschreiber, Maler, Plakatteure, Kassierer und Theater-Auf- und -Abbauer. Und alles mit grossem Erfolg.

Dazu möchte ich noch sagen, für uns Jungs gab es überhaupt keine Vorbilder oder Gelegenheiten, wo man so ein bisschen mit den Augen hätte „stehlen" können. Ich meine natürlich abschauen. Wir haben uns angestrengt, und uns selbst lustige Sachen und Geschichten einfallen lassen. Wir haben sogar eine dicke Frau in eine Dünne verwandelt. Willi war gross und schlank. Er hielt einen Regenschirm, der oben ein Loch hatte, durch das er seinen Kopf strecken konnte. Über den Schirm hängten wir ein Tuch mit zwei Öffnungen, durch das Willi seine Arme strecken konnte. Er sah jetzt aus wie eine grosse dicke Dame. Mit geheimnisvollen Zaubersprüchen wurde die Dame zu einer Schlanken. Das war ganz einfach: Willi machte den Schirm zu. Es wurde zu einer richtigen Institution.

Wir hatten jeden Sonntag viel Publikum. Unsere Einnahmen haben wir dem Roten Kreuz gespendet. Ich habe geglaubt, der Fussballpräsident brauche mich für sein Programm, aber es war ganz anders. Ein Programmpunkt war ausgefallen und so schnell konnte er keinen Ersatz finden. Also war ich der Lückenbüsser, aber ein Glücklicher. Das Glücklichsein hat sich dann noch gesteigert, als ich die Lücke mit Bravour und grossem Erfolg ausgefüllt hatte. Den Erfolg verdanke ich aber auch meinem Nachbarn Paul Weisskopf. Ich habe von meinem lieben Nachbarn Herrn Keller eine Schallplatte ausborgen können. Eine Sprechplatte: „Der brave Soldat". Fredi Scheim, ein sehr bekannter Schweizer Komiker, hatte diese Platte herausgebracht. Er mimte einen naiven Soldaten, der aber recht schlau war. Ein Hauptmann will von einem Soldaten wissen: *Was ist der Soldat?* Die Antwort kommt auch wie aus der Kanone. *Der Soldat ist ein viel exerzierendes, Gewehr putzendes, ein viel geschlauchtes, am Boden kriechendes, stramm stehendes und ...* So ging es weiter und weiter. Dazwischen Liegestützen und Kniebeugen, Kaskaden, weil bei der Achtungsstellung zu viel Schwung war und dazu ein komischer Gewehrgriff, der es in sich hatte. Ich muss ja komisch ausgesehen haben. Das lag damals wohl eher am Kostüm als an meiner Mimik. Für meinen „Partner" Paul war die Kostümfrage nicht so schwer. Er war gross und stark, und im Schrank von Pauls Vater hing so ein gutes Stück aus der Militärzeit. Ich hatte auch ein gutes Stück aus Vaters Schrank, eine halblange Hausjacke, weinrot, also keine Tarnfarbe. Und die Schulterschnüre hingen über den Bauch. Mein Vater hatte die Jacke noch nie angehabt, später auch nicht, denn ich hatte es vor lauter Hochleben des neuen grossen Clowns, in der Garderobe vergessen. Eine weinrote Hausjacke und eine aus Papier nachgemachte Soldatenmütze. Wer würde sich so was ausdenken. Aber vielleicht war gerade das ein Teil für den Erfolg. Es war einfach herrlich, so gefeiert zu werden. Ich fühlte mich schon als grossen Clown.

Jetzt stand fest: Ich wollte Clown werden! Aber wie? Bei uns auf dem Dorf gab es keinen Menschen, der mir hätte helfen können. Nichts, keinen Tipp, keine Adresse, kein Nichts. Ich habe Hefte und Bücher gekauft, aber es gab sie nur über Theater und Sketche. Zaubertricks konnte man kaufen, aber ich wollte ja Clown und nicht Zauberer werden. In einem Wiener Radiosender habe ich viele lustige Sendungen gehört. Ich habe ein Liebesgabenpaket zusammengespart und es nach Wien geschickt. Die haben sich über den Kaffee und die Zigaretten riesig gefreut. Sie haben sich dafür mit einem ganzen Stapel Noten mit lustigen Liedern gedankt. Ausgerechnet Lieder, wo ich doch nicht singen konnte.

Und dann waren da ja auch noch meine Eltern, Mutter machte sich Sorgen um mich, weil ich vor einem grossen Waschtischspiegel, den ich auf dem Heuboden aufgestellt hatte, Mimik übte. Grimassen, wie sie es nannte. Und mein Vater, der von dem ganzen „Blödsinn" sowieso nichts hören und sehen wollte. Was sollte ich tun? Also, da es keine Lehrstellen für Clowns gab und auch sonst keine Möglichkeiten für ein Weiterkommen, hatte ich mich entschlossen, Lokomotivführer zu werden. Ich habe in Schaffhausen eine Lehrstelle als Elektromechaniker gefunden. Es war prima in der Fabrik. Die Meister und Chefs waren in Ordnung, ich freute mich schon, mit dem Abschluss als Elektromechaniker in der Tasche Lokführer zu werden. Aber wie so oft im Leben kommt alles ganz anders, als man es sich vorgestellt. Am Anfang der Lehre war ich in der Schraubendreherei tätig. Die Drehbänke wurden damals noch mit Öl gekühlt. Dabei entstanden Dämpfe, nicht viel, aber für mich hat es gereicht. Mein altes Leiden, Kopfschmerzen, war wieder da. Noch zur Schulzeit musste ich deswegen viele Wochen in einem Sanatorium, hoch oben in den Bergen verbringen. Und jetzt, Arztattest: Lehre abbrechen, Stelle aufgeben. Wumm!

Wenn wenigstens ein Wandercircus in der Nähe gewesen wäre. Ich wäre ganz sicher mitgereist. Aber nichts, nicht einmal eine kleine Arena, mit denen ich mich angefreundet hatte. Nichts, aber auch gar nichts war zurzeit in unserer Gegend auf Tournee. Was tun? Ich nahm mein Rad, eine Militärzeltplane, die gerade so gross war, dass man sich darin einwickeln konnte. Ich wollte nach Paris. Ich bin aber nur bis zur französischen Grenze gekommen. Da hatte die Polizei mich aufgegriffen und mich mitgenommen.

Du bist Walter Galetti, zurzeit arbeitslos. Du warst auf dem Weg, Dich in einem Bureau der Fremdenlegion einzuschreiben.

Nein ich suche einen Wandercircus, und möchte Clown und nicht Soldat werden, denn ich bin für den Frieden. Mist habe ich in den letzten Jahren genug zusammengekratzt.

Versprich uns, dass Du nicht zur Fremdenlegion gehst, dann können wir Dir helfen, wieder nach Hause zu kommen.

Ein Lastwagenfahrer hatte mich und mein Rad bis fast zu meinem Dorf mitgenommen. Was nun? Ja, es musste etwas geschehen. Das bisschen Geld, das ich drei Mal in der Woche als Kegeljunge verdiente, war ein kleines Taschengeld, aber kein Verdienst, und keine Zukunft. Mein Vater hat inzwischen den Beruf gewechselt. Er ist Maschinist geworden, Kranführer auf grossen Baustellen. Er war glücklich und zufrieden mit seinem neuen Beruf. Er ist ja auch in seiner neuen Firma schnell hochgestiegen, schon am ersten Tag stand er über allen. Ich war bei Nono auf Besuch in der Stadt, und nützte die Gelegenheit auch meinen Vater auf der Baustelle zu besuchen. Ich war beeindruckt, meinen Vater da oben in der Kabine des grossen Krans zu sehen.

Und jetzt kommt das, was man, glaube ich, Schicksal nennt. Es war der Baumeister, Vaters Chef, der auf mich zukam und mich fragte: *Hast Du Lust, bei mir zwei Monate zu arbeiten und dann im Frühling mit der Maurerlehre zu beginnen?* Warum nicht, Arbeit hatte ich keine, und ein Beruf an der frischen Luft kann meiner Gesundheit nur gut tun. Ich sagte: *Ja!* Über diese drei Jahre Lehrzeit möchte ich nicht viel erzählen. Mein Stolz und die Einstellung, dass man sich nicht immer alles gefallen lassen muss, haben mir das Leben als Lehrling viele Male schwer gemacht. Es war kein Honigschlecken, es war sehr streng. Zu diesen zehn Stunden Arbeit auf dem Bau kam noch der lange Arbeitsweg. Viele Kilometer und das alles mit meinem uralten Fahrrad. Ich war ausgelastet, denn die Schrebergärten, die Kaninchen und drei Abende in der Woche Kegelstellen sind mir auch geblieben.

Es gab einfach keinen Lichtblick in Sachen Clown. Oder doch? In der Nachbarstadt war ein grosses Fest mit einem Umzug durch die Stadt. Und in dem Umzug marschierte ein Clown, ein richtiger Clown. Die Maske, das Kostüm, einfach alles war, wie ich mir einen richtigen Clown vorstellte. Und wie ich es aus alten Circusprogrammen kannte. Genau so wollte ich selbst sein. Er ist nicht einfach mit dem Umzug mitgelaufen, er bewegte sich wie ein Clown und spielte die kleine Trommel, jonglierte mit den Schlegeln. Jetzt gab es kein Halten mehr. Diesen Clown musste ich kennen lernen.

Ich liess meine Familie stehen und lief neben dem Clown durch die Stadt. Er hiess Herrmann Götze, stammte aus einer grossen Musikerfamilie, die vor dem Krieg ein Familienorchester stellte. Der Krieg hat ja so viel Schönes und Gutes kaputt gemacht. Er war dann viele Jahre als Clown bei einem kleinen Circus engagiert. Da hat er eine

Frau kennen gelernt, die das Circusleben nicht mit ihm teilen wollte. Aus war es mit der Karriere. Er hatte sich ein sehr gutes Tanzmusik-Trio aufgebaut und nun davon gelebt. Ich habe ihm von meinem grossen Traum, Clown zu werden, erzählt. Er hatte mich ernst genommen, mir auf die Schulter geklopft: *Wenn du willst, helfe ich dir.*

Ich war glücklich. Ich hatte einen Lehrmeister. Einmal in der Woche trafen wir uns in seiner Wohnung, wo er mir Unterricht in Sachen Clown gab. Er war von Natur aus einfach komisch, seine Bewegungen und sein Ausdruck, seine Sprache, einfach alles. Aber ein Pädagoge war er nicht. Er hat mir wohl gezeigt, wie man auf komische Art auf einen Stuhl und wieder komisch herunter steigt, rutscht oder gleitet. Aber den Zusammenhang der Komik, was schlecht oder was gut war, das konnte er mir nicht sagen. Aber ich hatte schnell begriffen und war schon mit dem wenigen zufrieden. Das war gut so, sonst wäre es wohl nicht zu einer Zusammenarbeit gekommen, die fast drei Jahre dauerte. Zusammenarbeit, das hiess nicht nur in der kleinen Küche üben und probieren, nein, wir hatten auch richtige Auftritte. Kleine und manchmal sogar recht grosse.

Er nannte sich auf der Bühne Herrmano und war der liebenswerte, tollpatschige August, ich nannte mich Pepino und mimte den Weissclown. Ganz weiss geschminkt und mit einem wunderbaren weissen Flitterkostüm. Ich wäre lieber der dumme August gewesen. Aber mein lieber Lehrmeister meint: *Für einen guten August bist Du noch zu jung.* Das habe ich beherzigt und versucht, alles in mich aufzunehmen. Seine Gestik, Bewegungen, Mimik, einfach alles. Wir hatten, obwohl die Lebensauffassung und das Alter sehr unterschiedlich waren, einen grossen Erfolg.

Ich war der treibende Motor und habe Ideen und die Requisiten eingebracht. Auch für Auftritte gesorgt, obwohl ich nur wenige Kontakte und Zeit dazu hatte. Zu den Proben musste ich mit dem Rad fünfzehn Kilometer weit fahren. Er war nicht zu Hause, er war noch an seinem Stammtisch, wo er immer der Mittelpunkt war und in seinen Erinnerungen und früheren Erfolgen schwelgte. Dabei blieb es meist, und ich radelte wieder fünfzehn Kilometer zurück. So brachte ich neben zehn Stunden auf dem Bau, sechzig Kilometer mit Radfahren zu.

Leider ist er sehr schnell an einer schweren Krankheit gestorben. Neben den guten Erinnerungen an meinen ersten Lehrmeister ist auch der Namenszug Herrmano auf dem Flitterkostüm geblieben. Was nun? Mit meinem Beruf als Maurer war ich nicht ganz so zufrieden. Nach der Gesellenprüfung lernte ich noch das Fliesenlegen und Ofenbauen dazu. Das waren alles gute und schöne Berufe, aber es war keine Berufung. Ich war einfach nicht ganz glücklich dabei. Ich habe versucht und gesucht, einen Weg zu finden, doch noch Clown zu werden und so viel zu verdienen, dass ich meiner Familie helfen konnte.

Mein Vater hatte einen schweren Unfall und ist dadurch invalid geworden. Er, der grosse, starke Mann ist Hausmann geworden. Meine Mutter ging nun in eine Fabrik arbeiten. Mein Vater wurde wieder einmal operiert. Ich bin in die Stadt gefahren und habe ihn im Krankenhaus besucht. Er war von der Narkose noch benommen. Das habe ich ausgenützt und ihm gesagt: *Vater, ich gehe zum Circus.* Das war natürlich nicht so fair von mir. Aber ich dachte: doch noch besser, als einfach bei Nacht und Nebel von zu Hause zu verschwinden.

Das Thema „Circus" wurde in der Zwischenzeit bei meinen Eltern viel offener behandelt. Aber dass ich mit dem Circus durch die Lande ziehen würde, das war für sie schon ein bisschen zu viel. Zum Glück gab es den Martin Keller. Unser guter Nachbar, der bei meinen Eltern sehr beliebt war, weil was er sagte, auch Hand und Fuss hatte. Er war ein prima Mann, nicht nur, weil er auf meiner Seite war. Er war ein Circusfan. Er besass viele Circusbücher, Hunderte von Dias, die er in Circussen aufgenommen hatte. Einen Modellcircus, zwei Ponys und einen zahmen Ozelot. Und das in unserem Dorf. Es hatte also schon ein wenig Gewicht, als er sagte: *Lasst ihn doch ziehen, zurück kann er doch immer.* So bin ich losgezogen, zum Circus.

1951 Circus Knie

Frühling, Rapperswil, Winterquartier des Circus Knie. Mit meinem Clownkoffer, gefüllt mit allem, was es braucht, um sich in einen Clown zu verwandeln, stand ich vor dem Personalchef vom Circus Knie: *Ich heisse Galetti und bin der Clown Pepino und möchte gerne als Clown mit dem Circus mitreisen.* Ich war noch nicht einmal engagiert und hatte trotzdem meinen ersten Lacher. Es war kein herzliches Lachen. *Haaha! Mein lieber Herr, also einen Clown brauchen wir nicht. Wir haben eine grosse italienische Clown-Familie, die Carolis. Aber wenn Sie mit uns reisen wollen, im Stall ist noch eine Stelle als Kutscher frei.*

Am ersten Tag gleich zwei Pleiten. Keine Stelle als Clown und der Kutscher, das war auch nicht das, was es aussagte. Kutscher ist im Circus die Bezeichnung für Tierpfleger. Ich war also nicht ein Kutscher mit herrlichen Circuspferden, nein, nur ein kleiner Tierpfleger bei den Ponys, ein Ponykutscher. Es hatte mehr mit Putzen und Mist zu tun. Dass ich vom Handwerklichen etwas verstand, hat der Zeltmeister schnell gemerkt, und mich aus dem Stall zum technischen Auf- und Abbau geholt. Zum Einlass der Vorstellungen steckten sie mich in eine rote Uniform. Ich stand auf einem Podest, schickte die Leute zu den Logen, Estraden, zum ersten, zweiten und dritten Platz. Mit ein paar passenden Sprüchen und lustigen Zwischenrufen, habe ich freiwillig für mich ein bisschen den Clown gespielt. Noch war er nur gespielt. Richtig Clown sein, das konnte ich erst nach vier Monaten. Herr Thurou war in den Wintermonaten Musical-Clown. Im Sommer war er bei Knie als Regisseur und Sprecher engagiert.

Ich habe ihn mit seiner Frau später einmal auf der Bühne erlebt. Sie waren gut und sie waren originell. Er war musikalisch und komisch und privat ein lieber Mensch. Als ich erfahren hatte, dass er Clown war, habe ich alle Tricks, die ich kannte, ausgepackt und erklärte ihm, dass ich auch Clown sei. Ich konnte ihn überzeugen, dass ich es ernst meinte und einen Weg suchte, meinen Traum zu erfüllen. Er nahm sich meiner an, er wurde fast mein zweiter Vater. Das war nicht immer so gut und manchmal recht schwer. Denn er war verheiratet, ich nicht. Er war über sechzig und ich über zwanzig. Eines Abends, ich weiss sogar noch die Stadt, es war in Zug, hat er mich nach der Vorstellung zu einem Bier eingeladen. So feierlich war er sonst nicht. Ich dachte schon wieder an eine Standpauke. Aber es war ganz anders. Er klopfte mir auf die Schulter, und sagte: *Du bist ab morgen beim Circus Knie als Clown engagiert.*

Erst mal konnte ich gar nichts sagen, dann musste ich das bei meinem Luftsprung in Scherben gegangene Bierglas zusammensuchen. Dann holte ich tief Luft und sagte: *Danke!* Herr Thurou hatte bei der Direktion für mich vorgesprochen. In dem Programm war eine Pause von zwei Minuten. Es war nun meine Prüfung und die Aufgabe, diese zwei Minuten zu überbrücken. Wissen Sie, wie lang zwei Minuten sein können, wenn man vor Lampenfieber keinen Ton mehr herausbringt. Und alles was man sich vorgenommen hat, weg ist? Ich weiss es. Ich war von aussen über die Treppe in den Circus gekommen. Du machst den Vorhang auf und stehst vor dreitausend Menschen. Die sollen nun über dich lachen, aber worüber, wenn man wie gelähmt ganz steif dasteht, und man keinen Ton heraus bekommt? Da hilft nur eins – ein Wunder.

Alle Eingänge waren von Artisten und dem Personal besetzt. Die wollten den frisch gebackenen August sehen. Ein Arbeiter, der Clown sein möchte. Dann kam das Wunder. Es kam in Form eines Kellners. Der wusste nicht, dass ich mit meinem Eimer und Besen in die Manege wollte. Wir stiessen zusammen. Ein Pumps, Krach und Lärm, der Kellner und der dumme August sassen auf den Brettern, die die Welt bedeuten. Da wollte ich ja hin, aber nicht mit einem Sturz. Ich hatte einen leeren Eimer, der machte Krach. Mein unfreiwilliger Partner, der Kellner, er hatte einen vollen Bauchladen. Jetzt nicht mehr! Ich half die Sachen aufzuheben und verwechselte seinen Bauchladen mit meinem Eimer.

Weil unsere Szene so echt war, ist sie toll angekommen. Meine Schrecksekunde war vorbei und die zwei Minuten sind ganz schön geschrumpft. Ich habe sogar ein bisschen überzogen, und der Applaus hat mich innerlich schon zum König der Clowns gemacht. Dem Kellner hat unser Zusammenstoss so gut gefallen, dass er bei jeder Vorstellung auf dem Aufgang stand, und den Zusammenprall nicht nur markierte, sondern er liess sich richtig fallen. Den Bauchladen hat er mit leeren Dosen und kleinen Paketen präpariert. Ein Idealist am richtigen Platz. Danke, Kellner Hannes! Die Auftritte und Minuten haben sich sehr schnell vermehrt. Nicht nur weil ich gut beim Publikum ankam, ich war ja auch billig. Ich hatte ja keine Künstlergage, sondern einen Circusarbeiterlohn. Damals habe ich das alles anders gesehen und war glücklich. Die Knies liebten mich auf ihre Art. Sie schenkten mir viel Vertrauen, und noch einen Posten und noch ein wenig mehr Verantwortung. Zwischendurch gab es ein Versprechen in Sachen Clown. Dann noch einen Posten, dann wieder ein bisschen Versprechen und noch ein bisschen Verantwortung mehr.

Einige Jahre später habe ich von einem Grosscircus ein Angebot erhalten. Darin war mit vier Worten das alles zusammen gefasst, was ich zurzeit hier tue: ZUR HEBUNG DES GESCHÄFTES. Unter diesen Begriff kann man alles hineinpacken. Auf- und Abbau, Nebenarbeiten, Reklame für den Circus und für andere Firmen und vieles mehr, das hebt das Geschäft. Da ich in meiner Lebensschule auch das Fach ZUR HEBUNG DES GESCHÄFTES hatte, kannte ich mich recht gut aus. Und weil ich die vier Worte gestrichen habe, ist aus dem Vertrag nichts geworden. Lehrgeld hatte ich schon genug bezahlt. Nur muss es ja nicht immer gleich so viel sein, dass man für jedes kleine Wegstück soviel bezahlt, dass man eine vierspurige Autobahn bauen könnte. Ich habe aber trotz allem Zeit gefunden, bei den Clownkollegen ein bisschen mit den Augen zu „stehlen" und es auszuprobieren und zu üben. Die Caroli Familie. Es waren liebe und gute Menschen, auch gute Clowns, sie haben mir sehr viel geholfen. Ebenso Rolly und Ary die grossen Komiker. In der Lebensschule habe ich doch schon einiges gelernt, auch sehr schnell begriffen, dass gute Clownerie nur von Herzen kommen kann.

Dann bekam ich einen schönen lieben Brief, von der Schweizer Eidgenossenschaft. WIR BITTEN SIE, AM 25. SEP. UM 9 UHR ZUR MUSTERUNG IN DER KASERNE IN LANGENTAL ZU ERSCHEINEN. Körperliche Prüfung: Turnen, Klettern, Laufen, was eben ein angehender Soldat alles können muss. Ich habe die Prüfung, mit Note Eins abgeschlossen. Die Herren Musterungsoffiziere waren von meiner Leistung beeindruckt. Ich durfte aussuchen, bei welcher Einheit ich gerne Dienst machen möchte. *Ich möchte zu den Sappeuren.* Im Herbst haben sie mich nach Brugg in die Kaserne eingeladen. In meinem Militärbüchlein stand unter Adresse „Galetti Circus Knie, Rapperswil" und unter Beruf stand „Clown". Sie haben lange beratschlagt, was sie mit einem Clown bei den Sappeuren machen sollten. Clown ist doch kein Beruf und keine Voraussetzung für einen Sappeur. Ich sass immer noch auf meinem Köfferchen und wartete. Kein Mittag – und kein Abendessen. Das kann ja gut werden. Sie haben mich dann doch behalten und mich gleich zum Fassen der Uniform und der Waffe in das Lager der Kaserne geschickt. *Ach, da kommt noch einer. Rekrut, ein Schritt vor und Arme ausstrecken!* Das habe ich gemacht und als Zugabe gleich ein paar Kniebeugen dazu.

Was der mir erzählt hat, so laut und dann noch in Hochdeutsch, wo wir doch in der Schweizer Armee sind. Dabei habe ich bei der Aufnahmeprüfung für diesen Verein Note eins erhalten. Uniform, Schuhe, Helm und Karabiner, so sagen sie zu einem Gewehr, lagen auf meinen Armen. *Rekrut, halbe Drehung nach rechts, und vorwärts marsch!* Da kam auch schon das nächste Geschrei. *Aber ein bisschen schneller!* So schnell war noch nie ein Rekrut vom ersten Stock auf dem Exerzierplatz. Viel konnte ich ja als Clown noch nicht, aber Fallen, das habe ich gelernt. Vom Stuhl, vom Tisch, von und mit der Leiter und die Treppe herunter. Ich war schon ein passabler Kaskadeur. Die Treppe nahm ich als Objekt, um mein Können zu zeigen. Hände frei machen, Kopf und Schulter einziehen, abrollen und das Uniformpaket als Polster benützen. Es hatte herrlich geklappt. Unten kam ich auf dem umgekehrten Helm zu sitzen. Als Draufgabe machte ich noch eine

Pirouette auf ihm. Und beim Aufstehen half das Gewehr als Krücke. Das war dann doch wohl zu viel für meinen Korporal. Er konnte noch besser schreien als der im oberen Stock. Er hat in seinem Eifer sogar Dialekt und Hochdeutsch vermischt.

Ich war immer der Kleinste in der Schule. Und auch hier war mir die Uniform ein wenig zu gross. Die Hosen standen auf den Schuhen auf. Es sah aus wie der Balg einer Handorgel. Die Ärmel waren nicht viel, aber doch ein bisschen zu lang. Und in dieser Aufmachung musste ich vor einen Vorgesetzten hintreten und grüssen. Ich dachte an Schillers Willhelm Tell. Und verglich den Korporal mit dem Hut auf der Stange. Meine Mimik hatte sich diesem Gedanken angepasst. Ich hätte es dem Tell gerne nachgemacht, aber ich hatte keinen Pfeil und Bogen. So grüsste ich wie die anderen auch. Aber meine nicht so ganz stramm sitzende Uniform und meine Bewegungen haben bei der Mannschaft ein Gelächter ausgelöst. Dabei habe ich beim Grüssen ein ernstes Gesicht gemacht. Vielleicht lachten sie deswegen. Ich musste das Grüssen viele Male wiederholen. Es wurde nicht besser, und es kam einfach kein Ernst auf. Ich wurde dem nächsten Korporal übergeben. Der hat mir hoch und heilig versprochen, dass er mich schon klein kriegen würde.

Abbildung 7
Meine Anfänge als Arbeiter beim Circus Knie in der Schweiz 1951.
(Privatfoto)

Abbildung 8
Auch privat waren wir immer für einen Spass zu haben wie hier 1957
bei einem Badeausflug. (Privatfoto)

Abbildung 9
Am 26. Februar 1955 wurde Maria Müller endlich meine Frau. (Foto
Ulmer)

Wir mussten auf die Kampfbahn. Durch russige Häuserruinen, Wände hoch klettern und am Seil wieder herunter. Durch Pfützen und durch Wasser mit und ohne Stiefel. Ich war gut in Form, und es hat mir Spass gemacht, auch als sie mich an einem Seil hängend über den Fluss gezogen haben. Sie haben dabei vergessen, dass die Aare im Frühling Hochwasser führt. Ich war kaum trocken und stand in einer gleichgut sitzenden Uniform, da kam ein Offizier dazu, und der wollte die Sache mit mir noch etwas steigern. Es gab drei Bretter, die längs, im Dreieck zueinander zusammenmontiert waren. Es sah aus wie eine drei Meter lange Toblerone-Schokolade. Durch dieses Dreieck lief eine Achse und war auf einer Höhe von circa einem Meter fünfzig, waagrecht über zwei Podeste befestigt. Dieses Dreieck drehte sich um seine eigene Achse, wie ein Baumstamm im Wasser. Es brauchte eine gut Balance und das Wissen, dass sich diese Konstruktion sofort drehte, wenn man nicht ganz genau in der Mitte den Fuss aufsetzte.

Ich lief, wie auf einem Seil, um mich oben zu halten. An jedem Ende gab es auf den Podesten eine kleine Plattform um zu starten und zu landen. Es war keine ungefährliche Sache. Als die halbe Gruppe nach zwei, drei Schritten am Boden lag, hat der Offizier das ganze gestoppt, und sagte: *Rekrut Galetti, wenn Sie über dieses Hindernis kommen, bekommen Sie fünfzig Rappen. – Herr Offizier! Für einen Franken mache ich auf dem oberen Podest eine halbe Drehung und laufe zurück.* Unter grossem Hallo habe ich den Franken verdient. Und es ist wieder kein Ernst aufgekommen. Was soll man da nur machen? Sie steckten mich für vier Tage ins Krankenzimmer. Begründung: Erkältungsgefahr wegen nasser Uniform. Auf dem Kasernenhof haben sie

vier traurige Tage gehabt. Als ich zurückkam, wurde ich mit Hallo empfangen. Das hätten sie lieber nicht gemacht, man kann doch die Fröhlichkeit beim Militär nicht Überhand nehmen lassen.
Rekrut Galetti, treten Sie vor, holen Sie ihre Waffe und zeigen Sie uns, was Sie gelernt haben!
Herr Korporal, ich war vier Tage im Krankenzimmer, und da waren die Waffen, Spritzen und Table…
Ruhe! Ich will den Gewehrgriff sehen!
Zu Befehl Herr Äää …
Ruhe!

Sicher erinnern Sie sich an meinen ersten Auftritt als Soldat. Da hatte ich eine Gewehrattrappe, mit der ich den so genannten Gewehrgriff hingewirbelt habe. Diese Übung ging schon fast ins Jonglieren. Sie haben wohl gespürt, dass etwas in der Luft liegt. Auf einmal waren alle da. Die ohne, die mit schmalen und die mit den breiten Nudeln, Entschuldigung, Bändern an den Mützen.

Mein Gewehrgriff war ein Bravourstück. Ich machte nicht einen einzigen Fehler, obwohl ich es längere Zeit nicht mehr geübt hatte, und das echte Gewehr viel schwerer und länger war. Ich legte denen eine Kombination an Griffen hin, die bei meinen Kollegen ein grosses Hallo hervorgerufen haben, aber nicht bei denen mit den Bändern und Sternchen. Es war wieder kein Ernst auf dem Kasernenhof. Einer mit den breiten Bändern, kommandierte mich für eine Woche in die Küche ab, Kartoffeln schälen. Es war eine ruhige Woche. Es gab ja nicht jeden Tag Kartoffeln. Zum Servieren hätten sie mich nicht schicken sollen – wieder kein Ernst. Schon nach dem ersten Fehltritt schickten sie mich ins Krankenzimmer. Ich wurde von einem Militärarzt untersucht. Er schrieb seine Diagnosen in mein Militärbüchlein: WEGEN KÖRPERLICHER SCHWÄCHE VOM MILITÄRDIENST ENTLASSEN. Und das, obwohl ich Note Eins hatte. Jetzt hatten sie auf dem Kasernenhof nichts mehr zu lachen.

Zurück zum Circus, wir gastierten in Brugg, der Circusplatz war hinter den Kasernen, wo sie vor einem Jahr versuchten, aus mir einen

Soldaten zu machen. Der Offizier, der mir einen Franken spendiert hatte, lief in dem Moment über den Platz, als ich durch das Zelt gestürzt war. Er half mir auf die Beine, begrüsste mich herzlich und klopfte mir auf die Schulter. Wenn es nach ihm gegangen wäre, dann hätten sie mich nicht nach Hause geschickt.

Fredy Knie hat für die Wintersaison eine neue Pferdenummer einstudiert und dressiert. Es wurden vier Häuschen aufgestellt, die mit einem Tuch behangen waren. Ein Clown, also ich, wurde von einem Pferd verfolgt. Um mich zu retten bin ich in das Häuschen gelaufen. Vorne rein und hinten wieder raus, das nächste auslassen, beim dritten wieder rein und raus, beim letzten wie eine 8 durch das Häuschen und das Pferd immer hinter mir her. Dann so schnell wie möglich aus der Manege durch den Vorhang weg. Aber vom Pferd verfolgt. Und jetzt kommt die grosse „Pointe". Hinter dem Vorhang steht ein gleiches Pferd, mit einer Puppe vor das Maul gehängt die aussah wie Galetti. Das Pferd springt mit der Puppe in die Manege. Also, es hat den Galetti doch noch erwischt. Applaus. Das Ganze war sicher keine Sensation, aber dieser Lauf durch die Häuschen hat mir mein erstes Winter-Engagement eingebracht. Man konnte mich in dem Programm des grossen Circus Olympia in London gebrauchen. Natürlich nicht nur als Clown. Nebenbei war ich noch Ponykutscher, und weil ich alles so gewissenhaft machte, durfte ich noch Garderobier von Herrn Knie sein. Ich war klein und habe gerne untertrieben. Man nahm mich nicht so für ganz voll. So habe ich vieles erfahren und gesehen aber auch durchschaut, was bei der gehobenen Gesellschaft so alles hinter den Kulissen geschieht.

Ich habe mir das später richtig angewöhnt, im richtigen Moment zu untertreiben. Das hat mir viele Vorteile eingebracht. Von einem Vorteil, den ich hier hatte, möchte ich gerne erzählen. Ich wollte weiterkommen, Mitglied einer Truppe werden, oder ein Duo gründen, einfach weiterkommen. Ich habe ein Inserat in einer Circus-Fachzeitschrift aufgegeben: JUNGER TALENTIERTER CLOWN SUCHT ANSCHLUSS AN CLOWNTRUPPE. Die Cavallinis haben mir geantwortet. Und hier in London lernte ich sie kennen, nicht nur in der Manege auch in der Knie-Garderobe. Sie waren in diesem Programm mit ihrem Clownentree engagiert. Herr und Frau Cavallini mit ihrem Partner Medini. Ich habe sie bei jeder Vorstellung beobachtet, sie haben mir bei jeder Vorstellung weniger gefallen. Und ich kam immer mehr zur Überzeugung, dass es besser ist, mich bei ihnen nicht vorzustellen. Gut, ich war noch lange nicht so weit, um andere kritisieren zu können. Aber ich sah, dass an ihrer Nummer gar nichts originell war, alles war Schablone und kopiert.

Medini, der zweite Clown musste eine Rolle spielen, die ihm nicht lag. Er durfte nicht der liebe dumme August sein, der er eigentlich war. Er war nur da, um dem Chef die Pointen hinzulegen, ob es passte oder nicht. Das wäre die Aufgabe des Weissclowns gewesen, den gab es aber nicht. An seiner Stelle mimte die Chefin in einem Abendkleid die grosse Dame. Sie war kalt und machte mit ihrer Arroganz das Clownentree zu einer Klamotte. Um das Manko auszubügeln, schmuste sie bei der Direktion um einen neuen Vertrag. Entschuldigung, ich habe es nicht weitergesagt, nur geschrieben! Bei den Cavallinis hatte ich mich nicht zu erkennen gegeben. Ich bin der kleine Garderobier und der kleine Clown geblieben. Weniger ist manchmal mehr.

Aber da gab es einen Artisten, den ich in jeder Vorstellung beobachtete und bewunderte. Zavatta, der Vagabund auf dem Sprungseil. Bei einem Besuch 1949 beim Circus Knie habe ich Linon, den Vagabunden, auf dem Sprungseil erlebt. Ich glaube, damals hat es bei mir im Hinterkopf „klick" gemacht. Ich war begeistert, nicht nur über sein Können, auch seine Ausstrahlung und seine Originalität. Ich habe alles von ihm gesammelt, was ich auftreiben konnte, und habe Kontakt gesucht, aber umsonst. Die Art von Seil, auf der man laufen und zugleich springen konnte, fand ich grossartig und die vielen Möglichkeiten für die Komik haben mich begeistert und nie mehr losgelassen.

Und jetzt, drei Jahre später, hatte ich das grosse Glück, jeden Tag einen Artisten auf dem Sprungseil zu erleben. Zavatta der Vagabund auf dem Sprungseil. Ich sog alles wie ein trockener Schwamm in mich auf. Den Aufbau und den Ablauf der Nummer, einfach alles. Ich war sogar pünktlich im Sattelgang, wenn seine Schwester das Kolofonium in das Seil rieb. Zavatta hatte eine Partnerin. Sie lief einmal über das Seil, dafür benutzte sie die grosse schwere Balancierstange des Vagabunden. Die war notwendig für die Trickse und für die Arbeit auf dem Seil. Aber für sie war sie viel zu schwer und zu grob, um damit einmal über das Seil zu laufen. Und was sie tat, hatte auch keinen Bezug auf die Geschichte des Vagabunden.

So eine Nummer werde ich mir aufbauen. Aber das würde ich anders machen. Ich stellte mir vor: An der Stelle des Vagabunden müsste ein Clown sein, mit buschigen Haaren, einem weiten Kostüm, das bei den Sprüngen auf dem Seil fliegt und flattert. Und die Partnerin müsste eine zierliche Ballerina in einem Tutu sein. Mit einem schönen Federfächer an Stelle der schweren Stange. Und schönen Tanzschritten, die zeigen, dass sie das Seillaufen beherrscht. Der Clown steht unter dem Seil und bewundert und betet sie an, und in seiner lieben Naivität behauptet er, dass er es besser kann. Die Ballerina müsste ihn mit lieben Bewegungen dazu ermuntern, es ihr auf dem Seil gleich zu tun. Was könnte da alles passieren, bis der Clown oben auf dem Seil ist, um es dann mit grosser Bravour noch besser zu können. Die Idee und die Geschichte zu einer originellen Circusnummer war geboren. DER CLOWN UND SEINE BALLERINA. Man musste sie pflegen und ihr Zeit lassen, sich ganz langsam zu entwickeln. Sie stand fest, aber erst in meinem Kopf. Da sass sie und liess mich nicht mehr los.

Aber zurzeit war ich noch Ponypfleger und der kleine August, der sich von den Pferden durch die Manege jagen liess. Es war aber für mich eine gute Zeit. Ich habe Freunde und Gleichgesinnte gefunden. Wir freuen uns heute noch, wenn wir uns irgendwo in der Welt draussen treffen. Ernst Huber, der sich später mit seinem Babyelefanten einen grossen Namen gemacht hatte. Deckers Seelöwenkutscher, den ich viele Jahre später an der Zürcher Oper als Inspizient getroffen habe. Aber noch sind wir drei Tierpfleger.

1952 war natürlich für London ein interessantes Jahr. Die Prinzessin Elizabeth wurde Königin. Als ich den Reichtum und den Prunk sah, als sie mit ihrem Gefolge durch London kutschierte, da stand mir vor meinen Augen die Schlafstelle im Stall und mein englisches Frühstück, die eingeklemmten weissen Bohnen zwischen einem Schwammbrot, für das ich noch Rationierungsmarken abgeben musste. Ich konnte ihr nicht zu jubeln. Die Königin wurde zu einer Vorstellung in den Circus eingeladen. Blumen und einen roten Teppich, gut, das ist in Ordnung, sie ist ja eine Königin. Aber was da alles sonst noch für den Empfang aufgestellt wurde. Für die fünfzehn Minuten Pause wurde extra neben dem Circus ein Einfamilienhaus gebaut, mit allem Drum und Dran, mit Balkon und einem Bad. Das glauben die Hofprotokollschreiber selbst nicht, dass die Königin in der kurzen Zeit baden wollte.

Wo wäre denn da die Frisur geblieben? Ich hatte doch nach der Pause meinen „grossen" Auftritt. Da konnte sie doch nicht im Bademantel und mit nassen Haaren in der Loge sitzen. Ich bekam von ihr Applaus und von einem Fotografen ein Bild geschenkt. Weil ich ein bisschen untertrieben und mich nicht vorgedrängt habe, bin ich auf das Foto gekommen. Die Königin hinten und ich vorne. Ich habe mich über das Foto sehr gefreut. Aber nur deshalb, weil alle versuchten, irgendwie mit ihr auf ein Bild zu kommen. Sogar mein Chef Fredy Knie war mir das Foto neidig. Jaja, manchmal kommen sogar die Kleinen gross raus.

Die sechs Wochen sind wie im Flug vergangen, mit den vielen neuen Erkenntnissen und Erlebnissen. Wir waren gerade im Begriff, die Tiere, Elefanten, Pferde, Ponys und was wir an Material dabei hatten, auf die Fähre zu verladen. Es war kalt, es regnete in Strömen, und es stürmte stark. Da kam das Kommando. *Alles zurück! Umladen!* Wieder in die Tierwagen der englischen Bahn. Erst jetzt haben wir erfahren, welch grosse Katastrophe über das Küstengebiet von England, Nordfrankreich und Holland hereingebrochen war. Dammbrüche, Überschwemmungen, Schiffskatastrophen.

Die Fähre, die vor unserem Schiff ausgelaufen war, ist im Sturm gekentert. Viele Menschen sind dabei umgekommen. Wir haben einen Rekord aufgestellt. In nur zwei Stunden waren unsere Tiere und das Material sicher aus dem Schiff und wieder in die Bahnwagen verladen.

Ich glaube, unser Rekord wurde nie gebrochen. Die anderen waren ja auch nicht vom Sturm getrieben. Bei dem „schnell, schnell" habe ich meinen Silberring verloren. Das ist ja an und für sich keine grosse Sache, aber er war so ein bisschen Erinnerung an unsere Schmugglerzeiten kurz nach dem Krieg von unserem Schweizer ins deutsche Nachbarsdorf. Mit dem Rad waren wir in wenigen Minuten in Deutschland. Wir waren halbwüchsige Jungs und haben getauscht, was man nur irgendwie tauschen konnte. Gegen Rasierklingen, Seidenstrümpfe, die ohne Naht, für die gab es das Doppelte. Kaffee, Zigaretten, dafür bekamen wir eine Gitarre, eine kleine Trommel und ein Flügelhorn. Wir wollten ja eine Band gründen. Dauerwellen haben wir uns für ein halbes Pfund Kaffee machen lassen, und für ein Pfund gab es den Silberring. Und jetzt ist er weg. Ich habe mir nie mehr einen gekauft, den Ehering ausgenommen. Dauerwellen hatte ich auch nur das eine Mal.

Zurück nach England. Für uns Tierpfleger und Tierlehrer hatten wir noch für einen Tag zu essen und einen Tag Futter für unsere Tiere. Die Rationierungsmarken hatten wir den Kollegen in London zurück gelassen. Wir sollten ja in wenigen Stunden in Frankreich sein. Vive la France, es lebe die Französische Küche! Und wie wir uns auf ein gutes und schmackhaftes Essen freuten. Ende mit „Fish and Chips", das Standardessen in der Kantine, das so ohne Können und Liebe auf den Teller geklatscht wurde. Aber vorerst ist es bei der Freude geblieben.

Abbildung 10
Meine Begegnung mit Königin Elisabeth 1952 in London.
(Foto Daily Mirror)

Wir bekamen von der englischen Eisenbahn eine kleine, alte
Dampflok, die müssen sie aus einem Museum geholt haben. Sie sah
aus wie die Lok der Spanischbrötlibahn. Und jetzt soll sie uns bei der
Essen- und Futtersuche behilflich sein. Mit unserer Nostalgielok fuhren wir an der Küste entlang, von Ortschaft zu Ortschaft, von Bahnhof zu Bahnhof. Wir brauchten ab und zu eine Rampe, um die Tiere
ausladen und sie bewegen zu können. Wir mussten dem Futter, und
das war nicht wenig, nachfahren. Was alleine die Elefanten wegfutter-
ten. Für unsere Seelöwen brauchten wir Fische. Für uns Tierpfleger
war das ein Glück, denn so konnten wir uns ab und zu einen Fisch
in unserer Dampfküche mit einigen Kräutern zu einer Delikatesse
„kochen“. Wenn es die Zeit zuliess, wurde auch am offenen Feuer gebraten. An das Teetrinken haben wir uns in der Zwischenzeit gewöhnt.
Aber er musste ja zuerst gekocht werden.

Aus meiner Bubenzeit wusste ich, wenn der Zug mit einer
Dampflok gezogen wurde, dass am Ende des letzten Wagens neben
der Kupplung der Dampfschlauch mit einem Hahn war. Wenn man
ihn öffnete, kam unter grossem Druck der Dampf heraus. Das nützten
wir hier aus. Wir stellten einen Eimer mit Wasser unter den Schlauch
und liessen den Dampf hineinzischen. Wenn das Wasser heiss war, haben wir darin alles gekocht. Suppen, Fleisch, Eier, und wie ich schon
erzählte, sogar Fische haben wir gekocht. Natürlich auch Tee haben
wir gebraut, aber erst mussten wir etwas erfinden, dass uns der Druck
die Teemischung nicht weggeblasen hat.

Brot und Speck war unsere Hauptnahrung, ab und zu Eier. Mehr
war bei den Leuten und Bauern auch nicht aufzutreiben. Sie hatten
selbst nicht viel. Sie hatten immer noch die Rationierung und waren
nun noch durch die Überschwemmung abgeschnitten. Es war kalt,
und wir hatten keine Heizung, sonst wäre die Sache eigentlich recht
romantisch gewesen. Ich habe mir mein Etablissement im Bremser-
häuschen des Tierwagens eingerichtet. Das war eine Kabine, die über
eine kleine Leiter erreicht werden konnte. Von dort oben hatte ich
eine herrliche Aussicht über den ganzen Zug und weit in die Land-

schaft hinein. Wenn es in dem Kabäuschen zu kalt wurde, wechselte ich zu den Tieren, um mich aufzuwärmen. Nach einer Rundreise von vierzehn Tagen dampften wir wieder in Dover ein. Im Hafen und an den Verladekais gab es immer noch Sturmschäden. Aber der Verlad unserer Tiere verlief ohne Probleme, auch die Reise nach Zürich. Wir mussten in der Zwischenzeit eine grosse Presse gehabt haben, denn an den Bahnhöfen, an denen wir Aufenthalt hatten, um die Tiere zu tränken, war immer sehr viel Publikum. Unsere Tierwagen mussten im Bahnhof Zürich umrangiert werden.

Da passiert etwas, was ich nie vergessen habe. Mit einer Rangierlok hat die SBB uns sieben Tierpfleger in den Hauptbahnhof gefahren. Und im Bahnhofsrestaurant wurde uns ein gutes, warmes Essen serviert. Ich fand das so grossartig, da wir für die Presse, wie wir aussahen, eigentlich nicht viel hergaben. Leider habe ich nie erfahren, wer diese grossartige Idee hatte, und wer der Spender war. In Knies Winterquartier wurde darüber nie gesprochen. Logische Folge: Sie waren es nicht. Der Tierschutz auch nicht. Und einen Tierpflegerschutz gab es nicht. Also blieb nur jemand, der ein grosses Herz und bei der SBB was zu sagen hatte. Im Winterquartier liefen die Vorbereitungen für die Saison.

1952 Das Wasserentree

Das Wasserentree stand auf dem Programm. Die Direktion versprach mir eine Rolle in dem Entree. Dazu haben sie vier kleinwüchsige Menschen engagiert: Little Paul, Bimbo, Kony und Horst. Mit einer Sprosse höher an meiner Karrierenleiter, hatte ich für die neue Saison schon gerechnet. Ich habe natürlich davon geträumt, dass ich bei dieser feucht fröhlichen Geschichte die Rolle des Augusts übernehmen könnte. Der Traum war schnell ausgeträumt, denn sie steckten mich in einen Frack und trimmten mich auf elegant. Genau das Gegenteil von dem, was mir gelegen hätte. Ein italienischer Kollege sagte zu mir: *Dieser Direktor haben nix Gefühl, was ist ein Clown.*

Diesmal ging die Rechnung nicht auf. Manko und Verluste bei allen Posten. Aber ich wollte weiter kommen, so habe ich nicht nur die falsche Rolle im Wasserentree übernommen, ich akzeptierte auch die Reprisen und Einlagen, die vom grünen Tisch der Knies kamen, obwohl bei vielen Sachen einfach das Herz fehlte. Kein Herz hatte auch Eugen Knie am heutigen Aufbautag gezeigt. Ich mochte zwar den alten Herrn gerne. Er war anders als die andern. Er war kein Nono, aber er hatte eine gewisse Ausstrahlung. Es war Aufbau in Brugg. Das Zelt wurde hochgezogen. Dabei ist das Drahtseil, das die Zeltspitze hoch ziehen sollte, aus der Rolle gesprungen. Da musste einer hochklettern und das in Ordnung bringen. Wer sonst, als der kleine wendige Galetti?

Ich war schnell oben, hatte das Seil auch schnell wieder in der Rolle. Als ich gerade wieder runter wollte, zogen sie die Zeltkuppel mit mir hoch. Die hatten mich da oben glatt vergessen. Mein italienischer Kollege würde sagen: *Haben nix Gefühl, was ist gute Arbeiter.* Was blieb mir übrig, immer schön aussen auf der Naht runterrutschen, langsam, denn es war ein altes Chapitau. Auf halber Höhe der Rutschpartie, hat mich die Naht nicht mehr getragen. Das Geräusch von zerreissendem Tuch war zu hören, und ich sauste in Begleitung von Engel Gabriel, der mich in einen Sägemehlhaufen, der fünf Meter tiefer in der Manege lag, leitete. Mein Sturz wurde gebremst. Im Chapitau war ein langer Riss. Eugen Knie war gerade auf dem Weg zu seinem zweiten Frühstück, ein Zweierli Walliser. Er sah den Riss im Zelt: *Wer hat das gemacht? – Der Galetti! – Sooo, der Kasperle, der Hund!* Nach diesem Kommentar von Herrn Knie bin ich aufgestanden und habe mir selbst gesagt: *Galetti, hast Du Dir weh getan? Kann ich etwas für Dich tun?* Ich gab mir auch gleich die Antwort: *Nein danke, Herr Knie. Danke Ihnen aber für den Hund. Ich werde ihn gut pflegen und bei passender Gelegenheit zurückbringen. Danke ...* Den Hund habe ich nicht vergessen. Ich hatte da so einen alten Lederkoffer, da habe ich alle Knie-Tritte, Schubser, Hunde und andere lieben Tierchen hineingetan und aufbewahrt, so als Erinnerung. Ich nenne sie Negativo. Es gibt im Koffer ein kleines Fach, da habe ich auch ein paar gute Sachen darin. Zur gegebenen Zeit werde ich sie dann auspacken. Sie sind klein, aber es gibt sie wenigstens. Das sind die Positivo. Ein „Positivo" ist passiert, als mein ehemaliger Offizier in der Rekrutenschule mir aus dem Sägemehl half, ich habe es ja schon erzählt.

Zurück zum grünen Tisch der Knies. Meine vier kleinen Partner waren alle in Ordnung. Sie waren intelligente, aufgeschlossene Menschen. Es war eine gute Zusammenarbeit. Leider war keiner von ihnen komisch. Das haben sie aber mit ihrer Körpergrösse ausgeglichen. Ich konnte mich in ihre Lage gut hineinfühlen und habe gelernt, mit ihrem Wesen umzugehen. Ich konnte sehen und erleben, wie sie mit ihrem Schicksal, ein „Zwerg" zu sein, jeder auf eine andere Art, fertig geworden sind. So hatte ich auch nichts dagegen, in der Wintersaison mit ihnen und dem Wasserentree zum Circus Krone nach München ins Engagement zu gehen.

Wir hatten Erfolg. Ich wurde sogar von Peter Bendo, dem Chef der Clownfamilie Bendo, entdeckt. Also „entdeckt" ist ein bisschen übertrieben. Ein Onkel der Familie, der den Grafen Stanislaus in ihrem Boxentree mimte, ist ausgefallen. Die Figur steht wie eine Statue auf einem Kasten und greift im richtigen Moment in das Geschehen ein. Was liegt näher, als den Galetti darauf zu stellen. Es war keine

Entdeckung des grossen Clowns Galetti, es war ein Notfall. Aber daraus ist eine schöne Freundschaft entstanden, die heute noch steht. Wenn man bedenkt, dass Papa Bendo ein ganzes Stück älter ist als ich. Viele Jahre später waren wir in Dänemark, England, Deutschland und der Schweiz zusammen engagiert. Papa Bendo und seine Söhne haben mir die Kunst des Angelns beigebracht. Von Angel-Erlebnissen mit Janosch Bendo werde ich später erzählen. Zurück zum Circus Knie.

1953 Circus Knie

Zwei Dinge habe ich im Frühling 1953 geschenkt bekommen, beide sind mir treu geblieben. Das erste, das musste ich schützen lassen, dass es nur mir gehört. Das Zweite musste ich nicht schützen lassen, es ist mir auch so treu geblieben. Also, das erste: Herr Fauque, der Kunstmaler vom Circus Knie, der jedes Jahr die herrlichen Plakate und die Fassaden neu gestaltete, machte mir ein Geschenk. Er malte mir auf einen Schuhschachteldeckel eine Clownmaske. *Galetti, nimm diese Maske, passe sie deinem Gesicht an, sie soll dir Glück bringen.* Sie hat mir viel Glück gebracht.

Schon kurze Zeit danach konnte ich mich in einem grossen Fotobuch von Frau und Herrn Staub bewundern. Einige Jahre später waren wir in Dänemark engagiert, da stand in der grossen Zeitung „Tagblatten": GALETTI, DER MEIST FOTOGRAFIERTE CLOWN. In einem Leica-Studio von Ross van Heyst in Holland, machten wir an drei Tagen über zweitausend Fotos. Es war ein Experiment der Leicas, Fotos direkt auf Aluminiumplatten zu entwickeln. Das zweite Experiment war, das transparente Foto wurde direkt auf eine weisse Leinwand kopiert. Diese hat man anschliessend über einen Holzrahmen gespannt und ein Licht an einer bestimmten Stelle montiert, zum Beispiel, hinter meinem Gesicht. Die Schwarzweissfotos gewannen dadurch eine ungewöhnliche Brillanz. Ein brillanter Galetti, oder wie meine Tochter meinte: *Papi Du bist eine Leuchte!* Viele Jahre später habe ich meinen Kunstmaler Fauque, in Paris getroffen. Er hatte mich nicht erkannt. Aber als ich ihm ein Foto von seiner mir geschenkten Maske zeigte, war die Freude riesengross. *Das hast Du nicht vergessen!* Also, sie hatte mir sehr viel Glück gebracht, und es war auch ein Teil meines Erfolges.

Die zweite schöne und gute Sache, die ich diesen Frühling geschenkt bekam, das war Maria. Sie arbeitet in der Circusrestauration. Sie war schlank und zierlich. Eigentlich eine gute Voraussetzung für meine Ballerina auf dem Seil. Und noch etwas, sie hatte Ausdauer, ein

Ziel zu erreichen, und sie träumte auch von der Idee: Der Clown und seine Ballerina. In meiner kargen Freizeit habe ich hinter dem Stall ein Seil aufgebaut. Ich wollte es wissen und habe probiert und trainiert, aber so richtig ernst hat mich keiner genommen. Ich habe es noch einmal versucht, mit einem Inserat im Circus-Fachblatt: JUNGER CLOWN SUCHT ANSCHLUSS AN TRUPPE ODER DUO.

Ich bekam grossartige Angebote und Versprechungen. Aber schnell stellte es sich heraus, dass es die Knies und ein zwei ihrer Anhängsel waren, die sich daraus einen Spass gemacht haben, mir den Himmel voller Geigen zu hängen, und wenn ich nach einer greifen wollte, mich auszulachen. Und was noch schlimmer war, sie hielten mich für einen Spinner. Es waren die Besserwisser, die das Glück hatten, nicht viel für ihr Dasein tun zu müssen, denn sie sind einfach hineingeboren worden, zum Beispiel, der Sohn des Hoheschulreiters. Der wäre nie über mein Tanzseil gekommen, denn der stolperte ja schon beim normalen Gehen über seinen Grössenwahn.

Als sein Vater gestorben war, musste er lange üben, um normal gehen zu lernen. Er hatte es dann doch noch ohne seinen Vater geschafft. Ganz einfach, er heiratete eine Circusdirektorin. Sie hat ihn dann an die Longe genommen und ihn laufen gelernt. Bei ihr hat er es dann schnell begriffen und ist ein lieber und auch erfolgreicher Kollege geworden. Auch Rolf Knie hielt es für einen Spass, wenn er mir falsche Hoffnungen machte.

Der grosse Clown Grock gastierte zurzeit mit seinem Circus in der Schweiz in Aarau. *Du Galetti, Du sollst morgen Vormittag nach Aarau fahren und Clown Grock aufsuchen. Er hat von Dir gehört und möchte Dich kennen lernen, denn er sucht einen neuen Partner.* Wau! Der grosse Grock will mich kennen lernen. Ich hatte kaum geschlafen und bin früh morgens nach Aarau gefahren. Auf der Fahrt kamen mir dann die ersten Zweifel. Grock hatte immer Partner, die eine gute Geige oder sonst ein Instrument spielten, und die viel älter waren als ich. Ich würde mit meinen 22 Jahren in einem Frack keine gute Figur neben ihm machen. Und ich wollte ja selbst Clown sein nicht der Partner in Schwarz und würde mit meinen natürlichen Clown-Bewegungen nicht der Gegensatz zu ihm sein.

Mein Name ist Galetti vom Circus Knie. Die Direktion schickt mich, Herrn Grock eine Nachricht zu überbringen. Herr Grock hatte Zeit für mich, und wir unterhielten uns über den so genannten „Spass" von Rolf Knie. *Sag Herrn Knie, dass ich nicht abgeneigt bin, dich nächstes Jahr nach Hamburg zu Proben in meinen Circus kommen zu lassen.* Er zwinkerte mir zu und schenkte mir ein Buch mit einer persönlichen Widmung. Mit einer grossen Genugtuung überbrachte ich die von mir noch bunt ausgeschmückte Nachricht Rolf Knie. Der Schuss ging bei ihm nach hinten los, und ich hatte eine tolle Reklame. Grock hat Galetti nach Hamburg eingeladen. Jetzt gab es schon zwei Spinner, die hinter dem Stall probierten. Bei mir drückten sie wenigstens ein Auge etwas zu. Ich war immerhin schon ein bisschen ein Artist mit kleinen Auftritten. Ich habe also ein Privileg, um ein ganzer Artist zu werden. Aber meine Freundin, die war ja nur von der Restauration.

Es war schwierig, das bisschen Freizeit so einzuteilen, dass wir beide zusammen üben konnten. Trockenes Wetter musste es auch noch sein. Und wenn wir schnell reisten, nur in kleinen Städten spielten, war ans Seilaufbauen schon gar nicht zu denken. So kam wenigstens die Liebe nicht zu kurz. Wir hatten noch ein Problem: Wie wird mein Seil so elastisch, dass man darauf wie auf einem Trampolin springen kann? Ich versuchte es mit alten Fahrradschläuchen. Sie mussten einen Expander ersetzen. Ich setzte sie an den Enden des Seils ein, und so ist unser Tanzseil zu einem Sprungseil geworden. Zwar noch ein gutes Stück von dem Sprungseil entfernt, auf dem ich später arbeitete. Und wenn man noch so viele Schläuche zusammen band, der Gummi war zu weich und er hatte einen toten Punkt, wo er nicht mehr elastisch war und es war keine Kraft mehr da. In Solingen genau zwei Jahre später beim Circus Sarrasani wurde das Gummiproblem von einem freundlichen Herrn gelöst. Er war auf seinem Morgenspaziergang und ich hinter dem Stall auf meinem Seil beim Üben. Er schaute mir einige Zeit zu, dann sagte er: *Ich bin der Pfarrer von der Kirche da hinten.*

N
7108
RRASANI
SARRASANI
RRASANI
N 7108

Kommen Sie mit, ich werde Ihnen etwas zeigen. Jetzt war ich gespannt, was wollte der Herr Pfarrer von mir? Er führte mich in den Keller eines benachbarten Hauses. Da lagen ganze Berge von Gummiringen.
Das da hier ist doch sicher besser als Ihre Fahrradschläuche.
Was sollen diese vielen Gummis, und wo kommen die her?
Mein Bruder hat diese Gummis entwickelt und hergestellt. In so einem Ring ist ein dünner unendlicher Gummifaden bis zu hundertmal zu einem Ring gewickelt und in einen elastischen Mantel eingewoben.
Grossartig! .Aber für was werden die denn gebraucht?
Im Zweiten Weltkrieg wurden die Gummiringe für die deutsche Marine hergestellt und zwar für die Torpedokanonen in den Unterseebooten.
Jetzt weiss ich, warum sie den Krieg verloren haben. Weil sie wie mit Spatzenschleudern die Torpedos abgeschossen hatten.
Nein mein Lieber, das war nicht so. Mit den Gummis wurde der Rückschlag der Torpedokanone aufgefangen. Und dieser Haufen hier wurde nicht mehr gebraucht. Sie können davon so viele haben, wie Sie wollen.
Vielen Dank.

Mit zweimal sechs gleich grossen Ringen habe ich zwei Expander angefertigt und sie an den Enden des Seils und dem Befestigungshaken eingebaut. Das war es, ein weicher Zug und doch viel Kraft dahinter. Jetzt war die Federung meines Sprungseils perfekt. Ich war glücklich. Nochmals danke, Herr Pfarrer. Er schenkte mir Gummiringe für viele Jahre.

Abbildung 11
1958 in Nürnberg, die Polizei stoppte meine Reklamefahrt mit dem Hochrad und führte mich ab. (Foto Fränkische Tagespost)

Abbildung 12
Die Presse verhalf mir zu einer Sondergenehmigung, und die Fahrt ging weiter. (Foto Fränkische Tagespost)

Eines schönen Tages stand die Familie Nock mit Sack und Pack im Circus Knie. Die Arena Nock wurde aufgelöst, weil die jüngere Generation ein gutes Engagement zu Ringling nach Amerika hatte, wo sie noch heute die Attraktionsnummer sind. Auch in der zweiten Generation. Arthur Nock wurde schon am anderen Tag der August Knieli. Er war nicht nur ein Clown, er war ein Komödiant. Jetzt habe ich begriffen, dass ein guter Clown auch ein Komödiant sein sollte. Ich habe von ihm vieles übernommen und bis heute beibehalten. Es war eine gute und schöne Zeit mit Arthur und seiner Lotti und später mit seinen Kindern. Danke für alles. Ein klein wenig konnte ich mich bei Lotti bedanken. Der bekannte Schweizer Kunstmaler Rene Mann, er hatte sich auf Clownbilder spezialisiert. Er hatte von mir und Mariza viele grosse und kleine Bilder gemalt nicht nur auf Malerleinwand, sondern auf Leinwand vom alten Stall und Circuszelten. Auf seinen Vernissagen waren wir die lebenden Clowns mit unseren Auftritten. Unsere liebe Lotti war ein Gast des Künstlers. Ich grub aus meinem Humor und Komikkoffer die alten Arena-Clownreprisen und Gags aus, die Arthur bekannt gemacht hatten. Die Vernissagebesucher und Clownfans hatten ihr grosses Vergnügen und Lotti Tränen in den Augen.

Ach, ja, da gab es noch etwas: Arthur und ich haben einen Winter lang zusammen Auftritte bestritten, übrigens mit grossem Erfolg. Wir hatten den zerbrochenen Spiegel nicht als Entree, sondern als Sketch mit einem guten Dialog auf die Bühne gebracht. Arthur ist nun auch schon im Clownhimmel, bei all meinen lieben Kollegen.

Wenn die da oben alle beisammen sitzen, fachsimpeln mit dem Thema: Weisst du noch? Und zwei drei Runden knobeln. Das müsste herrlich sein. Wenn Charly Rivel gewinnt, würde sicher sein *Schööön* zweimal zu hören sein. Grock würde Charly schräge anschauen und ihm ins Gesicht sagen: *Nidd möööglich!* Und Jacko würde sich noch einen „Nice-Tea" bringen lassen.

Ich darf noch einige aufzählen, die ich verehrt habe, und mit denen ich irgendeinmal draussen in der Welt den Menschen Freude bringen durfte. Charly Chaplin, den ich bewundere. Ich hatte das Glück, dass er auch einmal über mich lachte. Hermanno, Enrico, Francesco und Ernesto Caroli, Cocer Ossy, Linon, Reco, Charly, Rene und Rigoletto Rivels, Antreff und nicht zu vergessen mein grosses Vorbild Rudolfo Cavallini, dann Zavatta und die lieben Clowns Rocky und Randell, Anni Frattelini, Pierre Etaix und mein alter Freund Ferruccio. Herr Fredy Knie hatte wieder einmal eine Idee, um meine Freizeit ein bisschen zu kürzen. Er verpasste mir ein paar Stelzen aus dem alten Fundus der Circus Requisiten. Ich habe sie erst einmal technisch so weit gebracht, dass man damit sicher gehen und ruhig stehen konnte. Es waren eigentlich keine Stelzen mehr, es waren verlängerte Prothesen mit Gelenken.

Ich habe sie viele Jahre später einem Kollegen in Österreich geschenkt. Er hat sie nachgebaut und verkauft und damit einen richtigen Boom an Stelzenläufern ausgelöst. Ich selbst habe die Sache mit einem riesengrossen Fahrrad, an dem grosse Werbeflächen angebracht waren, noch ein wenig gesteigert. Auch bei Sarrasani bin ich dann für Reklamezwecke fast täglich mit dem Hochrad unterwegs gewesen. So auch in Nürnberg, da wurde ich von einer Funkstreife der Polizei aufgehalten. *Bitte ihre Papiere und die Bewilligung für ihre Reklamefahrt.* Ich hatte beides nicht und wurde aufgefordert abzusteigen. Ich musste die Stelzen abschnallen. Und es blieb mir gar nichts anderes übrig, als auch die Hose auszuziehen, denn ohne Stelzen waren sie mir einige Meter zu lang. Jetzt stand ich, nur in den Unterhosen, dafür mit Frack und Zylinder, vor den Uniformierten. Was nun? In Unterhosen konnte ich mein Hochrad ja nicht durch die Stadt in den Circus zurück schieben. Ich durfte unseren Reklamechef Walter Stärk anrufen. Kurze Zeit später erschien er mit Presse und Little Paul im Hinterhof der Nürnberger Polizei. Allerdings wurde ich nicht gleich aus meiner peinlichen Situation befreit, im Gegenteil. Der ganze Ablauf wurde noch mal für die Presse nachgestellt. Sie brachten die Geschichte am anderen Tag mit Bildern gross in der Zeitung. Daraufhin erhielt ich sogar eine Sonderbewilligung für mein Hochrad.

Zurück nach Zürich. Zur Premiere veranstaltete der Circus einen grossen Umzug durch die Stadt. Ich fuhr mit meinem Hochrad immer aufpassend, dass ich ja nicht in eine der vielen Strassenbahn Schienen fuhr. Nicht nur meinetwegen, ich hatte auch einen Passagier dabei. Ein Papagei sass auf meiner Lenkstange. Nur einmal ein bisschen zu wenig aufgepasst und schon war's passiert. Das ganze Gefährt kippte um. Ich brachte vor lauter Schmerzen keinen Laut heraus. Dafür schimpfte der Papagei, was er nur konnte. Ich wusste bis dahin gar nicht, dass er so viele Schimpfwörter drauf hatte und das in so vielen Sprachen. Ich habe ihn noch öfters mitgenommen, aber so richtig glücklich war er dabei nicht mehr. Er fühlte mit mir, dass es für uns beide Zeit war, auszufliegen. Ich fand, dass ich nun nach vier Jahren genug Lehrgeld bezahlt hatte. Es kam immer häufiger zu Spannung zwischen Fredi Knie und mir.

Es war Aufbau, ich trug an jedem Arm vier Klappstühle und wollte sie auf einen Stapel legen. Dabei ist mir einer vom Arm gerutscht. Ich reagierte mit dem Fuss, gab dem Stuhl einen Schubs um ihn zu bremsen. Wumm! Hatte ich eine Ohrfeige. Und dann noch von hinten. Ich hasse es, wenn man mich von hinten angreift oder schlägt. Ein Dreher, um eine Revanche anzubringen, aber diesmal ging es nicht, ich hatte beide Arme voll mit Klappstühlen. Es blieb dann beim Dreimal-leer-schlucken. Aber innerlich habe ich von Knie Abschied genommen. Und in den Lederkoffer habe ich wohl das grösste Negativo hinein gelegt. Es war meine letzte Saison beim Circus Knie.

1955 Circus Williams

Was nun? Ich las ein Inserat: CIRCUS CITY SUCHT GUTES UND SAUBERES CLOWNDUO. Ich bin ja sauber, aber kein Duo. Meine Freundin ist schon eine gute Artistin, aber komisch war sie nicht. Ich hatte eine Idee: Mein Bruder Sepp ist von Natur aus komisch, sprachbegabt, hat ein gutes Musikgehör und spielt hervorragend Klarinette. Was liegt da näher, als dass wir Partner werden. Er war von meiner Idee begeistert, und so haben wir uns in den Zug gesetzt und sind nach Genf gefahren, wo der neue Circus City aus dem Überbleibsel des Circus Pilatus aufgebaut wurde. In meinem Horoskop stand, dass ich interessante Menschen kennen lernen werde, und dass die Venus mir Glück bringen würde. Es hat gestimmt. Sie wollten uns engagieren, zwar mit kleinen Nebenarbeiten, aber das war zweitrangig. Die Hauptsache war, dass wir als Clowns arbeiten konnten und das schon in zwei Monaten. Aber schon nach wenigen Tagen hat das Horoskop nicht mehr gestimmt. Die Venus hatte sich um 180 Grad gedreht, und aus war es mit dem Glück. Mein Bruder hat sich eine Freundin zugelegt. Das wäre ja weiter nicht so schlimm gewesen. Im Gegenteil. Wir hätten ja eine Clowntruppe aufbauen können. Sie wollte aber vom Zigeunerleben nichts wissen. Und mein Bruder Sepp auf einmal auch nicht mehr. Jaja, die Liebe.

Die Venus hat sich wieder um 180 Grad zurückgedreht. Sie hat eingesehen, dass es mühsam ist, immer rückwärts zu gehen. Das Glück war wieder auf meiner Seite. Ich habe auf eine Annonce in einer Circuszeitung gesetzt und gewonnen. Frau Williams, die Direktorin des Circus Williams, suchte einen Clown für ihr neues Programm. Ich bekam die Zusage. Sogar ohne Abstriche und ohne viele kleine Klauseln. Wunderbar! Wer sagt's denn, es geht aufwärts. Williams war ja wirklich ein wunderschöner Circus mit einem guten Namen. Dann kam ein Telegramm: LIEBER HERR GALETTI! WIR VERMIETEN WOHNABTEILE NUR AN VERHEIRATETE PAARE. ICH KANN SIE NUR ENGAGIEREN, WENN SIE ALLEINE

ODER VERHEIRATET SIND. Wir haben geheiratet. Alles schien in bester Ordnung zu sein. Dann, noch ein Telegramm: Wumm. LIEBER HERR GALETTI! ICH HABE MEINEN GANZEN CIRCUS MIT ALL MEINEN TIEREN UND EIGENEN NUMMERN AN DEN CIRCUS RINGLING IN AMERIKA VERKAUFT. DA ICH KEINE FREMDEN ARTISTEN MITNEHMEN KANN, SEHE ICH UNSEREN VERTRAG ALS GEGENSTANDSLOS AN. Ich würde sagen, der Vertrag war nicht nur gegenstandslos, sondern das Versprechen wurde einfach nicht eingehalten. Dafür hatte ich ein Versprechen, das hielt bis heute. Noch eine Woche, dann sind es genau 50 Jahre. Und wir feiern die goldene Hochzeit. Ich versuchte es in meinem alten Beruf. Hören sie meinen Vater. *Lerne zuerst einen richtigen Beruf.* Ein bisschen hat er ja Recht gehabt. Ich hatte mich gerade wieder eingearbeitet und mich an die Menschen und deren bürgerliche Ansichten ein bisschen gewöhnt, da habe ich erfahren, dass der Circus Sarrasani 1956 in Mannheim wieder auferstehen soll und auf Tournee gehen will. Ich hatte ja noch jede Menge Schreibpapier mit dem schönen Briefkopf. Galetti und Nock, die Clowns vom Circus Knie. Kunstvoll überklebte ich den Namen Nock und die Buchstaben, die zuviel waren. Der neue Briefkopf sah ein bisschen komisch aus, aber GALETTI DER CLOWN VOM CIRCUS KNIE und mit dem, was ich noch dazu geschrieben habe, hatte bei der Direktion des Circus Sarrasani einen guten Eindruck hinterlassen. Sie schickten mir einen Vertrag. Später habe ich dann erfahren, dass Jean Hoppe mitverantwortlich für die Zusage war. Er kannte mich vom Circus Knie wo er als Regisseur ein kurzes Gastspiel gegeben hatte.

1956 Circus Sarrasani

Also, ich war bei der Neueröffnung des Circus Sarrasani im Frühling 1956 in Mannheim dabei. Die Zahl nach den Buchstaben DM waren ein wenig mager ausgefallen. Aber was soll's, es wird sich schon geben. Hauptsache, ich war wieder Clown und im Circus. Aber im Moment waren wir noch gutbürgerliche Bewohner eines mittelgrossen Dorfes und hatten ein Problem: Wo werden wir im Circus wohnen. Sarrasani hatte keine Wohnabteile. Die Rettung war wieder einmal unser Nachbar, Herr Keller. Er war Coiffeur und bei seinen Kunden bekannt als Beichtvater, Tröster und Ratgeber. Er wusste viel, so auch, dass ein Camping mit Zugwagen wegen eines Sterbefalles billig zu kaufen war. Ganz so billig war er für uns nicht, aber er war für uns ein Traum. Er war nicht gross, so wurde er halt unser Träumli. Damals lebten in so einem Gefährt nur Zigeuner. Für die lieben Menschen in unserem Dorf waren wir das auch. Es hat uns nicht gestört, denn wir waren glückliche Zigeuner.

Apropos Zigeuner, da möchte ich eine kleine Geschichte mit einer grossen Wirkung erzählen. Es passierte in der zweiten Saison bei Sarrasani. Wir gastierten in Berlin am Funkturm Damals war es ein wunderschöner Circusplatz. Heute ist da die Avus, eine Autobahn. Weg ist die Romantik und weg ist auch dem dicken Rolf seine Klause. Nach den Vorstellungen war das für uns Artisten ein Treffpunkt. Eine urgemütliche Kneipe. Ganz in der Nähe hatten Zigeuner ihr Lager aufgeschlagen. Sie sassen mit uns Circusleuten gemütlich und fröhlich zusammen. Einem Gast passten unsere Gesichter und unsere Lebenseinstellung nicht. Da er aber mit seinen Argumenten nicht durchkam, machte er Krach. Als das auch nichts half, griff er zum letzten, mit dem er zu überzeugen gedachte. Er griff zu seinem Messer und stürzte sich auf einen Zigeuner. Ohne Vorwarnung, einfach so. Ein Dreher von mir und ein Schlag auf den Arm des Angreifers und das Messer flog weg. Es war keine Heldentat, es war einfach eine schnelle Reaktion. Jetzt gab es nicht nur Freibier, es gab eine echte Zi-

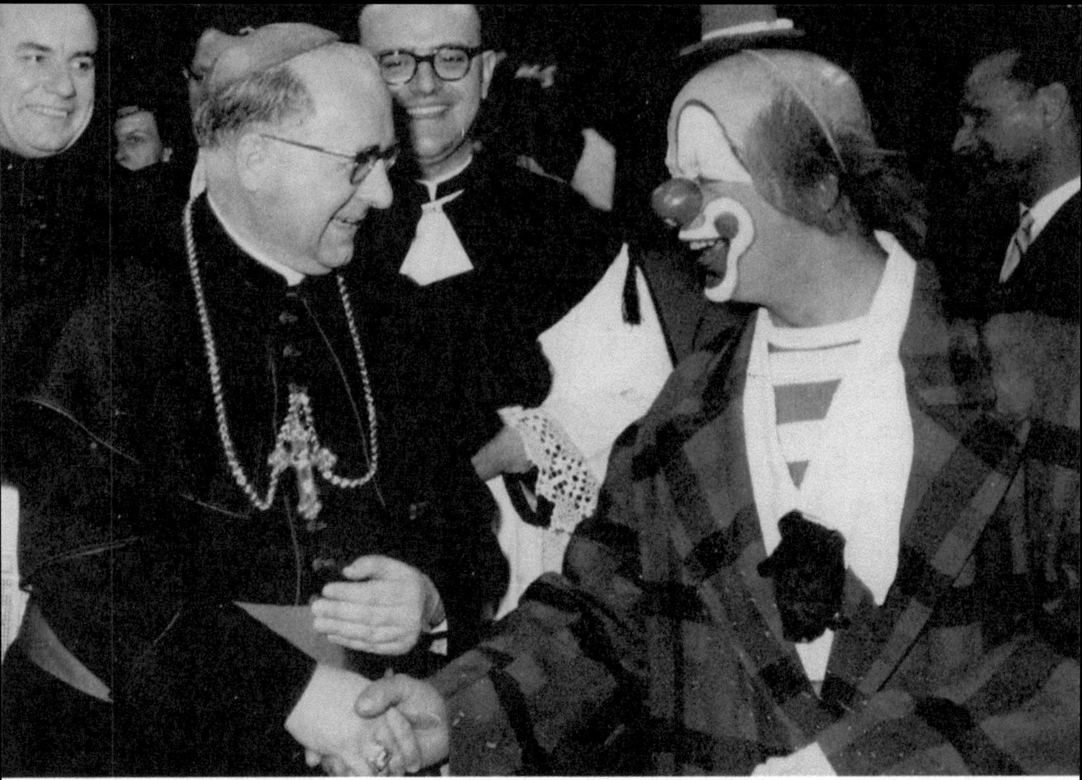

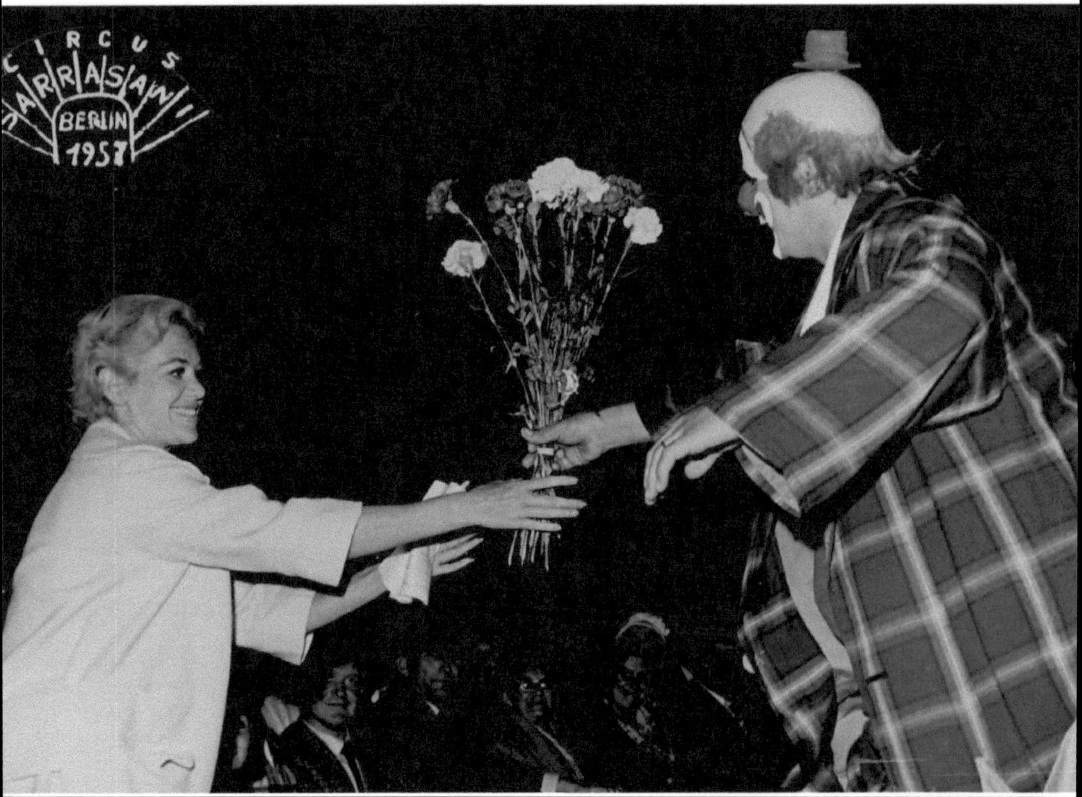

CIRCUS
ARRASANI
BERLIN
1957

geuner-Zeremonie. Ich wurde in ihre Sippe aufgenommen. Mit einem Ritzer am Unterarm wurde ich zum Blutsbruder des von mir auf „dramatische" Weise Geretteten. Ich habe das ganze Geschehen nicht so ernst genommen. Gefreut habe ich mich aber, wie sie sich auf ihre Art bei mir bedankt haben. Unser Gastspiel in Berlin war beendet. Nur einige Kilometer nach der Zonengrenze, hatten wir eine Panne. In ganz kurzer Zeit waren zwei Zigeuner da und halfen mir, unser Gefährt wieder flott zu kriegen. Vor Frankfurt stoppte uns ein Zigeuner. Sie hatten einen stadtkundigen Mann losgeschickt, um uns auf dem kürzesten Weg durch die Stadt zum Circusplatz zu lotsen. Ratschläge für billigen Einkauf und vieles mehr. Das war ihr Dank für das Richtige im richtigen Moment. Diese Hilfe dauerte über drei Jahre, bis wir ein Engagement in der Schweiz angenommen hatten. Es war eine Hilfe und ein Dank, der nur bei reisenden Menschen möglich ist. Danke!

Herr Mey engagierte uns für eine Hallentournee durch Norddeutschland. Wir waren glücklich, ein Engagement für den Winter zu haben. Aber die Hallentournee durch Norddeutschland stand unter keinem guten Stern. Schon die Anreise nach Hamburg hatte es in sich. Little Paul war auch engagiert. Er wohnte in Speyer. Wir wollten uns an der rechten Seite der Autobahn-Raststätte Bruchsal treffen. Wir kamen von Süden und warteten an der rechten Raststätte. Paul kam von Norden und wartete auch an der rechten Raststätte. Nach langem Warten und einer gründlichen Überlegung bin ich darauf gekommen, dass in diesem Fall, links auch rechts sein kann. Die Autobahn war noch nicht vollständig ausgebaut. Man musste noch durch Hannover durchfahren.

Abbildung 13
1956 gab der Bischof von Speyer dem Circus seinen Segen und mir seine Hand. (Fotoarchiv Sarrasani)

Abbildung 14
Hildegard Knef freute sich über meine Blumen. (Foto Donderer)

Und ausgerechnet im Zentrum der Stadt hatten wir am Camping einen Reifenschaden. Was blieb mir übrig, als ihn auf die Stützen zu setzen, das Rad abzumontieren und in eine Garage zu fahren. Ich hatte Glück. Ich konnte einen passenden Reifen kaufen. Als ich mit dem neuen Reifen zurückkam, stand die Polizei mit Blaulicht hinter meinem Camping. Da ist doch so ein besoffener Mopedfahrer ungebremst mit dem Kopf voraus in die Hinterwand gefahren. Zum Glück hatte ich ein Blinklicht hinter das Fenster gestellt. Sie nahmen mich aber trotzdem mit auf den Posten, weil das Warnlicht nicht vor sondern hinter das Fenster gestellt hatte. Nach langem hin und her gaben sie mir Recht, dass man so ein Blinklicht entwenden kann. Dann ist es ohne Licht ja noch gefährlicher. Die Busse haben sie mir geschenkt. Ich hatte ja auch nichts, um sie zu bezahlen, denn unser ganzes Erspartes ist für den neuen Reifen draufgegangen. Nein, nicht ganz. Für zwei kleine Essen und zwanzig Pfennige für den Wurlitzer hat es noch gereicht. Wir spielten den letzten Walzer. Für eine Tankfüllung musste ich meine Uhr als Pfand zurücklassen. Ich hatte Glück, auf dem Rückweg habe ich sie auslösen können. Und unser Little Paul, der hatte noch weniger, es reichte nicht einmal für die Musikbox.

Er hatte auch kein Geld für ein Zimmer. Den ganzen Winter hat er auf dem Rücksitz meines Autos geschlafen. Mit einer Wolldecke, Korn und Steinheger hat er sich warm gehalten. Seine Adresse war Little Paul Hotel Plymouth Hamburg. Viel Glück war der Hallentournee nicht beschieden. Eine Abdeckplatte eines Kabelkanals hat das Gewicht eines Elefanten nicht getragen. Beim Bruch der Platte

Abbildung 15
Mein grosser Freund, der kleine Paul. (Foto Fränkische Tagespost)

hat sich der Elefant den Zehennagel abgerissen. Es war ein Urgeschrei, das der Elefant von sich gab. Es war alles drin. Am meisten Wut über die Menschen, die alles besser wissen. Er hat schon vorher gefühlt, dass der Deckel zu schwach war, er wollte nicht über den Kanal gehen. Zu dem kaputten Zehennagel kam später noch eine Lungenentzündung dazu. Die hat er sich aus Trotz und Wiedergutmachungsgründen zugelegt, denn er liebte die Medizin, die es in solchen Fällen gab. Er bekam jeden Tag fünf bis zehn Liter guten Rum. Das hat er dann auch einige Tage genossen.

Wir waren auf der Sommertournee mit den Musikclowns Cocer Ossy und Partner zusammen. Jetzt hier in Hamburg wollte Manfred, der Partner, uns mit seinem Besuch erfreuen. Er wohnte in Itzehoe, also nicht so weit von Hamburg entfernt. Die Wiedersehensfreude war sehr kurz. Schon nach der Begrüssung legte er sich mit hohem Fieber auf unsere Liege, einfach so ohne Vorwarnung. Ausser mit kalten Tüchern konnten wir nicht viel helfen. Seine Angehörigen auch nicht, die waren im Süden auf Urlaub.

Die ganze Angelegenheit spielte sich am Silvesterabend ab. Hamburg in der Silvesternacht, das ist zum Hören alleine schon ein Erlebnis, wenn alle Schiffe im Hafen ihre Signalhupen, Pfeifen und Nebelhörner im gleichen Augenblick losheulen lassen und dazu zur Unterstützung noch alle Kirchenglocken ihr bestes geben. Damit sich alles noch steigerte, kam die Knallerei und das Zischen der Raketen dazu.

Diese Mischung von Krach habe ich nie mehr gehört, ich war auch nie mehr an Silvester in Hamburg. Unser lieber Kollege Manfred lag da und hat von allem nichts mitbekommen. Ein Notarzt hat ihn dann in ein Krankenhaus eingeliefert, nachdem ich für ihn Bürge war. Da ich nicht viel zum Bürgen hatte, musste er schnell wieder gesund werden. Er bedankte sich mit einer Einladung in sein Haus. Das ist wunderbar, Essen wie bei Muttern. Aber wir mussten es erst einmal verdienen und zwar mit der Suche seines Hauses. *Also, wenn Ihr aus dem Ort herauskommt, dann liegt vor Euch ein Berg. Gleich hinter dem*

Berg, erste Strasse rechts. – Wunderbar, überhaupt kein Problem, wir sind es ja gewohnt, Orte zu finden.

Aber wir haben beides nicht gefunden, den Berg und das Haus nicht. Als wir nach vielem Fragen das Ziel doch noch erreicht haben, liessen wir uns den Weg von Manfred noch einmal erklären. Und jetzt war alles klar. Die erste Strasse rechts ab, das stimmte. Aber den Berg, den gab es überhaupt nicht. Es war eine Bahnüberführung. Die Erhöhung von nicht einmal zwei Metern war für die Flachländer ein Berg. In der Schweiz nennen wir so was nicht einmal Hügel. Aber das Essen war gut. Und Manfred war wieder gesund. Nur ein paar Tage später haben wir erfahren, dass Cocer Ossy, der Partner von Manfred, an einem Virus, den er sich in Marocco aufgelesen hatte, gestorben sei. Manfred ist wieder Musiklehrer geworden.

Die nächste Stadt war Neumünster. Eine neue Stadt und neue Hoffnung. Hoffen auf Publikum und dass es wieder einmal Gage gibt, schon mit ein bisschen wären wir zufrieden gewesen. Dann ging ein kleines Türchen auf. Es kam ein bisschen Licht, und auch ein bisschen Geld für mich herein. Mein letzter Auftritt war fertig, schnell einen Kaffee in der Kantine der Holstenhalle. Als ich hereinkam spürte ich, da liegt etwas in der Luft. Gleich kamen ein paar Artisten auf mich zu, in Begleitung zweier Polizisten.

Stell Dir vor, Deine Frau hat Ja gesagt.

Ich weiss, ich war ja vor drei Jahren auch dabei.

Quatsch, nicht für die Ehe, für einen Film hat sie ja gesagt.

Wunderbar, dann wird sie Filmschauspielerin?

Nein, sie wird Stuntman.

Ahaa, Stuntfrau in Hollywood.

Nein, in Kiel, im Hafen, da drehen sie einen Kriminalfilm. Die Frau, die den Stunt ausführen sollte, ist ausgefallen. Sie sollte aus einem fahrenden Auto springen, und alles sollte so aussehen, als würde sie gestossen. Die Hafenstrasse ist gesperrt, und alles für die Aufnahmen vorbereitet. Die Filmleute brauchen dringend eine Frau, die diesen Stunt macht. Da haben sie gedacht, Artisten, die können das.

So, meine Frau hat gedacht, sie kann das. Einfach so ein bisschen aus dem Auto springen und dann das Geld abholen"
Ja, und jetzt wollen die Filmleute sie abholen. Nun hat sie die Hose voll und ist verschwunden. Sie ist im ganzen Circus nicht zu finden. Für die Polizisten, die sie abholen sollten, ist das schlecht und für uns noch schlechter.
Ich habe eine Idee. Ich lasse mich zu einer Frau umwandeln, aber nur für den Film, und springe aus dem Auto.

Ein kurzes Telefongespräch und ab ging es mit Blaulicht nach Kiel. In kurzer Zeit war ich eine supertolle Blondine mit Seidenstrümpfen und allem drum und dran. Übrigens, der Krimi hiess „Gefährdete Mädchen". Ich war so ein gefährdetes Mädchen, das laut Drehbuch die Nase voll hatte und aus dem sauberen Verein aussteigen wollte. Aber da waren die Zuhälter schneller und hatten sie aus dem fahrenden Auto aussteigen lassen. So nach der Masche, es war ein Unfall. Erst haben sie mir die Strasse gezeigt, wo sie meinen Filmtod drehen wollten. Der Aufnahmeleiter hatte eine Markierung auf dem Bürgersteig angebracht, und meinte: *Genau hier sollten sie nach dem Sturz aus dem Auto landen, dann abrollen bis zur nächsten Markierung, da werden sie gegen eine Puppe ausgetauscht. Das Auto fährt zurück und überfährt sie. Dann fährt der Wagen wieder vorwärts und überrollt sie noch einmal. – Dann ist mir die Puppe schon lieber.*

Zum Glück stand an der Stelle eine alte Gaslaterne. Wenn sie auch fast in der Mitte des Bürgersteigs stand und für mich recht gefährlich wurde, so wusste ich wenigstens, wo ich aufhören musste zu rollen. Denn einen Kreidestrich kann man in so einer Situation beim besten Willen nicht sehen. Und warum hat die Regie nicht einen ebenen Platz für mich zum Landen ausgesucht. Nein, eine Bordsteinkante musste es sein. Wird schon schief gehen. Man braucht eben mehr Schwung, dass man darüber fliegt. Dann zeigten sie mir das Auto. Einen alten Mercedes hatten sie für diesen Stunt ausgesucht, mit vier Türen. Und ausgerechnet die Hintertüre, wo ich herausspringen sollte, ging nach hinten auf. Aber nur ein Stück, sie stand im rechten Winkel zum Wagen. So eine Tür ist fast ein Meter breit. Wenn man jetzt aus dem Auto springt, fliegt man nie über die breite Türe hinaus. Dieses Monstrum schlägt nicht nur die Perücke vom Kopf, sondern auch die Knochen kaputt. Ich erklärte die Situation dem Aufnahmeleiter: *Nehmen sie an: Sie sind ein Fallschirmspringer, springen aus dem Flugzeug und die Lukentüre geht nach aussen und nach hinten nur halb auf, dann brauchen Sie sich wenigstens nicht zu ärgern, wenn Ihnen unten Ihr Auto gestohlen worden ist.* Grüner Tisch. Das ist uns gar nicht aufgefallen. Ich liess die Türe abmontieren und den Sitz herausnehmen, damit ich mehr Platz hatte für den Absprung. Gabi mein Schutzengel musste ja auch genügend Platz haben.

Nach der ersten Probefahrt meinte einer der Herren: *Da muss noch ein Mann in das Auto, und der muss mit der Frau kämpfen, man muss durch das Heckfenster sehen, dass das Mädchen gestossen wird.* Jetzt hatte mein Schutzengel nur noch die Ablage unter dem Heckfenster zur Verfügung, um mit mir zu starten. Dass mich jemand aus dem Wagen stossen sollte, damit war ich nicht einverstanden. Ich wollte den Moment für den Sprung selbst bestimmen. Aber die Herren wollten es so haben. Als ich ihnen dann die Perücke in die Hand drückte, hatten sie sich schnell für meine Version entschieden. Rausfahren aus dem Hellen in die düstere Hafenstrasse, Richtung Gaslaterne, konzentrieren – Hände verwerfen – springen – abrollen – liegen bleiben. Es ist einfach fantastisch gelaufen, alles hat gestimmt. Ich habe die Markierung voll getroffen, auch das Überrollen war genau bei der Laterne zu Ende. Der Kameramann hatte mir gratuliert: *Grossartig, alles hatte bestens geklappt.* Ich habe mich so gefreut.

Aber dann die vom grünen Tisch. *Wir müssen diese Szene noch einmal wiederholen. – Aber warum? Sie soll ja hervorragend im Kasten sein. – Ja schon, aber der Mann im Auto hatte die Hände nicht verworfen.* Wie war ich froh, dass wir Artisten Profis sind! Bei der Wiederholung habe ich im richtigen Moment meinem Zuhälter mit dem Absatz einen Tritt ans Schienbein gegeben. Da hat er dann die Hände verworfen, und ich bin gesprungen. Es hat wunderbar geklappt. Perfekt. Sogar die Seidenstrümpfe hatte ich ohne eine Laufmasche meiner Frau mitgebracht. Sie hätte aber eigentlich Stützstrümpfe gebraucht, denn sie war sehr wackelig auf den Beinen. Zwei dicke Kerzen hat sie abgebrannt und alle verfügbaren Heiligen angefleht, dass ich wieder ganz und gesund zurückkam. Von der Wiener Filmgesellschaft habe ich noch mehrere Stunts angeboten bekommen. Aber ich war ja Clown, und wollte es auch bleiben. Ich habe später den Film gesehen. Ich habe mich so auf meinen Stunt gefreut, auf eine richtig grosse Aktion. Da kam die Szene schon im Vorspann. Und der Zuhälter hinter dem Heckfenster, der war gar nicht richtig zu sehen, nur Schriften- und Namenszüge. Und was für ein Aufwand haben die grossen Filmleute aus Wien für diese Einstellung gemacht.

Im Circus ist wieder Ruhe eingekehrt. Niemand wurde mit Blaulicht abgeholt. Unser Pressechef, Walter Stärk, der war nicht vom grünen Tisch, der machte Nägel mit Köpfen, denn er machte Werbung für den Circus, die Hand und Fuss hatte. Wer eignet sich besser für die Reklame als ein schöner und gut geschminkter August. Bei jeder Aktion war ich dabei. Sei es auf einem Elefanten durch die Stadt zu reiten, oder in allen Arten von Krankenhäusern, Schulen, Kindergärten, sogar Gefängnissen aufzutreten. Sogar ein Besuch am Grab von Billy Jenkins, meine Frau im Tutu und ich als Clown.

Unser Walter Stärk meinte: *Hauptsache die Presse ist gut eingestiegen, und abends der Circus voll. – Das ist wunderbar, dann gibt es in dieser Stadt die grösste und die schönste Aussicht. – Welche meinst du? – Die Aussicht auf Gage!!!* Obwohl ich nicht die grosse Nummer im Circus Sarrasani war, nur ein kleiner Pausenaugust mit grossen Zielen, habe ich auf dieser Hallentournee viele liebe und interessante Menschen kennen gelernt. Mit einigen bin ich immer noch in Verbindung. Henry Vahl, der grosse Volksschauspieler vom Onsorg-Theater, er ist leider verstorben. Wie gern sass er bei uns im kleinen Wohnwagen. Er hat nicht nur Kollegen mitgebracht, sondern auch den Wein. Prof. Dr. Bernhard Claussen. Noch heute schreiben wir uns. Halt, nicht schwindeln. Er schreibt mir seitenlange Briefe. Ich rufe ihn dann an und bedanke mich. Vor Jahren sassen wir zwei nebeneinander als Juroren bei einem Nachwuchsfestival in Wiesbaden. Und bei schwerwiegenden Fragen kann ich seinen guten Rat einholen. Was meinst du, soll ich, oder soll ich nicht? Und da gab es einen Karlheinz Carstens, er ist kein Professor, er ist ein grosser Circusfreund und immer noch ein grosser Galetti-Fan. Von meinen Auftritten hatte er die ersten Filmaufnahmen gemacht und hat mich zur Filmerei gebracht. Später ist er uns viele Male nachgereist, Berlin, Zürich, Madrid, Lissabon und so weiter. Nun ist er über achtzig Jahre alt und vor genau zehn Jahren ist er sogar noch Circusdirektor geworden. Immer wenn wir in Hamburg gastierten, standen wir mit unserem Wohnwagen in seinem Garten. Carmen konnte hier die Schule besuchen und Mariza hatte sogar ihren ersten Schultag hier in Hamburg. Und noch ein lieber Mensch und grosser Künstler ist bis zu seinem Tod unser Freund gewesen, der grosse Kunstmaler Wilhelm M. Busch. Wie viele Zeichnungen und Bilder hat er wohl vom Clown Galetti gemalt und gezeichnet?

Es hat sich wohl so ein bisschen herum gesprochen, dass sich bei Galettis liebe und interessante Menschen treffen. Der Arzt von der Davidswache ist nie alleine gekommen. Einer seiner Freunde ist sogar Pressechef im Circus Sarrasani geworden. Die Sisters B waren ein Begriff für prunkvolle Shows. Auch sie waren unsere Gäste. Ursula Grabley, die grosse Filmschauspielerin, hat sich nicht nur in unsere Familie verliebt, auch ein bisschen in das Circusleben und ein bisschen viel in den Schulreiter Möser Jose. Sie ist lange Zeit mit uns mitgereist.

Irgendwann hat sie sich beim Tabletten einnehmen verzählt. Durch einen glücklichen Zufall konnte meine Frau ihr das Leben retten. Sie ist dann erst viele Jahre später eines natürlichen Todes gestorben. Und da gab es noch eine Bekanntschaft. Damals war sie nur sehr kurz. Aber wir haben später mehrere Fernsehsendungen zusammen gemacht und sind dann gute Freunde geworden: Freddy Quinn. Ich möchte noch jemanden erwähnen. Hans Ulrich Görs. Er arbeitete in einem Circus in der DDR. Dann wurde er Bereiter in einem Reitstall in Berlin. Da hat der kleine Mann das grosse Glück gefunden. Er hat

nach
Berli

CIRCUS SARRASANI
DM 4448,20
an HILFSWERK BERLIN

die Tochter des bekannten Prof. Dr. Sauerbruch geheiratet. Sie haben zusammen einen grossen Reitstall im Grunewald übernommen. Wir waren da draussen oft seine Gäste. Das war eine ganz andere Welt. Es gab da so viele Ober: Oberbürgermeister, Oberster Chef der berittenen Polizei, Oberster Chef der normalen Polizei und der Oberste Chef vom Berliner Tagblatt. Und sonst noch ein paar Oberste Chefs. Viele grosse und bekannte Künstler, mit denen wir viele schöne Stunden erlebt haben. Heinz Rühmann, Marianne Koch, Hans Hold und viele andere, die zur selben Zeit in Berlin waren. Von vielen gab es gute Wünsche für die Zukunft, mit Fotos und kleinen Andenken. Aber das schönste und grösste Andenken habe ich von Hans-Ulrich. Er hat uns aus einer Notlage geholfen. Unser Zugwagen für den Wohnwagen hatte einen grossen Motorschaden. Hans Ulrich, hat es ermöglicht, dass wir rechtzeitig mit einem neuen Motor zum Engagement fahren konnten. Danke für die Freundschaft und die Hilfe.

Abbildung 16
Während dem Einlass verkaufte ich vor der Fassade auf Stelzen
Programmhefte. (Foto Ruf)

Abbildung 17
Seit 1957 habe ich auch einen Koffer in Berlin. (Foto Donderer)

Abbildung 18
Circus Sarrasani unterstützte das Hilfswerk in Berlin mit einer
grosszügigen Spende. (Foto Associated Press)

Abbildung 19
Zwei „grosse" Musiker vor dem Römer in Frankfurt.
(Foto Associated Press)

Diese Freundschaften haben mich meinem Ziel, ein guter Clown zu werden, näher gebracht. Aber ich wollte ja nicht nur der kleine Pausenclown sein. Mein grosses Ziel war eine schöne originale Galetti-Clownnummer. Aber dazu braucht man einen oder zwei Partner. Viele waren interessiert, mit mir zusammen zu arbeiten. Der erste, er war komisch und auch ein guter Mensch, aber die Freundin wollte die Chefin sein, nichts tun und mehr Geld. Der zweite wollte nicht im Wohnwagen, sondern nur im Hotel wohnen. Und da war noch einer, der wollte nicht probieren, er konnte und wusste alles besser. Halt, da war noch einer, der wollte Geld bevor überhaupt welches da war, sogar gerichtlich. Für das erste war ich von Partnern geheilt. Ich machte unserem Direktor Fritz Mey zwei Angebote: Erstens meine Auftritte ein wenig zu verlängern, damit die Szenen besser zu gestalten wären. Zweitens, meine Gage ein bisschen zu erhöhen, damit wir unser Leben ein bisschen besser gestalten könnten. Von der zweiten Idee wollte er nichts wissen. Wir haben uns in aller Freundschaft getrennt – halt! Freundschaft fällt weg, wir hatten uns einfach getrennt.

Vorerst wollten wir in Österreich bleiben, denn unser erstes Kind sollte in vier bis fünf Wochen auf die Welt kommen. Ich bekam aus der Schweiz ein gutes Angebot für eine interessante Arbeit: Ofenbau. Ich habe das Angebot angenommen und bin zu meinem alten Beruf Maurer noch Cheminee- und Ofenbauer geworden. Dann kam das Telegramm: KOMME SOFORT NACH ÖSTERREICH STOP. FAMILIE WIRD GRÖSSER. 5. Januar 1960 ist unsere Carmen auf die Welt gekommen. Und zwar in der Küche der Grosseltern. Es war eine schwere Geburt. Die Hebamme Resi, sie war wunderbar und die Ruhe selbst. Die Ruhe, die war schon nötig, denn Carmen wollte nicht auf die Welt kommen. Sie lag quer. Ich sprach ihr gut zu: *Hör mal, noch nicht einmal auf der Welt und schon quer liegen. Das kannst Du den Dummen da draussen überlassen.* Im letzten Moment ging es dann doch noch. Auch ohne Arzt und Krankenhaus. Die Hebamme und ich haben dem kleinen Geschöpf zeigen können, dass quer liegen nichts bringt.

1960 Der Clown und seine Ballerina

Georg Tanner war mein neuer Chef. Er war ein prima Chef und Mensch. In seiner Firma war ich Fahrer, Maurer, Fliesenleger, Ofenbauer, spezialisiert für Natursteinmauern und künstlerischer Berater für Mosaike. Ich hätte eigentlich ausgefüllt und glücklich sein müssen. Aber da war dieses Ding im Hinterkopf: Der Clown und seine Ballerina. Auch meine Frau träumte von der eigenen Nummer. Sie kam zu mir in die Schweiz. Bei unserm alten Freund, Heinrich Schröder, der eine Tankstelle betrieb, wurde meine Frau Tankwärtin.

Wir hatten Glück. Neben der Tankstelle gab es einen Stellplatz für unseren Wohnwagen. Etwas entfernt von der Tankstelle war ein Wald mit einer kleinen Lichtung. Die wurde unsere Manege, da haben wir unser Seil von Baum zu Baum gespannt und in unserer Freizeit geübt, geprobt, gesucht, verworfen und weiter geprobt. Am Rande der Lichtung verlief die Landesgrenze. Auf dem Grenzstein haben wir unsere Beleuchtung gestellt. Das hat nicht nur Motten, auch die Grenzwächter angezogen. Mal die Deutschen, dann die Schweizer, sie wollten wissen, was da im Wald an der Grenze geschieht. Sie waren unser erstes Publikum. Langsam, sehr langsam nahm unser Traum ein wenig Formen an. Es war noch nichts Ganzes, aber wir wurden auf unserem Seil immer sicherer.

Es war sehr schwer alles selbst herauszufinden. Wie viele Male haben wir Sachen falsch geprobt, die sich dann als grosse Fehler herausstellten. Dieses falsch Eingeübte wieder loszuwerden, war mitunter recht mühsam. Ohne Lehrmeister oder einen Kollegen, der einem ein paar Tipps hätte geben können oder die Longe halten, das war schon schwer. Wir mussten uns selbst helfen. Ich baute eine Lauflonge, die an denselben Bäumen wie unser Sprungseil befestigt war, nur eine Etage höher. Drei Meter über dem Seil an einer Rolle lief unser Sicherungsgurt mit. Vorwärts und zurück, das ging nun gut. Ich kam mir zwar wie ein Kettenhund vor, aber ich war einigermassen gesichert. Schwieriger wurde es, als es so weit war, dass ich mit den Füssen das

Seil verlassen wollte. Kleine Hüpfer schaffte ich, aber ich wollte ja richtig weg vom Seil, mit den Füssen in die Luft, dann mich auf den Hintern runter auf das Seil fallen lassen, durch die Kraft des Gummis wieder hoch schnellen und dann auf dem Seil stehen. Aber als ich den Mut hatte und es versuchte, zappelte ich wie ein Frosch an der Angel, ich meine an der Longe. Da hatte ich eine „grossartige" Idee. Ich band meine Balancierstange mit starken Gummis im Dreieck an eine Rolle, die über das Longeseil lief. Die Balancierstange hing jetzt waagrecht vor mir. Wenn ich nun sprang oder mich fallen liess, machte die Stange dieselben Bewegungen mit, hoch und mit mir wieder herunter. Diese Konstruktion half mir sehr. Ich konnte mich an der Stange festhalten und das Seil mit den Füssen verlassen, und es wieder finden. Die Angst, dass etwas passieren könnte, war weg. Ich sprang und sprang, denn ich wollte sicher werden. Es sollte alles ganz leicht aussehen, damit ich viel Platz für die Komik hatte. Aber bis dahin war noch ein langer Weg. Den Ansatz dazu, den hatte ich gemacht.

Aber es wurde Winter und für unsere Waldlichtung brauchten wir einen Ersatz. Den gab uns Bernhart Stamm, er war Grossbauer, Weinbauer und Gemeindepräsident und noch etwas: er war ein lieber Mensch. Wir kannten uns aus der Wanngassrasselbande. Er hat uns geholfen. In seiner neu gebauten Scheune liess er uns auf dem noch leeren Heuboden unser Seil aufbauen. Das war prima, wir waren unter Dach. Manchmal war es schon ein bisschen kalt, dafür trainierten wir kräftiger, um warm zu bekommen. Später habe ich erfahren, dass mein lieber Nachbar, Herr Keller, wieder einmal die gute Fee gespielt hatte. Danke beiden. Eine kleine Verbindung zum Circus hatten wir noch durch das Artisten-Organ. So hiess damals das Fachblatt für Artisten und Circus. In der dicken Dezember-Ausgabe war ein Inserat: WEGEN ERKRANKUNG IST UNSER AUGUST AUSGESCHIEDEN. WIR SUCHEN FÜR UNSERE WELTBE-KANNTE CLOWN-NUMMER EINEN GUTEN CLOWN. EN-GAGEMENTS IN DER DDR. ANSCHLIESSEND JAPAN. TINO ZACCHINI. In diesem Moment, als ich diesen Namen las, hätten bei mir alle Alarm- und Sturmglocken läuten müssen. Sie haben sicher geläutet, aber ich hörte nur Circus und Clown. Da habe ich den Alarm überhört. Meine Frau hat ihn auch nicht gehört.

Eigentlich wollte ich das nächste Kapitel in meiner Geschichte auslassen, weil ich da viele Fehler gemacht habe. Aber es gab ja auch einige gute und natürlich interessante Begebenheiten, die ich ihnen nicht vorenthalten möchte. Sie passierten ja auch fast alle auf der privaten Seite. Und die anderen, die musste ich wohl erleben, um ein guter Clown zu werden. Freude und Komödiantisches in eine Clownfigur zu bringen, dazu braucht es eben ein wenig mehr als nur eine rote Nase. Ich kannte Tino Zacchini von unserem gemeinsamen Engagement im Circus Sarrasani. Wir waren 1959 zusammen engagiert. Mit seinem Vater und seinem Onkel Feruccio, bildeten sie das klassische Clowntrio. Tino war der Maestro, also der Musiker der Nummer. Der Vater imitierte den Professore Paulo der Frattelinis, und um ihn herum tänzelte eine gebleichte Blondine. Feruccio war der eigentliche August. Er war die Nummer, die Seele vom Ganzen, er hatte ein Herz und eine Ausstrahlung, die bis in die oberen Sitzreihen strahlte. Und privat war er wie mein Nono, ich glaube das sagt alles aus. Dass wir gute Freunde geworden sind, liegt wohl auf der Hand. Ich glaube, dass er auch aus einer armen Familie stammte, denn er hatte genau so geniale Tricks auf Lager wie Nono.

Eine Sache möchte ich doch gerne erzählen. Nur eine, sonst komme ich ins Schwärmen und dann geht mir noch das Papier aus. Sie müssen sich das vorstellen. Wir waren immer auf Reisen. Mal stand der Wohnwagen an der Sonne und dann wieder im Schatten, und tagelang war es feucht und nass. Aber wir haben es fertig gebracht, Fleisch in der Luft zu trocknen. Für mich war das nicht nur ein herrlicher Genuss, es war auch ein Bild, das mich an die Zeit mit Nono erinnerte. Das kleine Stück Schilfwand, das an den Süden erinnern sollte. Die Chiantiflasche und das griffbereite rustikale Glas vor den aufgehängten appetitlich präparierten Fleischstücken. Keine Fliege, kein Insekt sass auf unseren kulinarischen Meisterwerken. Ich fand es grossartig, dass wir es im kalten Norden genau so fertig brachten wie in seiner sonnigen Heimat.

Aber nun zurück zu dem Inserat in der Fachzeitschrift. Ein Clown wird gesucht. Ich habe „ja" gesagt. Unter der Voraussetzung, dass unsere Nummer „Der Clown und seine Ballerina" bei Verträgen, die neu abgeschlossenen werden, als Zweitnummer mitofferiert wird. Wegen dieser Zusage habe ich den Vertrag mit Zacchini unterschrieben. Jetzt stand unserem Weiterkommen nichts mehr im Wege. Ein Jahr mit Tino zusammen. In der Freizeit unsere Nummer aufbauen und diese dann in der nächsten Saison mitanbieten. Ich möchte eigentlich nur das Gute und das Schöne erzählen. Das Schlechte und das Ausnützige werde ich, so gut es geht, weglassen. Ich hatte ja auch Schuld, ich hätte den Mut für einen Schlussstrich früher aufbringen müssen. Aber eben das berühmte Festhalten am Strohhalm.

Darf ich zuerst von Japan erzählen? Das war für mich eine grossartige Sache. Die Kultur, die Menschen und was mit ihnen zusammenhing. Und nicht zuletzt das riesengrosse Theater mit der gigantischen Show. Stellen Sie sich ein Ballett von hundert Tänzerinnen vor. Haben sie eine Ahnung, wie gross die Bühne sein muss, wenn über hundert Tänzerinnen gleichzeitig auf der Bühne sind. Gross, sehr gross. Ja, die Bühne im Mikado-Theater war gross, tief, breit. Dreistöckige Bühnenteile, die wie Lifte hoch und runter, links und rechts fuhren, Wasserfälle, Seilkabinen in denen Sänger über das Publikum schwebten. Und wir, die Zacchini-Clowntruppe, wir waren vier Personen, Mimik und Gestik und feine Bewegungen waren verloren. Aber bei so einer Show steht das ja auch nicht im Vordergrund. Da zählt Masse und Bewegung. Es war sehr schwer mit Tino zusammenzuarbeiten Ich wollte ein fröhlicher und lustiger Clown sein. Das schlechte Verhältnis, das herzlose mit seiner Familie und Partnern, das machte mich unglücklich. Ich versuchte immer, zu meinem Wort zu stehen, Versprechen oder Verträge nicht aufzulösen. Ich musste noch einmal einen alten Lederkoffer auftreiben, um auch hier die Negativos zu verstauen. Jetzt habe ich einen Knie-, und einen Zacchini Koffer.

Über zwanzig Jahre später trafen wir uns in Paris beim Welt-Clownfestival. Und da gab es für mich eine kleine Genugtuung. Wir hatten dieselbe Garderobe und sassen nebeneinander am Schminktisch. Ich sah ihn im Spiegel, sein Gesicht und seine Augen. Und da waren sie wieder, die Erinnerungen. Aber auch meine Clownschuhe, die ich in Holland zurücklassen musste waren wieder da. Sie standen unter Tinos Schminktisch. Aber das ist eine Geschichte für sich.

Ich schloss die Augen und sagte mir, vorbei, vergessen. Ich wollte mich mit den andern Clowns freuen, mit denen ich gute und schöne Zeiten zusammen hatte. Pius Nock mit seinem Partner Mario, die Clown–Familie Rossyan, Bocky und Randel. Les 3 Barios. Achille Zavatta einer der ganz grossen Clowns. Nicht zu vergessen Grigoresko, der Clown aus Russland, mit dem wir viele feuchtfröhliche und lustige Stunden erlebt hatten. Es war herrlich, die vielen anderen aus der ganzen Welt kennen zu lernen. Bei diesen lieben und grossartigen Menschen konnte ich das Schlechte vergessen und war schnell wieder der lustige und glücklich Clown Galetti.

Das Welt-Clownfestival fand in einem schönen Circus statt und dauerte acht Tage. Wir wohnten ganz in der Nähe im Hotel. Das muss ich erwähnen, denn es gab da ein kleines Ereignis mit meinen Kindern. Nach den Proben sass ich noch mit den Kollegen zusammen. Mariza und Marco waren in das Hotel vorausgegangen. Als ich es dann auch aufsuchte, fand ich sie tief schlafend vor den Betten liegend. Sie waren nicht zu wecken. Was ist passiert? Ich muss die Zeit um einige Wochen zurückdrehen. Wir waren mit dem German Starcircus in Arabien auf Tournee. Nach einer Vorstellung in Abu Dhabi kam ganz aufgeregt eine europäische Frau zu uns in die Garderobe. Sie stellte sich vor. *Ich bin englische Ärztin, ich führe hier eine Kinderklinik. Liebe Ballerina, ich sah Sie auf dem Seil und da ist mir Ihr grosses Muttermal auf dem Rücken aufgefallen. Lassen Sie es so schnell wie nur möglich entfernen, bevor es zu spät ist. Es ist sehr dringend. Ich möchte Ihnen keine Angst machen, aber bitte tun Sie es so schnell wie möglich.* Vier Wochen später waren wir zu Hause. Meine Tochter hat sich sofort operieren lassen. Das war genau vor acht Tagen. Durch die Reise, den Aufbau und die Proben für das Festival ist die Wunde wieder ein wenig aufgebrochen und blutete leicht. Im Hotel bat Mariza ihren Bruder, beim Portier nachzufragen, ob er nicht ein Mittel zum Desinfizieren der Wunde hätte. Sein französisch war damals noch nicht so perfekt. Aber er bekam eine kleine Flasche, die er stolz seiner Schwester brachte. *Ich habe etwas bekommen. Aber das riecht so komisch, riech doch mal. – Au, ja das habe ich schon einmal gerochen, es kommt mir bekannt vor. Gib noch mal her. – Es riecht wie? – Aber es ist kein Desinfektionsmittel. – Doch, riech doch mal. – Marco das ist ja Äthee...* Weiter ist sie nicht mehr gekommen, sie legte sich neben Marco, der auch zu viel Äther erwischt hatte, vor die Betten. Jaja – Fremdsprachen.

Nun aber zurück zum Welt-Clownfestival. Es waren wirklich die besten angetreten. Es wurden alle Sparten eingeladen, Musik, Akrobatenclowns und viele klassische Clowntrios. Es gab verschiedene Preise, für Musik, Komik, Mimik, Ausstrahlung und vieles mehr. Die Truppen, die alles in ihren Nummern vereint hatten, das waren dann die besten.

Ich spürte, dass unsere Darbietung vom Publikum und den Juroren gut aufgenommen wurde. Ich war locker und bestens drauf. Mariza hat mit ihrer Ausstrahlung viel beigetragen, so dass Juroren und Publikum auf unserer Seite waren. Mein Sohn Marco hat uns als Sprechstallmeister grossartig unterstützt. So brauchten wir nicht mit fremden Leuten zu arbeiten. Ein grosses Plus für uns. Wir drei waren gut aufeinander abgestimmt. Marco konnte nebenbei sogar dem Kapellmeister Einsätze und Tempi geben. Und unsere gute Stimmung hat sich schnell auf alle übertragen. So lief es für uns hervorragend.

Die grosse Preisverteilung

Da stehen sie nun, die grossen Clowns, in einem Kreis in der Manege. Achille Zavatta, der grosse Clown, heute war er aber Juror und Sprecher. Er stand mitten in der Manege und hatte eine lange Liste. Es gab viele Preise, für die besten Musikclowns. Gut, damit hatte ich nichts zu tun. Dann kamen die Akrobatenclowns. Da gab es auch wieder mehrere Preise. Es gab sogar einen Preis für die beste Clownfamilie. Wir waren ja auch eine Familie, zwar eine kleine, aber immerhin Familie.

Jetzt waren sechs oder sieben Preise verteilt. Langsam begann ich zu schwitzen. So schlecht waren wir ja auch nicht. Wir schauten uns an und dachten, Paris hat wenigstens Spass gemacht. Auch Zacchini wurde unruhig, und ist bleich geworden, man sah es trotz der Schminke. Der grosse Zacchini und kein Preis. Auf dem Tisch stand nur noch eine grosse Statue. Es war ein weiblicher Oskar. Sie stand zwischen zwei Säulen, sie schaute und lachte in meine Richtung. Ja, warum denn nicht, bei mir gab es immer etwas zu lachen. Nur im Moment fand ich es gar nicht witzig, dass diese zwei Säulen nicht die Stützen für meine weitere Zukunft sein sollten. Dann trat die Maîtresse De Cérémonie, die Japanerin Eriko Kusuta, in die Manege, hob die Statue in die Höhe und erklärte mit vielen Verbeugungen, wer nun der beste aller Clowns sein soll.

Ich verstehe doch nicht Japanisch, und was ich einmal wusste, habe ich in den vielen Jahren seit meinem Gastspiel in Japan vergessen, und das beschränkte sich schon damals auf das leibliche Wohl. Zacchini und Galetti, die zwei könnten noch in Frage kommen. Aber die zwei Namen habe ich bei der Japanerin nicht herausgehört. Sie hatte sicher nur erzählt, wie wertvoll die Statue ist. Ich habe die Hoffnung aufgegeben. Was soll es. Dann eben nicht. In Gedanken war ich schon auf dem Heimweg, als Zavatta in der Manege ein Podest bestieg die Statue hochhob und mit seiner bekannten lieben Clownstimme erklärte: *Die meisten Stimmen der Juroren und des Publikums erhielten:*

Clown Walter Galetti und seine Ballerina Mariza. Ich stand wie gebannt da, bis meine Tochter rief: *Hei, Papi, die meinen Dich!* Als mein Sohn mich in die Manege schubste, wurde mir klar, Galetti, du hast es geschafft. Ich war glücklich und stolz. Aber auch dankbar, dass ich so tolle Kinder hatte, auf die man sich verlassen konnte. Aber bis es zu diesem Höhepunkt kam, war es noch ein langer und holpriger Weg.

Zurück zum Aufbau der Zacchini-Clownnummer. Wir trafen uns in Frankfurt: Eddie Grothe, der die Rolle des Weissclowns übernehmen sollte, Luzia, die Tochter von Zacchini, Tino als komischer Maestro und ich als August. Tino übernahm das ganze Entree von seinem Vater, nur mit anderen Partnern. Ich war stolz, dass ich die Rolle von meinem alten Freund Feruccio übernehmen konnte. Es lag ja so viel in dieser Arbeit, so unendlich viele kleine herrliche Gesten und Bewegungen. Ich versuchte Feruccio nicht zu kopieren. Die ersten Tage hat es auch so richtig Spass gemacht. Jeder zeigte, was er konnte. Eddie Grothe, der Mann in weiss, war gut, er war Profi und einer der ganz grossen. Noch vor wenigen Jahren war er auf allen grossen Bühnen engagiert. Steppen, Tanzen und Sprungakrobatik waren seine grossen Stärken. In seiner Branche nannten sie ihn den europäischen Fred Astair. Hier in unserem Clownentree ist er der Sprecher. Das hatte er hervorragend gemacht, einfach ein Gentleman in weiss. Von ihm habe ich sehr viel gelernt. Wir sind heute noch gute Freunde.

Abbildung 20
1963 wagte ich schon grosse Sprünge, zumindest bei den Proben
hinter Marias Elternhaus. (Privatfoto)

Abbildung 21
Auch Maria probte oft in Rankweil. Ganz zur Freude der Zaungäste.
(Privatfoto)

Das alte Clownentree mit neuen Artisten stand. Halle und Zwickau waren die ersten Gastspielstädte. Wir waren Gäste der Regierung und wurden auch so behandelt. Alles war bestens, alles war gut, wir mussten ja später im Westen erzählen, wie grossartig alles in der DDR war. Die Show, in der wir eingebaut waren, stellte ein Warenhaus mit verschiedenen Abteilungen dar. Die Zacchinitruppe sorgte in der Kinderabteilung für Spass. Der bekannte Günter Krause, er war der Liftboy und führte die Künstler in die verschiedenen Etagen. Mit ihm waren wir in der Saison 1958 bei Sarrasani zusammen. Günti, wie ihn seine Freunde nannten, war ein guter Sprecher. Er war der erste DDR-Künstler, der sich im Westen einen VW gekauft hatte. Es gab einen Aufstand, als hätte er sich ein Raumschiff angeschafft. Einmal in der Woche wurden wir zu einer Runde eingeladen, in der die politische Lage im Osten und im Westen erörtert wurde. Es war ein Muss, denn es gab schon wieder Krimsekt. Ich möchte diese Runde nur erwähnen, weil man mir als Schweizer vorgeworfen hat, dass es in der Schweiz immer noch kein Frauenstimmrecht gäbe. *Was halten Sie davon? – Bitte! Ich bin Clown und kein Politiker. Aber zu dem Thema möchte ich sagen: Die Frauen in der Schweiz können noch nicht zur Urne laufen, aber sie haben sicher mehr Recht und Freiheit, und sie haben keine Mauer um ihr Land. Meine Lebenseinstellung ist leben und leben lassen.*

Ich wurde nicht mehr eingeladen. Meine Lebenseinstellung war wohl auch schuld, dass ich mich mit Zacchini immer weniger gut verstand. Ich war nicht der einzige, der in der Truppe nicht glücklich war. Eddie Grothe verlässt uns schon nach dem DDR-Engagement. Meine Stütze und mein Vorbild weg. Dabei haben wir uns in der Nummer und auch privat sehr gut verstanden. Was kommt wohl nach?

1962 Circus Fischer

Circus Fischer, die Zacchinitruppe beim Grosscircus A. Fischer mit dem neuen Partner Ino Wollny, ein herrlicher Weissclown mit einer schönen Maske und schönen Kostümen. Und noch etwas ist erwähnenswert: Er sprach und schrieb acht Sprachen perfekt. Die Neunte war er am Lernen. Später ist er Sprachlehrer an der Berlitz Sprachschule geworden. Vom Clown zum Professor. Er war so sparsam, dass es schon fast Geiz war. Er konnte stundenlang durch die Stadt laufen, um das billigste Zimmer und den billigsten Kaffee zu finden. Jetzt kann er beides geniessen, seinen Kaffee und das zusammengesparte Häuschen im Grünen. Er war ein prima Partner. Er hatte schon mit mehreren grossen Clowns zusammengearbeitet. Am meisten erzählte er von der Partnerschaft mit dem legendären Schweizer Clown Antreff. Die zwei hatten eine grosse Zeit zusammen und viel Erfolg.

Wir hatten unser Seil dabei und versuchten, wenn die Manege frei war, es aufzubauen, um zu proben. Eines Tages schaute uns die Seniorchefin zu. Sie war von dem, was sie sah, begeistert. Ihr Kommentar: *Eine Sprungseilnummer suche ich schon lange.* Erst mal tief Luft holen und dann runter vom Seil und auf die Piste sitzen. Ich sah den Satz vor mir, den wir in unserem Vertrag hatten: DIE SEILNUMMER DER CLOWN UND DIE BALLERINA MUSS MIT OFFERIERT WERDEN, ENTREE UND SEILNUMMER SOLLEN ZUSAMMEN GEBUCHT WERDEN. Zacchini hat sich nicht an unsere Abmachungen gehalten. Mit einer faulen Ausrede, das Abkommen umgangen. Jetzt hing der so genannte Truppensegen noch schiefer.

Der Zeltmeister des Circus Fischer hatte kurz nach dem Saisonstart einen schweren Unfall. Sein Posten, konnte noch nicht besetzt werden. Wir hatten Aufbau. In dem Moment, als das Zelt hochgezogen wurde, blies eine starke Windböe über den Platz. Die Leinwand war halb hochgezogen, spätestens jetzt hätte ein Zeltmeister das Kommando *Zelt runter* geben müssen. Aber es war ja kein Zeltmeister da. So entstand eine enorm grosse Angriffsfläche. Wie ein schlaffes Segel wurde es hoch- und runtergerissen, dabei entstand ein grosser Riss in der Leinwand. Da gab es nur eins: Zelt runter und nähen. Aber wer konnte schon Leinwand nähen? Damals bei Knie hat es der kleine Galetti ja gelernt. Ich hatte schon ein recht grosses Stück repariert, als der Direktor auf meine Näherei aufmerksam wurde und mich für die professionelle Arbeit lobte: *Das ist ja grossartig, Mensch Galetti, wo hast Du das gelernt? – Lieber Herr Fischer! Das war so, ich wollte eigentlich bei Knie Clown lernen, aber dann ist eine Mehrzwecklehre daraus geworden. Dabei habe ich auch das Zeltmeisterdiplom gemacht.*

Noch bevor ich den Riss fertig genäht hatte, war ich Zeltmeister beim Grosscircus Fischer. Über den Nebenverdienst war ich recht froh. Aber die Verantwortung und die grosse Arbeit, das war schon hart. Weil ich Truppenmitglied bei Zacchini war, sollte ich ihm zehn Prozent von dem Zeltmeistergehalt abgeben. Ich habe viel übrig für den Zusammenhalt in der Truppe, aber ein Leibeigener bin ich noch nicht. Eigentlich hätte ich da einpacken sollen. Aber da war wieder der Gerechtigkeitssinn gegenüber den Kollegen. Oder war es, dass ich jetzt nicht zurück auf den Bau wollte.

Wumm! Grosscircus Fischer ist pleite. Aus! Mitten in der Saison, was nun? Da kam ein Telegramm von Dir. Hoppe vom Circus Busch: BRAUCHE FÜR JUGOSLAWIEN DRINGEND GROSSE CLOWNUMMER. Zacchini liess uns zu sich kommen. *Liebe Kollegen, was sollen wir tun? – Also erstens sag nicht liebe Kollegen, Kollegen genügt. Und sag auch gleich, dass Du nicht viel bezahlen kannst, oder besser gesagt, zahlen willst. Es ist uns klar, dass mitten in der Saison Hoppe die Gage drückt. – Das stimmt, ich kann Euch zwei nicht viel bezahlen, und die Wohnwagen dürfen wir nicht über die Grenze nehmen. Wir wohnen im Hotel. Hotel und Essen wird bezahlt. Da die Gage klein ist, könnt Ihr essen und trinken, was Ihr wollt.* Diesen Satz habe ich mir tief eingeprägt.

Wir gastierten schon einige Tage mit grossem Erfolg in Jugoslawien. Aber von Gage haben wir noch nichts gesehen. Da erinnerte ich mich an das Versprechen: *Ihr könnt essen und trinken was Ihr wollt.* Das haben wir dann auch getan. Ino der Weissclown, meine Frau und ich assen und tranken das Beste vom Besten. Die paar Zlotys, die wir noch hatten, steckten wir dem Stehgeiger unter den Steg. Kein Geld, aber eine eigene Musik!

Wumm! Schon wieder ein grosser Knall. In Deutschland wurde ein jugoslawischer Kriegsverbrecher verurteilt. Warum gerade jetzt und ausgerechnet in Deutschland. Wo wir mit einem deutschen Unternehmen in Jugoslawien auf Tournee waren. Für die Gerechtigkeit war das sicher in Ordnung, aber nicht für die Jugoslawen. Für sie war er ein Held. Nicht nur von der Presse wurden wir angegriffen, auch von jungen Leuten, die, die Lage ausnützten und versuchten, mit uns ein bisschen Krieg zu machen. Sie hatten keine grossen Geschütze, aber ihre Messer waren lang genug, dass es kein Spass mehr war. Sie waren nun die Helden, und wir die bösen Deutschen, obwohl eigentlich nur die Direktion deutsch war. Sie wollten an allen Rache nehmen. Es ging dabei nicht um Gerechtigkeit, sondern um Geld. Sie stürmten den Kassenwagen von vier Seiten. Jugoslawische Kriegstaktik, aber das hat auch nichts genützt, denn die Kasse war ja leer. Boykott bringt nun mal kein Geld. Ein paar Tage hat der liebe Herr Dir. Hoppe noch versucht zu spielen. Wir wurden mit Polizei und Militärbegleitung vom Hotel abgeholt und wieder hingebracht. Während der Vorstellung standen sie bewaffnet um die Manege. Da ist natürlich keine Stimmung aufgekommen. Humor und Lachen gab es in dieser Situation sicher nicht. Und so ist dieses kurze Gastspiel sehr kurz geworden und auch schon zu Ende. Das Gesicht von Tino hätte ich gerne gesehen, als er im Hotel die Vertragsklausel *Ihr könnt essen was ihr wollt!* begleichen musste. In Zukunft wird da wohl stehen: *Essen am Imbissstand.*

Schon wieder aus. Was nun? Ist doch gut, dass es Agenturen gibt. Eine davon liess Zacchini wissen, dass die Amerikaner für ihre Soldaten in Deutschland Shows zusammenstellten, die dann in den jeweiligen Kasernen aufgeführt wurden. Da gab es in Nürnberg eine so genannte Floor-Show-Börse, wo die Artisten zeigen konnten, was sie so drauf hatten. Die Offiziere sassen im Kreis und notierten, was sie sahen, dann engagierten sie oder auch nicht. Dass die Tänzerinnen natürlich gefragt waren, ist doch klar. Da wir aber auch einiges drauf hatten und die Soldaten gerne lachten, hatten wir das Glück, für verschiedene Kasernen engagiert zu werden. In einer waren gebrauchte Militär Kleidungen und Schuhe zu kaufen Da standen ein paar Schuhe, die stammten von einem riesengrossen Schwarzen. Ich kaufte sie für einen friedlichen Zweck. Es wurden rotweisse Clownschuhe daraus.

Als wir alle Kasernen in der Amerikanischen Zone durchgemacht hatten, kam wieder das grosse Fragezeichen. Wohin? Und langsam wollten wir nicht nur wissen, wohin, sondern auch wie viel. In Jugoslawien konnten wir uns wenigstens mit dem Gratisessen und -trinken ein wenig den Lebensstil verbessern. Aber hier einen Tag bei den Amerikanern und dann wieder eine Woche nichts. Keine Galagage, nein, eine mickerige Tagesgage. Das war sogar für den Imbissstand zu wenig. Das Bettlerleben hatte ich satt. Ich arbeite gerne und gut, da möchte ich auch anständig dafür bezahlt werden. Ich fuhr nach Hause zu meiner Frau. Sie war schon von Jugoslawien aus heimgekehrt.

Kaum war ich zu Hause, bekam ich Post von Zacchini: WIR HABEN EINEN VERTRAG FÜR CIRCUS STRASSBURGER IM FESTEN BAU IN SCHEVENINGEN / HOLLAND. PREMIERE IN DREI TAGEN. Zacchini hatte von einem Kollegen einen Kastenwagen gekauft. Mit ihm sollten wir unseren Wohnwagen ziehen. Es fehlte aber die Anhängevorrichtung. In der kurzen Zeit war es nicht möglich den Umbau fertig zu stellen und die Zulassung zu bekommen. Wir fuhren nur mit dem Kastenwagen nach Holland. Ich hatte ein ungutes Gefühl und leider immer noch einen Vertrag, deshalb blieb ich. Das war falsch, wie sich recht bald herausstellte. So wie es aufgehört hatte, ging es weiter. Kein Herz, keine Rücksicht. Wäre ich mobil gewesen und meine Clownsachen nicht in der Garderobe, dann ciao Zacchini. Ino, unser Weissclown, hat Zacchini auch verlassen und hat seinen Traum wahr gemacht. Er ist Sprachlehrer geworden. Und wir hatten einen neuen Partner, Nicky. Die Zacchini-Truppe hatte nun schon den dritten Clown. Er war ein prima Kollege und ein guter Artist. Beim nächsten Engagement ist auch er ausgestiegen. Der Circus Strassburger war ein schöner fester Bau. Und diese Saison hatten sie ein grossartiges Programm. Allein die Direktion stellt grosse Nummern. Die Frau Strassburger mit ihren edlen Pferdenummern und Harry Belly mit seinem reitenden Tiger zu Pferd.

Das Circuskaffee war der Treffpunkt der Artisten. Dort fand ich auch Zacchini. *Tino, wir haben keinen Wohnwagen mit, wir brauchen eine Möglichkeit, um zu wohnen. Kannst Du uns irgendwie helfen? – Das ist wohl Eure Sache. – Okay, meine Sache!* Aus fertig! Der Krug war voll. So schnell wie nur möglich weg. Aber wir hatten kein Auto und kein Geld. Dieses Engagement dauerte zwei Wochen. Also aushalten, das Beste daraus machen. Den Gagentag abwarten und dann handeln.

Aber zuerst brauchten wir eine Schlafgelegenheit. Das hat sich herumgesprochen. Im Circuscafe sprach uns eine junge Frau an: *Ich könnte Ihnen helfen. Ich habe hinter dem Circus eine kleine Wohnung. Wenn Sie sich mit Matratzen am Boden begnügen, könnten Sie bei mir schlafen. Schauen Sie es sich an, wir werden uns schon einig werden.* Natürlich nahmen wir es an. Aber schon in der ersten Nacht haben wir die Matratzen zu einer anderen Schlafstelle geschleppt. Denn zuerst teilten wir ein Zimmer mit einem geistig behinderten Jungen. Wenn er wusste, dass die Mutter in der Wohnung war, dann war alles prima. Sie war aber mehr im Circuscafe als zu Hause. Wenn der Junge etwas wollte, stand er in seinem Gitterbett auf, rüttelte an den Stäben und schrie, denn aus diesem Gefängnis konnte er nicht heraus. Auch nicht auf die Toilette. Sein Strahl reichte durch die Stäbe bis an die Wand. Jetzt wusste ich woher die abstrakte Kunst auf der Tapete an der gegenüberliegenden Wand kam. Ein Bild mit Duft.

Die Vermieterin wollte Vorschuss haben, denn ihr Vorrat an Genever und Bier war aufgebraucht und es war Wochenende. Da kam ihr Mann von der Montage nach Hause. Da sollte die Bar schon wieder aufgefüllt sein. Ich kratzte zusammen, was möglich war. Es wäre besser gewesen, wenn ich nicht gekratzt hätte. Sie feierten laut bis in die Morgenstunden. Wieder kein Schlaf.

Dritter Versuch. In der Wohnung gab noch so etwas wie einen Wintergarten. Da gab es kein krankes Kind und keine betrunkenen Personen. Aber es gab Vögel. Es waren sicher über sechzig. Kanarienvögel, Sittiche aller Art, Finken und kleine Papageien. Erst hat mir der Minizoo gefallen. Das hat sich aber morgens um vier schlagartig geändert. Gekreische, Gepiepse, Pfeifen und holländisches Fluchen, alles durcheinander. Ich habe auch geflucht, aber auf Schwyzerdütsch. Wir haben unsere sieben Sachen zusammengepackt und weg waren wir. Den Rest der Nacht verbrachten wir in einem leeren Strandkorb.

Mit etwas Vorschuss kauften wir uns ein kleines Zelt. Hinter der Mauer des Circusgebäudes war unser neues Zuhause. Irgendwie war es sogar romantisch, fast wie im Urlaub. Für Zacchini waren wir ein Schandfleck. Der Partner vom Grossen Zacchini wohnt in einem Zelt. Er hat versucht, uns umzulogieren und hat sich dabei Unterstützung von Frau Strassburger erhofft. Es hat nicht geklappt. Frau Strassburger meinte sogar: Ich kann Sie gut verstehen, wohnen Sie ruhig die paar Tage noch hier. Da hat er sich wohl geärgert. Vor einem Jahr hätte man das Truppenmitglied Galetti noch austauschen können wie die Weissclowns. In der Zwischenzeit hat sich Galetti zu einem guten Clown entwickelt. Langsam stimmte alles. Maske, Kostüm, Bewegungen, Mimik. Galetti ist ein Original geworden.

Das Engagement bei Strassburger ging dem Ende zu. Zacchini hatte für 1963 einen Vertrag mit den Schumanns in ihrem Circusgebäude in Kopenhagen. Wohl das Beste, was es zurzeit in Europa gab. Schumann, Kopenhagen, das müsste grossartig werden. Jetzt kommt das grosse Aber. Um die Zeit zu überbrücken bis zum Saisonanfang im Circus Schumann, sollten wir zurück zu den Amerikanern nach Nürnberg. Das hiesse aber noch einmal ein halbes Jahr nichts verdienen. Und die versprochene Gage bei Schumann war nicht zum Leben und nicht zum Sterben. Nein, nicht noch einmal. Vom Schulterklopfen hatte ich genug. Dann habe ich erfahren, dass er die Seilnummer wieder nicht mitofferiert hatte. Jetzt konnte ich auf das Schumann-Engagement leicht verzichten. Als ich dann noch von lieben Kollegen erfahren habe, dass Schumann die Clownnummer nur in der jetzigen Zusammensetzung engagierte, also nur mit August Galetti, da wusste ich, jetzt habe ich einmal die besseren Karten in der Hand. Die hatte ich zwar öfters, ich konnte sie nur nicht ausspielen. Ich war kein Spieler, und Zacchini hatte immer ein Ass im Ärmel versteckt.

Diesmal nützte es ihm nichts. Jetzt musste er ehrlich spielen und Herz zeigen, was natürlich schwer ist, wenn man keines hat. Er musste mich als gleichwertigen Partner behandeln und die Gage anpassen und sich an unsere Abmachungen halten. Lehrgeld hatte ich genug bezahlt. Nicht zum ersten Mal in meinem Leben habe ich die Zelte abgebrochen. Auf das Zeltabbauen komme ich noch zurück. Bis es so weit war, musste ich heimlich unsere Flucht vorbereiten. Wir waren ja nicht mobil und hatten jede Menge Material für die Clownerie und auch privat. Mein Bruder Sepp hatte Urlaub und er hatte ein Auto. Es war sein erstes und war daher ein bisschen klein ausgefallen. Ein Topolino. Der hatte nur zwei Sitze und eine kleine Ablage. Auf dieser Ablage hatte er sich ein Autoradio montiert. Ein Ungetüm aus einem grossen Amerikanerwagen. Das war kein Radio, das war eine Sende-anlage in der Grösse eines Kühlschrankes. Und wir haben doch mit jedem kleinen Plätzchen gerechnet, um unsere Requisiten, Kostüme, Clownschuhe, Instrumente, Zelt, Liegen, Decken, Kleider und Ko-chutensilien zu verstauen.

Mein Bruder hatte Glück. Er traf auf dem Zeltplatz, auf dem er übernachtete, einen Kollegen aus der Schweiz, mit dem er zurückfah-ren konnte. So war wenigstens für uns ein Sitz frei geworden. Aber bevor er zurückfuhr, musste er noch den Lebensretter spielen. Ein Sturm brach über den Zeltplatz herein und fegte viele Zelte ins Meer. Kein Strom, kein Licht, Chaos pur. Zwei Kinder sind verschwunden und waren nicht zu finden. Mein Bruder hat auch die Eigenschaft, in solchen Situationen die Ruhe zu bewahren, so fand er die Kinder zwar nass, aber lebend. Ja, mein kleiner Bruder. Wir parkierten das Auto um die Ecke vor der Mauer, die den Circus umgab. Es war der letzte Tag, und den mussten wir nutzen, um kleine Sachen, die wir nicht mehr brauchten, schon mal klammheimlich in unsere „Limousine" zu verstauen. Wir hatten einen Verbündeten und Eingeweihten, Horst, der Tierpfleger von Donats Bärennummer. Er half mir, dass wir alles schnell und lautlos erledigen konnten. So konnte ich alles bis auf meine Konzertina, die in einem geschlossenen Schrank war, herausnehmen. Prima, alles gerettet! Halt, nein, meine Clownschuhe aus der Kaserne, die konnte ich nicht finden. Hatte er die auch eingeschlossen?

Von unserem Zelt haben wir nur noch das Überdach stehen lassen. Alles andere haben wir mit Horsts Hilfe schon in unserem Topolino verstaut. Liegen, das Zelt und andere sperrige Sachen haben wir auf das Dach gebunden. Wir waren so vorsichtig, dass wir unser Fluchtgefährt in die nächste Seitenstrasse schoben und erst da starteten. Auf die letzten drei Tage Gage haben wir verzichtet. Wir haben schon auf so vieles verzichtet, dass es auf die drei Tagessätze auch nicht mehr ankam. Einfach weg, ein neues Kapitel anfangen. Der Start war gut, die Reise trotz der Enge in dem überladenen Topolino eine Erholung. Wir waren frei, und ich war glücklich, dass ich den Mut gefunden hatte, endlich über meinen eigenen Schatten zu springen.

Es kam wie es kommen musste. Die Direktion des Circus Schumann wollte das Clownentree ohne Galetti nicht akzeptieren. Nun, auf einmal hatte Zacchini Zeit für die Galettis. Auch eine grössere Gage wäre auf einmal möglich gewesen. Jetzt kamen die Briefe reihenweise, sogar freundliche. Aber für eine gute Zusammenarbeit war schon zu viel kaputt. Um seinen Vertrag doch noch zu retten, musste er den Bruder von Feruccio aus Australien kommen lassen. Aber er war ein alter Herr und konnte Feruccio nicht ersetzen. Es war umsonst. Er brauchte einen guten Clown, aber er fand keinen mehr. Dann nahm er sich einen jungen Circusburschen, kopierte meine Kostüme, steckte ihn in meine Schuhe und liess ihn sich meine Maske aufschminken.

Aber auch das war umsonst. Galetti kann man nicht kopieren. Jetzt nicht mehr. Nach der abenteuerlichen Reise sind wir gut in Österreich angekommen. Wir stellten unseren Wohnwagen in den grossen Garten von Marias Eltern, bauten eine gemütliche Pergola davor und genossen die Ruhe. Aber nur kurze Zeit, denn das Ziel, eine eigene grosse Nummer zu haben, liess uns keine Ruhe. Wir schlugen Verankerungen in den Garten und bauten unser Seil auf. Dann ging es los mit Probieren, mit Üben und mit Trainieren und Umsetzen neuer Ideen. Musikstücke suchen und vieles mehr. Nebenbei machten wir mit einer kleinen Clownnummer Auftritte. Es lief wunderbar, wir hatten einen guten Verdienst.

An einem Wochenende haben wir für einen Fischerverein eine Vorstellung gegeben. Bei der Gagenauszahlung war zu wenig Geld in der Kasse. *Bist Du einverstanden, wenn ich Dir den fehlenden Betrag mit Fischerkarten begleiche? – Aber sicher doch!* Ich bekam einen Stapel Tageskarten für gute Plätze an Forellengewässern. Ach, war das ein herrlicher Wasserfall und das Becken mit seinen geschliffenen Felsbrocken, zwischen denen die Forellen auf mich warteten. Zwei der wunderschönen Bachforellen waren schon in meiner Tasche. Die Dritte, die spülte es mit einem Ruck zurück ins Wasser und mich hinterher. Hoch oben in den Bergen hatten sie die Schleusen eines Stausees geöffnet. Ohne Vorwarnung. Eine hohe Sturzflut fiel über den Fall in das Becken, in dem ich stand. Da war es schnell aus mit Stehen, meine Angelrute voraus und ich hinter ihr nach, spülte es uns im Eiltempo durch die Felsbrocken hindurch. Meine Gummifischerhose, die bis unter die Brust ging, war schnell voll Wasser und sehr schwer. Kiel unten schwemmte es mich durch das Bachbett. Ich versuchte, an das Ufer zu gelangen, was mir aber erst nach einigen hundert Metern gelang. Aber das Ufer war kein Sandstrand, sondern eine Felswand aus grauschwarzem Schiefer und poliert wie eine Schultafel, kein Halt, nichts. Trotz meiner Gummihose habe ich es geschafft, an mein Fahrtenmesser zu kommen, es aus der Scheide zu ziehen und es in eine Ritze im Schiefer zu schlagen. Mit dem freien Arm unter dem rechten Hosenträger durch, Griffwechsel am Messer und unter dem zweiten Träger durch und raus. Mit ein paar Luftblasen verschwand meine neue Stiefelhose in den Wasserwirbeln. Nun, ein bisschen leichter, versuchte ich, mich an meinem Messer hochzuziehen. Da es aber nichts zum Nachfassen gab, bin ich nicht höher gekommen. Ich hing einfach da. Wie lange noch? Jetzt kann nur noch Gabriel helfen. Österreich ist zwar Neuland für ihn, aber er wird es schon schaffen, man spricht ja deutsch. Hoffentlich hört er mein Stossgebet, denn es ist hier sehr laut. Aber ich hatte Glück, das Echo am Schieferfels hallte in seine Richtung. Er hat mich gehört, aber in der Eile hat er einen kleinen Fehler gemacht. Ich bin evangelisch, und um mich zu retten, schickte er einen katholischen Mönch. Na gut, er konnte nicht anders. Der katholische Mönch war eben der Nächste. Oberhalb des Felsens stand ein Kapuzinerkloster. Ich habe nichts gegen Mönche, schon gar nicht gegen die Kapuziner. Ich hätte ihn umarmen können, als er in seiner Kutte da oben stand. Aber dazu hätte ich erst einmal oben sein müssen. Dann kam die intelligente Frage: *Kann ich Dir helfen? – Ja sicher! Ein Ast oder ihre Kordel würde mir schon genügen.* Er hat sich für beides entschieden. Er band einen Ast an seine Kordel und liess ihn zu mir herunter. Ich konnte mich daran ein bisschen hoch ziehen und mein Messer weiter oben in einer Ritze verankern. Hochziehen, verankern, hochziehen, bis der Retter in der braunen Kutte mir die Hände reichen und mich über die Felskante ziehen konnte. Jetzt kam die zweite intelligente Frage: *Bist Du nass? – Nein, nein nur ein bisschen angefeuchtet. Danke Gabi und danke lieber Mönch.*

Eines Tages schaute der Agent, der uns die Galas vermittelte, bei unseren Seilproben zu. Er war begeistert von dem, was er zu sehen bekam. Er wollte uns gleich vermitteln. Ich war natürlich sehr stolz, aber ich hatte doch auch ein wenig Angst. Waren wir schon so weit? Wir hatten viel und hart probiert, Trick für Trick und daran gefeilt. Aber vor Publikum? Die Aufregung bei einer Premiere? Waren wir dem allem gewachsen? Wie lange träumten wir schon von unserer Premiere. Also gut wir starten.

1963 Der Clown und seine Ballerina

Der erste Auftritt, mit unserer Nummer: Der Clown und seine Ballerina auf dem Seil. Klingenau in der Schweiz. Es war ein grosses Festzelt. Um die Bühne zu vergrössern, haben sie an der Stirnseite des Zeltes angebaut. Eine Konstruktion mit Flachdach. Alles lief bestens, das Publikum war gut. Mein Lampenfieber war wie weggeblasen, und ich hatte auch gleich einen guten Kontakt zum Publikum, die Stimmung war wunderbar. Die halbe Nummer hatten wir schon hinter uns gebracht. Da sind zwei Sachen passiert. Eine Sache war: Draussen ging plötzlich ein starkes Gewitter nieder. Die andere Sache war, ich bekam keine Luft mehr. Ich hatte einen trockenen Mund, ich brachte keinen Laut mehr heraus. Und das Schlimmste: Ich bekam ein starkes Seitenstechen, so stark, dass doch wieder Töne kamen, aber nur vor Schmerz. Das war ein Gequietsche und hatte mit meinem Clownlachen überhaupt nichts mehr zu tun. Ich schnappte nach Luft und wusste nicht mehr, wie ich weitermachen sollte? In dem Moment hat die Überdachung über der Bühne dem Sturm und dem Wasser, das sich auf der Leinwand staute, nicht mehr standgehalten. Ein Krach, und wir waren von Leinwandstücken, Holzlatten und Wassermassen zugedeckt. Abbruch der Nummer. Für mich war dieser Unfall ein Glücksfall. Des einen Glück, des anderen Schaden. Aus meiner Fast-Pleite-Premiere habe ich viel gelernt. Durch konzentriertes Krafttraining brachte ich mich so weit, dass ich die Nummer gleich zweimal hintereinander durcharbeiten hätte können. Jetzt hatte ich sogar noch Kraft für eine Zugabe. Das Publikum und der Artistenagent haben von meinem Luftmangel und meinem Seitenstechen dank der unvorgesehenen Wassershow nichts mitbekommen. Er hat uns noch viele und gute Engagements vermittelt, auch eine Grossveranstaltung in Sargans. In dem Programm war ein komischer Jongleur mit einer starken Ausstrahlung. Charly Nock. Er war nicht nur ein grosser Artist, er war auch ein grosser Artistenagent. Er hat uns nicht nur sehr oft engagiert, er hat uns auch gefördert. Wir sind gute Freunde geworden

und hatten viele schöne Stunden zusammen, auch mit seinen Söhnen, die beide grosse Artisten waren. Erickson war in vielen grossen Circussen anzutreffen, wo er mit seiner Jongliernummer grossen Erfolg hatte. Sein Bruder Ernst hatte eine wunderbare Balancenummer, die Worcesters. Wir hatten das Glück, uns draussen in der Welt oft zu treffen, auf Bühnen und in Circussen. Und in den Wintermonaten hat er uns oft in Österreich besucht. Wir kannten ein kleines Lokal mit guter Live-Musik und guten Lachsbrötchen. Dann kam eine Zeit, wo er uns sehr viel besuchte. Er sagte: *Hier gibt es die besten Lachsbrötchen, ich liebe sie.* Geliebt hat er das Mädchen, das die Lachsbrötchen servierte. Er hat es dann als toller Hecht an Land gezogen. Sie war ihm eine tolle Partnerin, in der Ehe und auch auf der Bühne. Nach seiner Artistenlaufbahn ist er ein grosser Künstleragent geworden. Er hat mit uns viele grosse und gute Engagements abgeschlossen.

Es war für mich nicht ganz so leicht, wieder als Maurer in meinem alten Beruf zu arbeiten. Nicht die Arbeit war es, die mir schwer fiel, der Circus und das ganze Drumherum fehlten mir. So, genug gejammert, ich hatte ja meinen Ausgleich mit meinen kleinen Auftritten an den Wochenenden. Die Eröffnung des Flexenpasses wurde auf der Passhöhe gefeiert. Bei diesem Anlass hatten wir einen Auftritt. Für die Rückfahrt hatte ich vergessen, meinen Kastenwagen voll zu tanken. Ausgerechnet oben auf der Alp ging das Benzin aus. Bei der Talfahrt bin ich im Leergang gefahren, das ging so lange gut, bis die Strasse noch einmal aufwärts führte. Nichts ging mehr. Kein Schieben und kein Stossen half. Da hiess es im Auto schlafen, auf den Morgen und auf Hilfe warten. Die kam schon recht früh. Ein Tierarzt wurde auf eine Alp gerufen. Mit einem Klistierschlauch und der Bewilligung, aus seinem Tank Benzin anzusaugen, wurde das erste Problem gelöst. Ich war wieder fahrbereit.

Abbildung 22
Maria, eine Ballerina, der die Herzen zuflogen, besonders meines. (Fotoarchiv Sarrasani)

Das grössere Problem stand mir noch bevor. Ich musste meine Frau nach Hause fahren und ihre Eltern beruhigen. Dann zur Arbeit. Nur zwei Stunden war ich zu spät. Und jetzt ging es los. Erst der Polier, dann der Chef. Sie haben sich aufgeführt wie meine alten Militärkorporale.

So geht das nicht, Du musst Dich entscheiden, Maurer oder Clown.
Lieber Herr Frick, ich habe mir noch nie etwas zu Schulden kommen lassen und wegen den zwei Stunden, die ich zu spät gekommen bin, dürfen Sie mir immer noch Sie sagen. Und in meiner Freizeit spiele ich den Arzt, den Pfarrer oder den Clown. Und ich glaube kaum, dass Sie das etwas angeht. Aber eine Entscheidung habe ich trotzdem gefällt! Ciao!

Der Clown liess noch ein bisschen auf sich warten. Aber im Moment war ich glücklich, frei von diesen unwürdigen Behandlungen zu sein. Und schon ging ein Türchen auf. Der Sohn meines Nachbarn, er wollte sich ein eigenes Haus bauen. Seine Mittel dazu waren aber ein wenig beschränkt. Da habe ich mich entschlossen. *Ich baue Dir eins.* Gesagt, getan. Ich war Architekt, Bauführer, Vorarbeiter und Maurer in einem. Nach einem Jahr stand ein wunderschönes Zweifamilienhaus. Und neben dem Bauen blieb noch so viel Zeit, an unserer Nummer zu proben und zu feilen. Und niemand verbot mir, Clown zu sein. Ich habe erfahren, dass in der deutschen Nachbarschaft der Circus Sarrasani gastierte. Sieben Jahre sind seit unserem letzten Engagement her. Also, am Wochenende den alten Fritz Mey besuchen. Wir wurden freundlich begrüsst und behandelt.

Kommst Du wieder zu uns?
Ja, Herr Mey, gern. Aber die Sache ist die, wir haben nun eine eigene Nummer: Der Clown und seine Ballerina.
Gut, Ihr seid für 1966 engagiert mit der Nummer und als Zugabe möchte ich meine Lieblingsreprise: die Schwebe!
Danke. Herr Mey. Hand darauf. Einverstanden!
Hurra, wir sind mit unserer Nummer im Circus engagiert.

1966 Nachwuchs ist angesagt

Und wir haben ein Engagement beim Circus Sarrasani. Ich habe es Herrn Mey nie vergessen, dass er uns vertraute und uns engagierte, obwohl er die Seilnummer nie gesehen hatte. Es war gut, dass wir uns einen grösseren Wohnwagen leisten konnten, denn es war Nachwuchs angesagt. Und Glück, hatten wir, dass Mariza, unsere zweite Tochter, noch vor der Saison auf die Welt gekommen ist. Die Geburt von Mariza war nicht ganz so dramatisch wie die von Carmen. Aber bis sie auf der Welt war, habe ich auch geschwitzt, sogar zweimal, und nicht wenig. Wir wollten kein Risiko eingehen und haben uns zur Geburt in einem Entbindungsheim angemeldet.

Am 21. Februar war ich bei einer Kindervorstellung auf der Bühne. Die Vorstellung war fertig, ich war beim Abschminken. Galetti, Telefon: *Walter, schnell es geht los! – Ich komme!* Halb angezogen und halb abgeschminkt machte ich mich auf den Weg. Für die Rückfahrt brauchte ich nur die halbe Zeit. Maria einladen und los, auf zum Entbindungsheim in Lustenau. In Österreich hätte ich durch die Dörfer fahren müssen. Ich wählte also die schnellere Strecke über die Schweiz, da gab es eine Autobahn, aber da musste man erst über den Zoll. Und ausgerechnet jetzt stand eine Kolonne Sonntagsfahrer davor. Ich habe alle Lichter und die Warnblinker eingeschaltet und bin an der Kolonne vorbei gefahren. Mit den Vögeln, die mir gezeigt wurden, hätte ich eine ganze Voliere füllen können! Die Zollbeamten waren mit meiner Aktion auch nicht einverstanden und schlossen die Durchfahrt. Ich machte ihnen klar, was passieren würde, wenn ich nicht ganz schnell freie Fahrt bekomme: *Dann – fahren Sie!* Sie haben uns nicht nur mit den besten Wünschen fahren lassen, sondern ein Beamter lotste uns sogar mit Blaulicht bis zum Entbindungsheim. Zwei Stunden später war Mariza auf der Welt.

Ich habe mich drei Mal gefreut. Das erste Mal, dass es der Mutter gut ging, das zweite Mal, dass Mariza gesund war, und drittens, dass die Hebamme mich lobte: *Sie waren eine grosse Hilfe für Ihre Frau.*

Maria hatte sich gut erholt, und Mariza war wohlauf. Jetzt stand unserer Premiere im Circus Sarrasani nichts mehr im Wege. Unser Freund, der kleine Paul, war auch wieder mit von der Partie. So hatte ich einen guten Partner für die Reprisen. Schon nach kurzer Zeit ist der Regisseur und Sprecher ausgefallen, sein Nachfolger war mein Freund Eddie Grothe, der elegante Sprecher aus der Zacchini-Zeit in der DDR. Er war für Sarrasani als Sprechstallmeister eine grosse Bereicherung. Unseren Auftritt hat er mit seiner Ansage gross herausgebracht. Es war einfach wunderbar, mit ihm zusammenzuarbeiten. Er ist auch noch Pate von Mariza geworden, und wir haben heute noch engen Kontakt.

Mittlerweile ist er über 90 Jahre alt. Es lief alles bestens, kein Seitenstechen und kein Luftmangel. Wir hatten grossen Erfolg. Und doch war da etwas, was ich nicht herausfinden konnte, was bei meiner Arbeit nicht in Ordnung war. Es war nicht bei jeder Vorstellung gleich. Und ich versuchte doch jedes Mal, es so gut zu machen wie nur möglich. Was machte ich falsch? Einmal lachten und freuten sie sich, dann spürte ich, dass der Funke zwischen dem Publikum und mir nicht übergesprungen war. Vielleicht war ich doch noch zu jung, um ein guter August zu sein. Das Akrobatische und die Sprünge klappten hervorragend, ich hatte so viel Luft und Kraft, da war für die Komik noch viel übrig.

Samstagabend, volles Haus, ein herrliches Publikum. In der Mittel-Loge sassen Mutter und Vater mit ihrem Kind. Sie haben sich so über mich gefreut und lachten herzlich. Sie waren glücklich und steckten mich und alle mit ihrem Lachen und Glücklichsein an. Dieses Kind hatte mir Lachen und Fröhlichkeit geschenkt, das ich an das Publikum weitergeben konnte. So hatte ich mir meine Arbeit erträumt. Die Gestik, die Komik und die Akrobatik liefen so leicht ineinander. Und was da passierte, war das gewisse Etwas: Ich musste zu dem Kind hin. Ich bin einfach über meine Balancierstange die schräge an meinem Seil lag heruntergerutscht, wie auf einer Rutschbahn. Ich bin zu dem Kind hin und habe ihm die Hand gegeben und mich bedankt für das, was es mir diesen Abend geschenkt hatte. Ich steh in der Manege und nicht auf dem Seil. Ich sollte doch oben sein um weiter zu machen. Was nun? Also, da wo ich herunter gekommen bin, musste ich ja auch wieder hinauf. Immer noch von einem Glücksgefühl überwältigt, rannte ich einfach los, über die Stange hoch, als wäre es ein breiter Weg, und da stand ich oben und über mich rauschte ein tosender Applaus. An diesem Abend ist der Clown mit Herz geboren worden.

Der Rutscher und das Hochspringen über die Balancierstange wurden kleine Höhepunkte in der Nummer. Da ja nicht in jeder Vorstellung ein Kind oder eine fröhliche Person in der Loge sass, musste ich einen anderen Grund finden, um mich zu bedanken. Ich hatte eine Idee. Nachdem ich wieder in der Manege stand, liess ich mir einen Blumenstrauss in die Manege bringen. Eine der Blumen verschenkte ich an eine Dame in der Loge weiter. So hatte das Danke sagen bei jedem Auftritt einen Sinn. Es war wunderbar. Dadurch sind viele Gags, Ideen und Situationskomiken entstanden. Die Nummer ist gewachsen und wurde jeden Tag besser. Viele kleine Sachen machten es zu einem Ganzen.

Ich lernte auch, wie wichtig es war, aus kleinen Niederlagen, Siege werden zu lassen. Mein Arm klemmte. Ich versuchte ihn mit einem Ruck zu lösen. Es klappte nicht. Also dann mit einem grossen Schwung nachhelfen. Das war zu viel. Ich sauste in einer Spirale um das Gestell, über das mein Seil befestigt war und landete auf meinen Hintern. Ich zeigte Schmerz, weinte und war traurig. Das Publikum reagierte auch so. Es war mit mir traurig. Dabei wollte ich ja das Gegenteil. Eines Abends, als ich auf dem Hintern landete, freute und lachte ich, weil mir bei dieser Bruchlandung nichts passiert war. Ich hatte die Niederlage in einen Sieg umgewandelt. Jetzt lachten und freuten sie sich mit mir, dass alles gut ausgegangen war. Meine Komik ist ruhiger und herzlicher geworden. Meinen Auftritt habe ich neu aufgebaut. Ich konnte da schon so viel hineinlegen, dass ich schon am Anfang das Publikum erreichte. Und dass das gewisse Etwas zwischen dem Publikum und mir auch ohne lange Einleitung da war. Ich freute mich auf das Publikum, und es sich auf mich.

Auf unserer Tournee sind wir auch in die Schweiz gekommen. Zürich war unser erster Gastspielort. Wir hatten gleich eine grosse Presse. Auf dem Titelblatt hiess es nicht „Galetti, der grosse Schweizer Clown“, sondern: DER LÖWE IST LOS. Und das mitten in der Grossstadt Zürich. Dieter Farrel, unser Dompteur hatte immer am Sonntagmorgen für die Tierschaubesucher eine Probe mit seinen Raubtieren abgehalten. Einem der alten Löwen hat es nicht gepasst, dass er auch noch am Sonntag und dazu noch morgens arbeiten sollte. Knurren allein hat nichts gebracht, da musste man schon ein bisschen nachhelfen. Mit seinem breiten Rücken hob er das Laufgitter, das von den Raubtierwagen zum Zentralkäfig im Circus führte hoch, und schwupps war er unten durch und weg. Neben dem Circus war die grosse offene Radrennbahn. Sie war mit einem hohen Zaun umgeben. Unter der Tribüne war eine Autowaschanlage. Sie war an diesem Sonntagmorgen gut besucht.

Auch wir hatten lieben Besuch. Martin Keller, mein Freund und Förderer war bei uns. Wir sassen gemütlich bei einem Aperitif vor unserem Wohnwagen. Im Schatten des Zauns sass Mariza in ihrem Kinderstuhl, den sie mit Schaukeln und Wippen zu einem kleinen Trampolin umfunktionierte. Alle schauten der kleinen Artistin bei ihren Turnübungen zu. Wupps, in diesem Moment flog ein Schatten über sie hinweg. Er stammte von dem Löwen, der über sie und den Zaun sprang. Er lief weiter zum Eingang der Autowaschanlage. Vor dem grossen Tor stand ein Kontrolleur. Ich schrie ihm zu: *Schnell , machen sie das Tor auf!* Wie im Trance schob er das Tor auf und liess den Löwen an sich vorbei marschieren und schloss es wieder. Die Autowäscher retteten sich in ihre Autos. Ein Käfigwagen wurde an eine kleine Türe gestossen. Arbeiter, Angestellte und Artisten, alle mit Zaunteilen bewaffnet, versuchten damit den Löwen einzukreisen und gegen die kleine Türe zu drängen. Schliesslich hat er seine Freiheit aufgegeben und ist durch das Spalier der Direktion, Angestellten, Artisten und

Arbeiter stolziert und hatte sich in seinen bereit gestellten Wagen begeben. Der Held des Tages war aber der Türsteher der Waschanlage.

Zürich war nicht nur für Sarrasani ein grosser Erfolg, auch die Presse war uns gut gesinnt. Es war wunderbar, das Glück war auf unserer Seite. Es war wie in Hamburg. Journalisten, Leute vom Radio und Künstler fanden den Wohnwagen von Galetti als Treffpunkt. Werner Wollenberger, Walter Roderer, Wiesel Gyr, Max Rüger und viele andere. Aber auch beim Fernsehen wurden wir das grosse Aushängeschild für die Schweizer Tournee. Wir waren glücklich. Nach nicht einmal zwei Jahren mit unserer Seilnummer im Circus diesen Erfolg und dieses Echo erreicht zu haben. Grosse Häuser wurden auf uns aufmerksam.

Und jetzt blieb es nicht nur bei Versprechungen. Nein, wir wurden engagiert. Anschliessend an die Sommertournee bei Sarrasani hatten wir einen Vertrag für Berlin in die Deutschlandhalle zu der grössten Circus-Veranstaltung Deutschlands: Menschen – Tiere – Sensationen. Für uns war es eine Sensation, in diesem grosses Programm engagiert zu sein. Es gab noch eine Sensation, wir waren mit Fredy Knie zusammen engagiert. Wau! Der grosse Fredy Knie und der kleine dumme August Galetti, im selben Programm. Vor einem Jahr hatte die grosse Wiener Agentur Emil Wacker mich bei Knie offeriert. Diese schickten ein Telegramm nach Wien zurück: AGENTUR WACKER STOP. GALETTI FÜR UNS UNBEKANNT. Herr Wacker überliess mir das Telegramm. Ich habe es schwarz eingerahmt und gab ihm einen Untertitel: „Ein trauriger Fall." Aber jetzt, wo der Name „Galetti" gleich fett wie „Knie" gedruckt im Programmheft stand, war es schon etwas anderes. Nun war ich plötzlich sein bester Mitarbeiter. Er war auch der Förderer meiner Karriere, und er hat aus mir einen guten Clown gemacht! Nach so viel Lob habe ich aus dem Kniekoffer einige Negativo ausgeräumt. Einen habe ich liegengelassen, weil er mir bei seinem Vortrag nicht in die Augen schauen konnte.

Eddie Grothe, mein alter Freund aus der Zacchini und Sarrasani-Zeit, ist nun Journalist geworden für das „Organ", die grosse Artisten-

Zeitschrift und freier Mitarbeiter für Berliner Zeitungen. Mit seinen Beziehungen verhalf er uns zu grossen Reportagen und Interviews. Er wohnte in Berlin im schönen Grunewald. Mit zwei Kollegen zusammen habe ich mich revanchiert. Wir haben in unserer Freizeit seinen ganzen Garten um sein Häuschen herum umgestochen. Gedüngt haben wir mit Lachen und Fröhlichkeit. Da muss es einige Monate später gespriesst und geblüht haben. Papa Wallenda aus Amerika war mit seiner grossen Hochseiltruppe auch im Programm. Ich habe viel über ihn, das Hochseil und Amerika erfahren. Wir sind gleich alt und haben uns gut verstanden. Dann, nur einige Wochen später, die Nachricht von Papa Wallendas Absturz vom Hochseil, der während einer Live-Aufzeichnung für das Fernsehen passierte. Millionen von Menschen haben den Todessturz gesehen. Ich konnte die Nachricht nur schwer verkraften. Gleich anschliessend an die wunderbaren Wochen in Berlin ging es über den Gotthard für eine Koproduktion mit Circus Balmiri und Sarrasani nach Italien. Wir konnten aber nur vier Wochen bleiben, denn wir hatten einen Vertrag in die Stadthalle nach Wien.

Aber erst einmal Italien. Premiere sollte ganz unten im Süden in Brindisi sein. Um diese Jahreszeit sollte es eigentlich schon recht warm sein. Aber die Temperatur ist unter Null gefallen, dazu kam Schneeregen, das Wasser ist auf der ausgelegten Leinwand gefroren. An ein Hochziehen des Zeltes war nicht zu denken. Die Leinwand wäre dabei zerbrochen. Acht Tage mussten wir Geduld haben. Dann stand der Circus. Aber spielen konnten wir immer noch nicht. Die Direktoren, davon hatten wir ja zwei, haben es versäumt, mit der Mafia zu verhandeln. Am offenen Feuer vor dem Circus haben sie es dann nachgeholt. Das war wie bei einer Papstwahl. Da geben sie Rauchzeichen mit einem Strohfeuer, wenn die Wahl positiv ist. Bei den Indianern gibt es mehrere Rauchzeichen. Die Mafia kannte nur zwei. Feuer weiter brennen lassen hiess, noch Geduld haben. Wurde das Feuer gelöscht, war dies das Zeichen, wir konnten spielen. Was bei dieser Runde an Konzessionen eingegangen wurden, habe ich nie erfahren. Egal, es war so oder so nicht ehrlich. Noch zwei kuriose Begebenheiten mit der Mafia. Maria half das Publikum zu platzieren. Sie bat eine kleine Gruppe um die Eintrittskarten. Sie zogen keine Karten sondern Pistolen und setzten sich in die Mittel-Loge. Diesmal konnte Maria leichten Herzens auf das Trinkgeld verzichten. Ein Artistenkollege ist in der Stadt bestohlen worden. Unter den Balmiri Artisten hatten wir einen Kollegen, der hatte einen Kollegen, der einen Kollegen kannte, der einen Kollegen bei der Mafia hatte. Der regelte die Sache. Nach zwei Tagen konnte der Artistenkollege das Geld auf dem Büro abholen. Beziehungen zu den richtigen Kollegen ist eben alles.

Zwei Wochen ist es gut gelaufen, da kam schon das nächste Unglück. Schweinepest. Circus geschlossen! Die Direktion vom Circus Sarrasani hatte sich nach Berlin verdünnisiert. Und der Balmiri-Chef wollte oder konnte nicht alleine auszahlen. Kein Geld. Keine Gage. Und ich sollte doch nach Wien fahren. Mit leeren Versprechungen konnte ich aber nicht tanken. Liebe Kollegen haben uns dann ausgeholfen. Und jetzt aber ab und so schnell wie nur möglich Richtung Norden, rauf auf die neue Autobahn, dann können wir uns die mühsame Reise über die Hügel und Berge ersparen. Wir kamen schnell voran, kein Verkehr, es war sehr ruhig. Ein bisschen seltsam war es schon. Nur ein Jäger auf dem Fahrrad im Gegenverkehr.

Nach circa fünfzig Kilometern wussten wir, warum es auf der Autobahn so ruhig war. Sie war noch gar nicht eröffnet, weil ein grosser Viadukt noch nicht fertig gebaut war. Es gab eine tiefe Schlucht. Auf der anderen Seite sollte dann später die Autobahn weitergeführt werden. Was nun? Fünfzig Kilometer zurück und über die Berge oder aber den Baumaschinenweg hinunter über den grossen Damm. Eine kleine Rücksprache mit meinem Schutzengel. Man wusste ja nie – Italien, Ausland, kein Geld, und wenn etwas passiert? Gesagt hat er nichts, nur mit den Schultern gezuckt und mit dem Kopf genickt. Das heisst ja hier so viel wie *Si, si*. Weit unten sah man die Arbeiter. Sie winkten alle zu uns hinauf. Ich beruhigte meine Frau: *Siehst Du, sie winken uns zu. Also einsteigen, wir packen es. Pronto!*

Die ersten hundert Meter ging es prima, aber dann wurde es auf dem lehmigen Weg doch recht schmierig, und wir rutschten von der Wand zur Talseite weg. Was sollte ich tun? Maria, halt mal das Steuer, halt immer zum Berg, ich muss schnell raus! Ich raus, hinter den Zugwagen und mit der Handbremse den Wohnwagen blockieren. Wieder rein in den Wagen. Aber erst Schuhe aus, weil ich bei meiner Aktion Bremsblockade bis zu den Knöcheln im Lehm stand. Ich übernahm wieder das Steuer und fuhr mit dem blockierten Wohnwagen im Schlepptau hinunter ins Tal. Als wir unten zwischen die grossen Allradbaufahrzeuge rutschten, wurden wir von den Arbeitern mit Applaus empfangen. Es stellte sich dann heraus, dass sie uns nicht zu-, sondern abgewinkt hatten. Ja, wenn die auf Italienisch und alle durcheinander winken, dann ist es schwer, die italienische Zeichensprache zu verstehen, und sie waren ja auch weit weg.

Der Rest der Reise erst einmal auf Baufahrzeugwegen, dann Landstrasse und anschliessend Autobahn bis nach Airolo. Das ist ohne weitere Probleme abgelaufen. In Airolo mussten wir unser Gefährt auf die Bahn verladen. Der Pass hatte Wintersperre. Ich habe mich bei der Fahrleitung erkundigt, wann die Fahrt losgehen sollte: *Die Loren werden hinter den nächsten fahrplanmässigen Zug gehängt. Dieser fährt in einer halben Stunde.* Grossartig, dann kann ich ja filmen, wie sie die Lore mit unserem Wohnwagen rangieren. Ich habe meine Kamera auf das Stativ gestellt, um ein schönes ruhiges Bild zu bekommen. Denn ich hatte mir überlegt, dass der beladene Zug rückwärts fahrend an mir vorbeikommen musste, um den Bahnhof zu erreichen. Aber der fährt ja vorwärts und wird immer schneller. Das kann doch nicht sein. Diese Geschwindigkeit, die ist zu schnell beim Rangieren. Mein Stativ zusammengeklappt und los hoch zu dem Zug.

Abbildung 23
Eine Szene aus meiner Seilnummer; ich merke mit Entsetzen, dass mir mein Schirm fehlt. (Fotograf unbekannt)

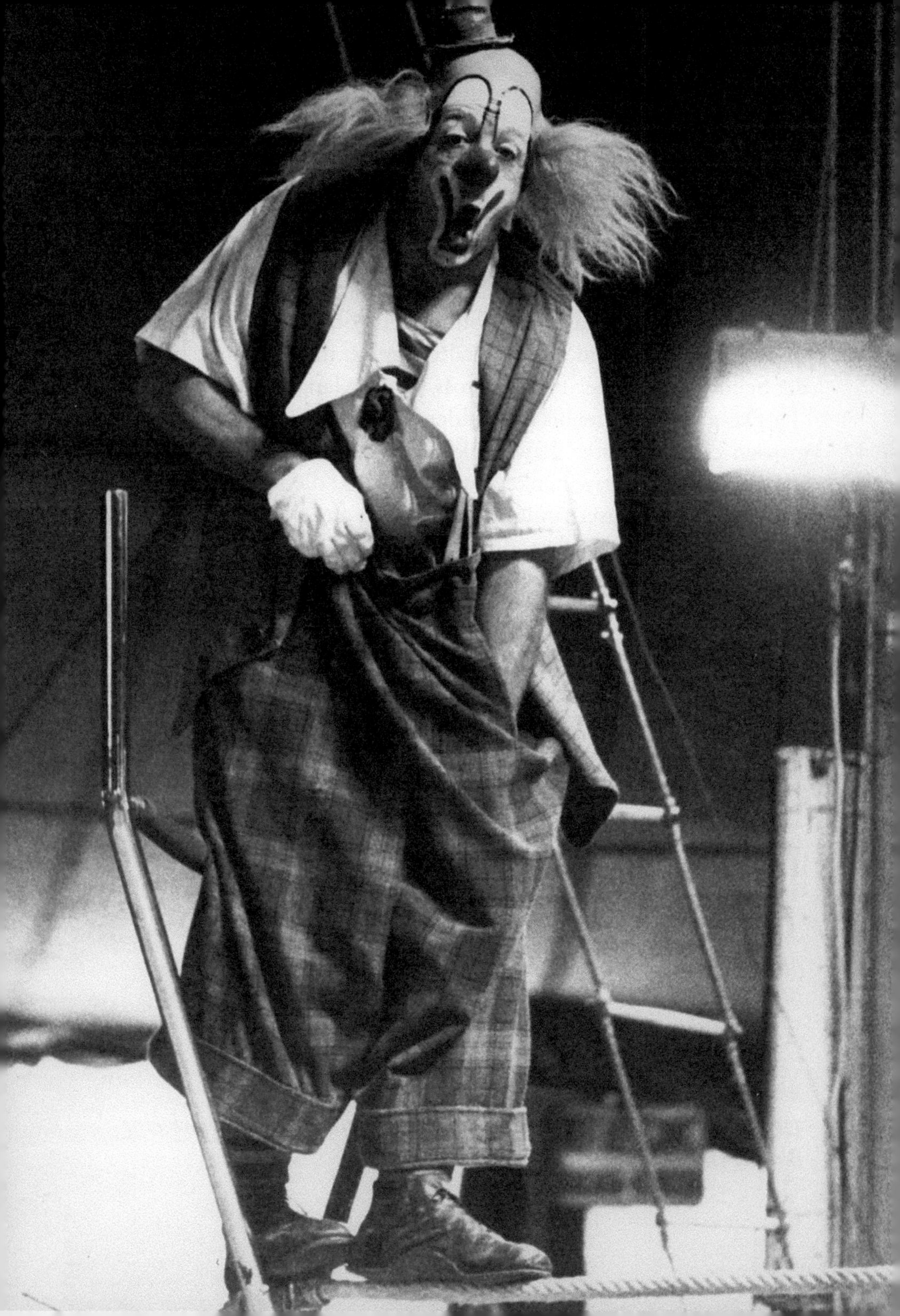

Ich konnte gerade noch auf die letzte Lore aufspringen, dann ist es auch schon dunkel geworden. Der Zug war im Tunnel, es war wie in einem Windkanal, dunkel, laut, kalt, und ich hatte den Zündschlüssel in der Tasche.

Wie sollten sie denn unser Gefährt von der Lore fahren? Zum Glück waren keine breiten Fahrzeuge verladen. So konnte ich von Lore zu Lore bis zu unserem Wohnwagen vorklettern. Als ich die Autotüre aufmachte, und erst mal kalte Zugluft in die Kabine blies, war der Schock bei meiner Frau so gross, dass sie lange Zeit ruhig war.

Das ging so lange, bis ich auf der Gotthardstrasse anhielt, um den grossen durchgefrästen Lawinenkegel zu filmen, durch den wir fahren mussten. Der Lawinenkegel war gewaltig, die Lawine hat Bäume und Teile von Häusern mitgerissen, es sah aus wie eine riesengrosse aufgeschnittene Presswurst, und unser Wohnwagen stand mittendrin. Das musste ich doch filmen. Jetzt erst ist es meiner Frau dann doch langsam zu viel geworden. Gut, ich wollte mich bessern, wenigstens bis wir in Wien waren.

Abbildung 24
Brüssel 1969. Prinzessin Astrid und Prinz Philippe hatten sichtlich Spass mit mir. (Foto Belga)

Abbildung 25
1975 überreichte ich der sympathischen Königin von Dänemark eine Blume. (Foto Stoffer)

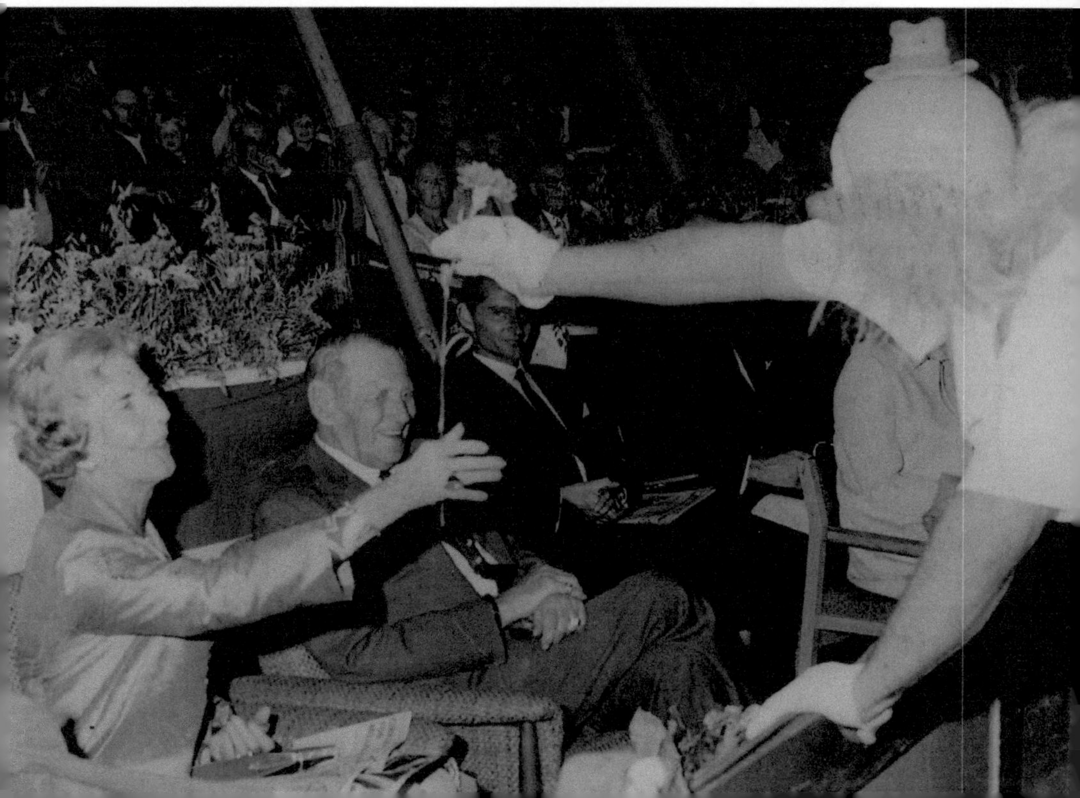

Artisten, Tiere, Attraktionen

Es war die Erfüllung unsere Träume. Eine grosse Show, liebe Kollegen, grosse Nummern. Die Chickiys, Houdinys, die Gebrüder Max und Albert Schumann und ihre Familien. Der liebe Clown Jacko Fossett, der unseren Tee mit Rum über alles liebte. Er nannte ihn „Nice-Tea“. Gilbert Houcke, er war einer der wenigen, der während meiner Lehrzeit bei Knie an mich geglaubt hatte und auch ab und zu behilflich war. Zwei Jahre später hat er uns zu Jean Richard gebracht. In dieser Zeit sind wir gute Freunde geworden. Danke lieber Gilbert.

Wien war auch für uns eine wunderbare Zeit. Aber es war sehr schwer für zwei Personen, sich in dieser riesigen Halle zu behaupten. Die feine Mimik und kleinen Gesten haben sich in der Weite verloren. Trotzdem hatten wir einen grossen Erfolg. Die Presse hat sogar ein bisschen übertrieben: Vom Stallburschen zum grossen Circusstar. Wir sind erst gar nicht nach Hause gekommen. Unsere gute Frau Wacker, die Witwe des legendären Circusdirektor Emil Wacker vom Circus Apollo, hat uns für eine grosse Fernsehsendung mit Catarina Valente verpflichtet. Also wenn das Fernsehen in allen Studios so arbeitet, dann bleib ich lieber im Circus. Die Artistennummern haben sie ohne Übergang, ohne alles im selben Dekor aufgezeichnet und ohne Publikum. Lachen und Applaus aus der Konserve. Und das alles wurde zu einer Show zusammengeschnitten, ohne Handlung und ohne Herz. Der grosse Kabarettist Werner Fink sollte dann nachträglich einen roten Faden durch die Show ziehen, aber er ist ständig gerissen.

Ich muss ein wenig vorgreifen. Nur ein Jahr später bekamen wir einen Vertrag für die Sendung „Scala heute“. Wieder mit Catarina Valente, Roberto Blanco und vielen andern grossen Kollegen. Der gute alte Kunstmaler Zille hatte die Idee für das Bühnenbild geliefert. Ein belebter Hinterhof in Berlin. Und ich spielte den Hinterhofclown vor dem Publikum aus den grossen Mietshäusern ringsherum. Ein Clown als Seiltänzer auf dem Wäscheseil. Wir hatten mein Tanzseil so kaschiert als würde ich auf dem Wäscheseil laufen und balancieren.

Da der Hinterhof nicht so gross war, spannten wir das Seil von Fenster zu Fenster aus dem ersten Stock. Ein bisschen haben die Liebestöter, Socken und Windeln schon Probleme gemacht, wenn sie sich beim Springen um das Seil gewickelt haben. Dabei gab es so viel Situationskomik, die sich dann noch gesteigert hat, als ich in den vorbeigeschobenen alten Kinderwagen fiel.

Nach den Aufzeichnungen hat der Herr im Regiestuhl Otto Meissner mich verküsst und über alles gelobt. Das erstere hätte er weglassen können, ich musste mich nachschminken. Das zweite war gut, denn er zog einen Vertrag für eine neue Fernsehaufzeichnung aus seiner Tasche: DER GROSSE BARNUM, eine grosse Fernsehaufzeichnung in den Studios der Nova Film- und Fernsehproduktionen in Berlin. Barnum war der grosse Circusdirektor von Ringling und Barnum in Amerika. Er suchte Artisten für seine neue Show. Er sass in seinem riesigen Büro, das so viel Platz bot, dass die Artisten ihre Nummer gleich an Ort und Stelle hätten vorführen können. Wenn er es wollte, wurde sein gigantischer Schreibtisch zur Bühne. Auch wir bekamen die Möglichkeit, in seinem Büro unser Seil aufzubauen. Von unserer Darbietung war er begeistert, denn er übergab uns einen grossen Dollarvertrag für viele Jahre in Amerika. Den ich mit viel Freude unterschrieb. So stand es im Drehbuch. Einige Jahre später, ist es dann sogar Wirklichkeit geworden. Ein Vertrag für Amerika. Aber wir hatten schon mit Jean Richard in Frankreich abgeschlossen. Und dieses Engagement hätte ich gegen nichts getauscht. Jetzt muss ich aber mit meiner Geschichte, in der Zeit ein bisschen zurückdrehen.

1970 Vergissmeinnicht

Peter Frankenfeld holte uns zu seiner grossen Show „Vergissmein-nicht". Für mich waren die Tage der Aufzeichnung in der Deutsch-landhalle in Berlin, ein grosses Erlebnis. Auch in dieser Show hatten sie grossartige Ideen für das Bühnenbild, einen englischen Hafen vor hundert Jahren. Mein Seil sollte zwischen die Schiffsmasten eines al-ten Seglers gespannt werden. Der Segler war aus Stoff und Sperrholz-platten. Ich glaube, es erübrigt sich zu erzählen, was da passiert wäre, wenn ich auf die Wünsche der Herren vom grünen Tisch eingegangen wäre. Da hätten wir nach dem Seil spannen ein mastenloses Flachboot gehabt. Ich konnte sie überzeugen, dass meine Darbietung auf dem Kai vor dem Segler viel mehr bringt. Sie wollten nicht gleich klein beigeben:

Wenn Sie Ihr Seil auf dem Kai aufbauen, dann haben wir ein Problem.
Sagen Sie uns, wie passt denn der Clown in dieses Bild?
Wenn ein Clown zwischen zwei Schiffsmasten passt, dann hat er auch
seine Berechtigung auf dem Kai! – Aha!
Aber ich hätte da eine Idee. Wenn schon England, dann einen komischen
Lord. Und die Ballerina wird zu einem Mädchen, das in den Lord ver-
liebt ist. Einverstanden.?

Aus dem Clown wurde ein Lord mit Frack und Zylinder. Meine Ballerina wurde in ein verliebtes Mädchen umgetauscht, Entschul-digung, das heisst beim Film umgearbeitet. Die Komparsen sollten unter dem Seil stehen und uns von unten bewundern. Ich konnte es den Herren nicht ausreden, dass es für die Komparsen, aber auch für mich sehr gefährlich sein kann. Sollte ich abrutschen, kann ich mich am Seil festhalten. Aber die Balancierstange, die fliegt den Komparsen um die Köpfe. *Da sehen wir für die Leute kein Problem. – Gut wenn Sie meinen.* Rauf auf das Seil und die ersten Sprünge. Wumm! Da ist es schon passiert. Wenn ich hochspringe und mich mit Schwung auf das Seil fallen lasse, gibt es fast einen Meter nach unten nach und schnellt mich mit der Kraft des gespannten Gummis wieder in die

Höhe, dabei entsteht eine vibrierende Konterkraft auf das Seil. Diese Kraft bewirkte, dass sich die Schwalbenschwänze des Fracks um das Seil wickelten, und zwar so stark und fest, dass ich an den Frackstössen wie eine Fledermaus unter dem Seil hing. Ich musste aus den Ärmeln rutschen, um aus dieser komischen, aber auch misslichen Lage herauszukommen. Ein Glück war, dass die Balancierstange vom Seil zurückgefedert wurde und über den Kai ins „Meer" geschleudert wurde und nicht im Komparsenpublikum landete. Jetzt durften sie die Szene mit einem gewissen Abstand bestaunen. Die Schwalbenschwänze habe ich gestutzt, und so ist aus dem englischen Lord ein französischer Clochard geworden. Jetzt hat alles geklappt, und es war ein grosser Erfolg.

Peter Frankenfeld war begeistert, wie ich die Sache gelöst hatte. Aber nicht nur er lobte mich, auch Max Greger, der uns mit seinem Orchester begleitet hatte. Was mich aber sehr freute und stolz machte, war das Lob von Curd Jürgens. Er war als Stargast in dieser Vergissmeinnicht-Sendung, und bei meinen Proben persönlich dabei. Für die weiteren Programmpunkte war eine Besprechung angesagt. Ich war dabei, die Verankerung meines Seils zu verstärken. Dazu trug ich eine Überhose. Ich hatte keine Zeit mehr, mich umzuziehen. So bin ich eben in der Arbeitshose erschienen. Zwei, vom grünen Tisch rümpften die Nase und wollten mich mit dummen Bemerkungen hinausschicken. Gut, wenn schon dumm, dann richtig. Ich spielte den naiven Gastarbeiter und konnte nicht verstehen, was sie von mir wollten. Curd Jürgens stand auf und klopfte mir auf die Schulter und sagte:
Du kannst aber ganz schön untertreiben. Du bist aber auch in der Latzhose sehr gut.
Danke Herr Jürgens.
Du kannst ruhig Du zu mir sagen.
Danke Curd.
Das Untertreiben habe ich später öfters mit Erfolg wiederholt und hatte dabei viel Spass und vieles erfahren, was die lieben Mitmen-

schen sonst nicht sagen würden. Keine Untertreibung war ein Vertragsabschluss beim Holländischen Fernsehen. Ich bekam eine grosse Sendung, die auf mich zugeschnitten war: „DE CLOWN" In dem grossen Studio hatten sie einen farbenprächtigen Circus mit einem schönen Eingang aufgestellt, in welchem ein grosses, dickes, überdimensionales Buch lag.

Ich stand als Clown Galetti im Eingang und begrüsste zwei interessierte Kinder. *Willkommen in der Welt der Clowns, kommt her, kommt mit! Schaut einmal das wunderbare, herrliche Buch. Seht diese Bilder sind extra für Euch gemalt. Es sind alles grosse Clowns. Schaut her, das ist Charly Rivel!* Durch eine Überblendung und einem Blue-Boxtrick erschien Charly Rivel aus dem Buch heraus und zeigte Ausschnitte aus einem seiner Auftritte. Auf der nächsten Seite war Charly Chaplin zu sehen. Es wurde dunkel und aus dem Dunkel watschelte Chaplin in den Circus, wo Szenen auf dem Hochseil aus seinem Circusfilm zu sehen waren. Auf der anderen Seite des Eingangs stand ein grosses, altes Trichtergrammophon. Als ich es aufzog und eine Platte laufen liess, hörte man Clown Grock mit seiner Geige. Auch hier sah es aus, als würde er aus dem Grammophontrichter heraus auf die Bühne steigen, um mit seiner herrlichen Clownerie das Publikum zu erfreuen.

Ich ging mit den Kindern weiter in den Circus. Da kam uns Clown Nuck entgegen. Wir baten ihn, uns etwas vorzuspielen. Er freute sich und hat uns den Wunsch gerne erfüllt. Er stieg in die Manege, dann zog er alle Register seines Könnens. Dasselbe geschah mit Anne Fratellini, ihrem Mann Pierre Eytax und ihrem Bruder Emilio. *Du Clown Galetti, jetzt möchten wir mit Dir lachen und Freude haben. Bitte zeig uns Deine Nummer mit der Ballerina! – Aber gerne mein kleines, liebes Publikum!* Ich stellte mich in die Mitte der Manege. Man hörte die Auftrittmusik meiner Ballerina, und sie tanzte zu mir in die Manege. In der Überblendung sah man nun meine Nummer, die vorher im Circus Sarrasani aufgenommen worden war. Diese Sendung „DE CLOWN" war für mich eine grossartige Sache. Ich war vom Anfang der Aufzeichnung, bis zum Schneidetisch dabei.

Heute drückt man auf einen Knopf und die Farben im Film sind real. Weiss bleibt weiss. Mein weisses Clownhemd mussten wir damals noch in einen Topf mit Kaffe tauchen, damit es dann im Film weiss erschien. Da war die Trickkiste noch mehr gefragt als heute. Als alles glücklich im Kasten war, kam der Kunstmaler Bymore, der das grosse Buch und alle herrlichen Bilder, die im Eingang hingen, gemalt hatte. Er nahm ein grosses Bild von mir und legte es in die Manege und schrieb mit grossen Buchstaben: Galetti ist für mich der Grösste. Mit Clown Nuck und seiner Nuckeliene verband uns bis zu seinem Tod eine liebe Freundschaft. Mit Anne Fratellini und Piere Etaix haben wir später in Paris zusammen arbeiten können.

Dass der Produzent Hans Peters mir die Freundschaft anbot und noch viele Produktionen mit mir machte, war für mich natürlich etwas ganz Grosses. Nur einige Monate später hat er mich wohl zur der populärsten holländischen Fernsehsendung mit Miss Boumann geholt: EEN VAN ACHT. Es war Miss Boumanns Abschiedssendung, deshalb war es ein sehr grosses und starkes Programm. Ich war glücklich, der grossen Dame ihren Abschied zu verschönern. Die Idee „Am laufenden Band" hat dann Rudi Carrell für Deutschland übernommen.

1969 Vier-Länder-Tournee

Das war eine Vier-Länder-Tournee durch Deutschland, Belgien, Holland und die Schweiz. Wir haben Frankfurt, Brüssel, Amsterdam und Zürich erobert. In Belgien hatte ich eine grossartige Presse. Die Königsfamilie war Gast im Circus. Bei meinem Auftritt herrschte eine grossartige Stimmung. Am Ende meiner Nummer winkten Sie mich zu ihrer Loge. Mit meiner Clownart habe ich die ganze Familie begrüsst. Es gab ein grosses Hallo, viel Spass und viele Fotos. Die Prinzessin Astrid und die kleinen Prinzen Philippe und Laurent hatten einen Wunsch. Nach der Vorstellung wollten sie sehen, wie ein Clown wohnt. Da die Zofe und ihr Begleiter im Königlichen Protokoll kein Verbot fanden, den Clown in seinem Heim zu besuchen, und ich so ein Protokoll nicht brauche, stand dem Besuch nichts im Wege. Es wurde eine lustige und fröhliche Sache. Hände schütteln und Wohnwagenbesuch wurde natürlich ganz gross in allen Zeitungen, und Illustrierten herausgebracht. Mariza, unsere kleine Tochter, lag auf dem obersten Stockbett und schaute auf die Königskinder herunter. Die Zofe erklärte ihr: *Das ist eine Prinzessin.* Mariza bekam grosse Augen, und sagte: *Das ist keine Prinzessin, die hat ja gar keine Krone!* Ja, richtig, ohne Krone keine Prinzessin, aber ohne rote Nase auch kein Clown. Ich sitze ungeschminkt vor meinem Wohnwagen, das Publikum spaziert vorbei. Der Vater zum Kind: *Schau, das ist der Clown!* Das Kind ganz entrüstet: *Das ist nicht wahr, der hat ja gar keine rote Nase.* Der Vater wusste sich zu helfen: *Doch, doch, das ist der Clown, weisst Du, jetzt ist er eben verkleidet.*

1969 Circus Sarrasani

Zum zweiten Mal in Zürich. „Galetti" war nun schon bekannt, und ich war für Sarrasani ein gutes Zugpferd. Nicht nur zum Ziehen, auch zum Stossen und Schieben hat man mich gebraucht. Als die Redaktion der Neuen Zürcher Zeitung erfahren hatte, dass ich den Lastwagen-Führerschein in der Zeit, in der wir in Zürich gastierten, machen wollte, haben sie mich mit Fotos und einem guten Artikel unterstützt. Der Fahrprüfer konnte also schlecht seinen „prominenten" Fahrschüler durchfallen lassen. Ich möchte aber sagen, dass ich es auch ohne Hilfe der Presse geschafft hätte. Denn ich fahre gerne.

Jetzt stand meinem Traum, einen grossen Wohnwagen nach eigenen Wünschen zu bauen, nichts mehr im Wege. Wir haben in Essen einen Schreiner gefunden, der uns einen Wohnwagen nach unseren Vorstellungen bauen konnte. Auf einem stillgelegten Güterbahnhof-Gelände hatte der Schreiner Reinhardt seine Werkstatt. Es waren aber auch alle anderen Handwerker angesiedelt, die es brauchte, um so einen Bungalow auf Rädern zu bauen. Sogar ein Kunstmaler, der nach der Fertigstellung des Wagens als Geschenk den Clown Galetti auf die Rückwand malte. Wir waren glücklich mit unserem neuen Heim. Nur bei der Übergabe hat es ein kleines Problem gegeben. Wir waren in der Zwischenzeit weitergereist und gastierten in Antwerpen. Der Wohnwagen musste von Essen hierher überstellt werden.

Alle waren glücklich mit unserem neuen Wohnwagen. Nur meine Frau war mit der Farbe des Bades nicht ein verstanden: *Ich habe doch extra gesagt, das Bad soll rosa sein, aber doch nicht schwarz!* Die Sache hat sich dann schnell aufgeklärt. Der Abflussschlauch der Dusche endete genau über dem Auspuffrohr der Zugmaschine, und der ganze Rauch und Russ ist durch den Abfluss ins Badezimmer hochgeblasen worden, hat sich an den Wänden abgesetzt. Daher wurde aus rosa schwarz. Der Sattelschlepper war über 16 Meter lang und ein in Silber gehaltener Bungalow auf Rädern. In unserem Träumli war nicht nur alles vorhanden, es war auch recht gemütlich. Küche, Bad, Kinderzimmer, Elternzimmer und eine Stube. Darin habe ich meine Familie Tausende von Kilometern um die halbe Welt gefahren. Ich habe ein Kindertelefon von der Führerkabine in den Wohnwagen installiert, um mit meiner Familie, die hinten mitfuhr, eine Verbindung zu haben. *Papi fahr in die nächste Kurve mit Gefühl. Ich bin am Kaffee aufbrühen.* An der Zonengrenze nach Berlin wollten sie uns wegen diesem Kindertelefon nicht durchlassen. Sie sagten: *Mit dieser Sprechanlage sind sie in der Lage, nach aussen Verbindung aufzunehmen. Das ist eine Möglichkeit zur Spionage!* Und da sagten vorher einige Kollegen, in der DDR gäbe es nichts zu lachen! Ich habe das Kinderspielzeug ausgebaut und es den Genossen geschenkt. Jetzt wissen sie, wie weit man damit telefonieren kann.

Eine lange und schwere Fahrt hatte ich gleich am Anfang mit meinem neuen Gefährt. Schwer, weil ich am letzten Tag in Antwerpen in der Manege einen Unfall hatte. Einen Muskelbänderriss. Ich wollte es einfach nicht wahrhaben, ausgerechnet jetzt, wo ich so ein grossartiges Fahrzeug hatte und die Jungfernfahrt geniessen wollte. Aber das alleine war es nicht. Die nächste Stadt war Hamburg. Ich wollte es doch meinen Hamburger Freunden zeigen, Hamburg erobern. Mein Freund Chris, der Schlagzeuger, hatte mir die Wade fachmännisch bandagiert, und ist als Copilot mit mir mitgefahren. Ich habe durchgehalten. Und in Hamburg mein Seil aufgebaut und die Premiere fast geschafft. Leider musste ich die Nummer abbrechen. Haben sie eine Ahnung, was das für mich hiess. Ich bin fast verzweifelt, warum musste es gerade hier passieren – und dann noch bei der Premiere. Und wie lange würde ich ausfallen?

Jetzt kam mein holländischer Freund Chris in Aktion. Ich muss ihn erst ein bisschen vorstellen. Er ist so alt wie ich, auch Wassermann, einer der nicht schweigen kann, wenn das Recht nicht Recht bekommt. Er war Hauptmann in der holländischen Armee. Er kam in deutsche Gefangenschaft. Weil er sich dem Regime nicht anpassen konnte, landete er sehr schnell im KZ. Sie haben ihn an die Wand genagelt, wie Christus ans Kreuz. Um die Sache noch zu steigern, legten sie ihm einen Apfel auf den Kopf und schossen mit Schrot auf ihn. Noch heute, selbst wenn er am Flughafen nackt durch die Kontrolle ginge, würde es klingeln. Noch ein halbes Dutzend Schrotkugeln sind in seinem Körper. Er hat mir nur stückweise noch von anderen Gräueltaten dieser Unmenschen, die er erleiden musste, erzählt. Ich konnte es kaum glaube, dass Menschen zu so etwas fähig sind. Aber er erzählte auch vom Zusammenhalt der Häftlinge. Und wie sie sich gegenseitig mit Überlebenstricks geholfen haben. Einen dieser Tricks hat er bei meinem Muskelbänderriss angewandt. Er erklärte: *Die gerissenen Muskelfasern haben sich nach oben und unten zusammengerollt. Das sind tote Zellen die müssen weg, damit es Platz für neue gibt, und sie sich schneller entwickeln können. – Das klingt logisch, aber wie willst Du das machen? – Leg Dich nur hin!*

Ich lag da und hielt mich an einer Konsole des Fensterbrettes fest. Und er trommelte mit kurzen harten Massageschlägen die toten Zellen vom Muskelband. Einmal am unteren Ende und dann am Oberen. Das war wie eine Folter. Die Konsole habe ich aus der Wand gerissen. Maria und die Kinder haben immer den Wohnwagen fluchtartig verlassen, wenn Chris der Schlagzeuger zum Trommeln gekommen war. Jeden Abend kam dann der leitende Arzt von der Davidswache zu einem Besuch vorbei, um mir mit seinen Salben zu helfen.

Am siebten Abend war er erstaunt, dass ich nicht im Wagen war. *Höre ich richtig? Das ist doch die Musik von Galetti, der wird doch nicht schon wieder auftreten?* Die vielen kleinen Karateschläge von Chris und die Spezialsalbe von unserem lieben Arzt haben es möglich gemacht, dass ich nach einer Pause von nur acht Tagen ohne Gips, nur mit einer Bandage, wieder auf dem Seil stand und sprang. Das war mein Glück. Denn Eli Benneweis und Klaus Jespersen, die Direktion vom dänischen Circus Benneweis waren auf Artistensuche für 1970. Wauu!

1970 Circus Benneweis

So kamen wir 1970 zum Circus Benneweis. Elli Benneweis und sein Circus haben einen guten, sogar einen sehr guten Namen. Wir freuten uns riesig auf dieses Engagement. Aber erst kam noch Spanien. Wir hatten das grosse Glück, sechs Wochen im Winter in Madrid im Circo Price auftreten zu können. Meine guten Freunde meinten: *Galetti, fahr da nicht hin, da stirbst Du den Artistentod. Spanien ist das Land der Clowns, so wie Italien der Tenöre. Und noch etwas. Immer im grossen Weihnachtsprogramm, wird der Circus-Oskar verliehen. Da sind die grossen Clowns natürlich an einem Vertrag sehr interessiert. – Wunderbar, ich wollte schon immer mit grossen Clowns zusammenarbeiten.* Wir wollten es wissen und haben den Vertrag angenommen.

Winter 1970 Madrid, der Circus-Oskar

Wir haben es nicht bereut. Mit einem riesengrossen Bild von Galetti über dem Circus Eingang, haben sie uns überrascht und willkommen geheissen. Ein grossartiges Orchester und ein Sprecher mit Gefühl und Herz in einem wunderbaren Circus. Die Kollegen zu Hause hatten Recht. In diesem Programm waren nur die besten Komiker engagiert. Das Publikum war einfach einmalig. Sie waren herzlich und haben spontan gezeigt, dass sie Freude an dem Gebotenen hatten. Sie lebten mit, lachten und gaben viel Applaus, dankten für das Gute, was ihnen geboten wurde. Sechs Wochen lang gab das Publikum in jeder Vorstellung Stimmen ab für die Darbietung, die ihnen am besten gefiel.

Dieselbe Aufgabe hatte die Fachjury. Die Stimmen wurden dann zusammengezählt. Wer die höchste Stimmenzahl erreichte, sollte dann den Oskar erhalten. Ich hatte schon ein bisschen Hoffnung, denn das Publikum war bei jeder Vorstellung über uns begeistert. Da war er wieder, mein Baumstutzer, der zuständig war, dass die Bäume nicht in den Himmel wachsen. Der den Galetti ab und zu auch ein bisschen einbremste. Er ist in meinem Leben öfters aufgetreten. Und immer tat es weh. Diesmal wollte er mir sicher nur einen kleinen Dämpfer auf setzen. Ich machte wie jeden Abend den Abrutscher rückwärts von der Leiter. Eine einfache ungefährliche Kaskade. Aber da traf mich ein hartes Ding, das unter dem Manegenteppich lag, genau auf die Wirbelsäule.

Später stellte sich heraus, dass es ein Stück eines verlorenen Hufeisens war. Dabei sollten diese Dinger doch Glück bringen. Aber es war ein kaputtes Hufeisen, so war es auch ein kaputtes Glück. Poing, hat es gemacht und ich war für kurze Zeit nicht mehr in Madrid, nicht einmal mehr in Spanien. Erst als sie mich aus der Manege trugen, war ich wieder da. Sie legten mich auf einen Marmortisch, das weiss ich noch, weil sie mich mit dem Gesicht nach unten darauf legten. Dann kam jemand, der sich als Sportarzt vorstellte. Er legte ein kleines Brett

auf meinen Rücken, stieg auf den Tisch, stellte ein Bein links und das andere rechts von mir, neben das Brett. Er sagte: „Jetzt tief einatmen und die Augen schliessen." Warum die Augen schliessen, ich sah doch nur Marmor. Ich atmete tief ein. Wumm. Da war die Luft auch schon wieder draussen. Kaum dass die Lunge voll war, sprang der Doktor mit beiden Beinen gleichzeitig auf das Brett. Knacks hat es gemacht. Was da knacks gemacht hatte, war nicht das Brett, es war der Wirbel, der wieder an seinem alten Platz sass.

Ich konnte den Marmortisch ohne Hilfe verlassen und wieder gehen. Es tat noch recht weh, aber schlimmer war, dass ich nicht mehr arbeiten konnte. Nach drei Tagen habe ich es im Hotel nicht mehr ausgehalten. Ich musste wieder in die Manege. Wir haben ein Leintuch gekauft, und es in dreissig Zentimeter breite Streifen gerissen, und es zu einem langen Band zusammengenäht. Ich setzte das Band, das nun viele Meter lang geworden war, an mir an, meine Frau hielt das andere Ende. Ich drehte mich um die eigene Achse und wurde wie eine Raupe in einen Kokon eingewickelt. So gepanzert und gesichert stand ich wieder in der Manege, zeigte dem Publikum Komik, Sprünge und Kaskaden, denn ich wollte ja so wenig wie möglich Punkte für den Oskar verlieren. Die Medien zeigten ihre Freude, dass ich wieder im Programm war, mit einem Titelblatt und doppelseitigem Fotobericht.

Geraldine Chaplin, war für Dreharbeiten in Madrid. Die Direktion und die Presse brachte uns für eine grosse Fotoreportage zusammen. Wau ist das eine grossartige Frau. Auch Charly Rivel war von dem grossartigen Programm begeistert. Er war aber nach der Vorstellung gleich wieder verschwunden. Das Schulterklopfen hat er dann einige Jahre später in Paris nachgeholt, als wir zusammen im Cirque d' Hiver im selben Programm engagiert waren.

Abbildung 26
Die Übergabe des Circus-Oskars in Madrid 1970 war für mich ein grossartiger und bewegender Moment. (Foto Villar)

Die Verleihung des Oskars. Erst wurden die kleinen Preise verteilt, für gute und passende Musik, schöne Kostüme, Verkauf und Originalität der Darbietungen. Wer nun das alles in seiner Nummer vereint hatte und mit seiner Persönlichkeit auch noch ein bisschen Herz in seine Arbeit einbrachte, sollte Anwärter auf den Oskar sein. Viele Artisten hatten schon einen Preis erhalten und standen nun glücklich mit ihren Trophäen in der Manege. Ich stand auch da, aber nur mit Rückenschmerzen. Ich konnte schon nicht mehr ruhig stehen vor Ungewissheit und stechendem Schmerz. Dann die Erlösung: Den Oskar 1970 erhält Walter Galetti mit seiner Nummer: „Der Clown und seine Ballerina". Ich war wohl der glücklichste und der meist fotografierte Clown an diesem Abend. Ich sollte eine Dankesrede halten. Ich hatte feuchte Augen, so konnte ich den Spickzettel in spanischer Sprache nicht ablesen, es steckte mir auch etwas im Hals, dadurch ist sie sehr kurz ausgefallen. *Muchas Gracias!* Das war alles, was ich heraus brachte. Ich habe es mit Mimik wieder ausgeglichen, und alle waren zufrieden.

Der Oskar hat uns sehr viel an Interviews und Fotos gebracht. Frau Ursula Wolfahrth, Reporterin der Schweizer Illustrierten, ist uns zur Premiere beim Circus Benneweis nach Dänemark nachgereist. Es ist ein Titelblatt und eine sechsseitige Reportage entstanden. Zu unserem Engagement in Dänemark ist uns der Oskar vorausgeeilt. Dementsprechend sind wir empfangen worden. Im Circus Benneweis wurden wir gleich an die Medien weitergegeben. Es war grossartig. Buster Larsen, der bekannteste und beliebteste Schauspieler von Dänemark, war ein Circusfan und Freund der Direktion. Er hat es sich nicht nehmen lassen, in seiner freien Zeit sich als Circussprecher zu produzieren. Er führte mit einer gekonnt komischen Art durch das Programm. Schon alleine er war es wert, den Circus Benneweis zu erleben. Er liebte die Clowns. Seine grosse Liebe war Clown Galetti.

Wir sind ein grossartiges Gespann geworden. Ein Clown und ein grosser Komödiant. Ich habe viel von ihm gelernt. Es war eine der schönsten Saisonen, die wir in Skandinavien erlebt haben. Eine grossartige Direktion, liebe Kollegen und wunderbare Circusplätze. Manchmal standen wir in einem Park oder dann wieder am Strand. Angeln wurde zum Wettbewerb unter den Artisten. Ich habe sehr schnell gelernt, und es hat viel Spass gemacht.

Janosch, ein Sohn der grossen Clownfamilie Bentos und ich, fischten an einem Wasser, in dem es Hechte geben sollte. Es stimmte, wir hatten schon drei Prachtkerle an Land gezogen. Dann war Pause. Janosch meinte: *Ich versuche es weiter oben.* Ich blieb an der Stelle, das heisst, ich machte einige Schritte nach links. Das hätte ich besser nicht getan. Wumm! Ich war in ein Treibsandloch, das kaum einen Meter Durchmesser hatte eingesunken. Das ging so schnell, als wäre es Wasser und nicht Sand. In ganz kurzer Zeit war ich bis zum Hals im Sand eingesunken. Die Angelrute quer und die Arme darüber legen und Janosch um Hilfe rufen war eins. Er hörte mich rufen. *Moment, Moment ich habe auch einen am Haken!* Jetzt gab es nur noch eins. Ich musste meinen Schutzengel losschicken, dass er Janosch hilft, den Hecht herauszuziehen oder die Leine zu kappen. Gabi hat das Zweite gemacht, denn Janosch kam fluchend angerannt. *Stell dir vo…!* Weiter ist er nicht mehr gekommen. Jetzt hatten er und mein Schutzengel viel zu tun. Zum Glück war der Sog nicht so stark, und er konnte mich herausziehen. Er zog mich nicht nur aus dem Loch, sondern auch aus den Stiefeln. Jetzt habe ich nicht nur einen Koffer in Berlin, jetzt habe ich auch ein paar Stiefel in Dänemark. *Danke Janosch, Du warst grossartig.* Gabi flüsterte ich ins Ohr: *Dir Gabi, danke ich auch. Ich werde es auch nicht weitersagen, dass Du dem Janosch die Fischerleine gekappt hast, damit er für mich Zeit hatte.*

Der Oskar, den wir in Madrid erhalten haben, hat uns viel Freude gebracht. Auch auf der Heimreise brachte er uns in eine fröhliche Stimmung. Wir hatten einen Zwischenhalt in Barcelona mit Übernachtung. Dabei haben wir nicht nur gesungen: Heut ist der schönste Tag in meinem Leben. Ein neues Leben war entstanden. Jetzt, einige Monate später, konnte man es schon sehen. Eine Ballerina mit einem Tutu über ihrem dicken Bauch, war sicher nicht das, was das

Publikum sehen wollte. Unsere Programmierung hat nicht geklappt. Da waren wohl die Freude über den Oskar und der spanische Wein schuld an der Fehlplanung. Was tun? Bei einer Aussprache mit der Direktion, kam es zu folgendem Dialog:

Herr Elly, es gibt da ein Problem mit meiner Frau.

Schicke sie zu mir, ich werde mit ihr reden.

Herr Elly, da hilft reden nichts mehr. Sie ist schwanger.

Das ist ja wunderbar, wann ist es so weit? Ich möchte gerne Pate sein.

Wegen der Arbeit in der Manege brauchst Du Dir keine Sorgen zu machen. Deine Frau geht nicht mehr auf das Seil, sie assistiert Dir in einem Abendkleid, und den Bauch kaschieren wir mit einer grossen Masche.

Zu dieser Einstellung von Dir. Elly Benneweis braucht es wohl keinen Kommentar. Er war ein grosser Mann. Die Saison ist zu Ende. Meine Frau ist mit den Kindern zu meiner Mutter nach Schaffhausen in die Schweiz gefahren. Dort ist Marco nach wenigen Tagen auf die Welt gekommen. Diesmal konnte ich nicht dabei sein. Ich hatte noch Verträge zu erfüllen. So bin ich alleine weiter nach Nordfrankreich gereist. Beim Circus Napoleon in Rouen und danach zum Wintercircus in Lille. Anschliessend eine Grossveranstaltung in Paris. So konnte ich den Nachzügler erst nach zwei Monaten in die Arme nehmen. Circus Napoleon in Rouen war wohl der älteste Circusbau, in dem ich gearbeitet habe. Der Unterbau der Sitze war aus massivem, verzierten Gusseisen. Sitze und die Lehnen waren eine kompakte Sache. Einem Elefanten hat das überhaupt nicht imponiert. Er hatte einen schlechten Tag. Er wollte einfach nicht mehr im Kreis laufen und den Schwanz des Elefanten vor ihm fest halten. Er liess ihn los und marschierte einfach geradeaus. Es gab eine Gasse durch das massive Gusseisen und die Sitze und Lehnen.

Zum Glück hatte das Publikum genügend Zeit, dem Elefanten den Weg frei zu geben. Es ist niemandem etwas passiert. Nur der englische Dresseur musste sein ganzes Französisch zusammenkratzen, um das Tun seines Elefanten zu entschuldigen. Rouen, Lille und Paris waren, obwohl ich solo arbeiten musste, ein grosser Erfolg. Aber es fehlte die Ballerina. Nur mit ihr war die Nummer eine runde Sache und hatte einen Sinn. Jetzt nach der Geburt von Marco war sie wieder da, und wir freuten uns auf die neue Saison in Frankreich beim Circus Jean Richard. Aber davor hatten wir noch ein Engagement in Manchester im Circus Belle Vue. Es war eine interessante Reise von Amsterdam nach Grimsby. Interessant, weil wir unseren Wohnwagen auf ein Frachtschiff verladen konnten.

Ich habe mich auf diesem Schiff so richtig wohl gefühlt. Es gab eine Küche, in der sich die Fernfahrer und wir selbst verpflegen konnten. Es war alles da zum Kochen, zum Braten oder nur so für zwischendurch aus dem riesigen Eisschrank. Aber gegen Abend brauchte ich kein Essen mehr. Es kam ein starker Sturm auf. Der Frachter hat ganz schön geschaukelt. In unserer Kabine standen die Vorhänge waagrecht in den Raum hinaus, bevor sie wieder zurückklatschten und dann wieder waagrecht in der Kabine standen. Den Rest der Fahrt habe ich an der Reling verbracht. Wenn Bürokratie bürokratisch wird, dann gibt es sicher Probleme. Weil wir mit einem Frachter nach England gekommen sind, hätten wir für unsern Zug und Wohnwagen Frachtpapiere gebraucht. Ich habe viele Stunden gebraucht, bis sie eingesehen haben, dass wir keine Fracht geladen haben. Und unser Wohnwagen kein Frachtwagen war. Circus Belle Vue hat uns ganz gross herausgebracht. Auf riesigen Plakaten und dem Programmheft war Galetti mit seiner Ballerina abgebildet. Es gab ein fröhliches Wiedersehen mit den Clowns Bendos und Clown Jacko Fossett. Nach diesem Satz machte ich eine Pause und trank einen „Nice-Tee". Ich schloss die Augen und war mit den Gedanken bei meinem lieben Kollegen Jacko. *He, Walter, wach auf! Stell Dir vor, Jacko Fosset ist gestorben.* Ich brauchte lange, bis ich diesen Zusammenhang verarbeitet hatte.

Es war ein starkes Programm, aber warum wurde es vom Publikum nicht so wie in Madrid aufgenommen, mit Freude und einem kleinen Dankeschön? Es herrschte eine kühle Atmosphäre. Auch der Herr Direktor liebte es eher etwas kühler. Zu meiner bunten Leiter, meinte er: *Heute hat man doch keine Holzleitern mehr, man arbeitet doch mit Chromstahl. – Danke für den Tipp, aber ich liebe es ein bisschen fröhlicher und etwas wärmer.* In der Zeit, in der wir in Manchester waren, haben die Engländer eine neue Währung und neues Geld bekommen. Die Pennys wurden abgeschafft. Ich habe mir von den alten Münzen, die nur noch Materialwert hatten, einen kleinen Sack voll gekauft. Zu Hause habe ich sie auf schwarzen Samt gelegt und mit einer Glasplatte abgedeckt. Den Tisch, der so entstand, nannten wir unseren Piratenschatz.

Viele Jahre später, als uns ein ehemaliger Bühnenarbeiter besuchte, hielt er den Tisch wohl für sehr wertvoll. Er gab seine Beobachtung an zwei Kollegen weiter, die kamen dann auf die Idee, sich in den Besitz des wertvollen „Piratenschatzes" zu bringen. Wir feierten den Geburtstag von Mariza. Es waren schon einige Gäste da. Noch ein Onkel fehlte, von Beruf Metzger. Mein Hund mochte ihn nicht, das lag wohl an seinem Geruch. So liess ich ihn in der Küche zurück. Als es klingelte, machte ich nichts ahnend die Haustüre auf. Da standen zwei maskierte Männer mit einer geladenen doppelläufigen Flinte vor mir. Ich dachte an einen Faschingscherz. Ich drückte den Lauf der Jagdflinte weg und sagte: *Hallo ihr zwei, der Fasching ist vorbei!* Der Flintenträger hat natürlich von mir eine andere Reaktion erwartet. Er war im Moment perplex und wusste nicht, was er tun sollte. Der zweite reagierte anders, er hat mich angesprungen, wir sind rückwärts auf die Treppe hinter mir gefallen. Er würgte mich. Ich konnte seinen Griff lockern, mich wehren und um Hilfe rufen.

Mariza riss die Türe auf und sah die maskierten Männer. Instinktiv handelte sie. Mit Anlauf sprang sie von der vierstufigen Treppe herunter über mich hinweg mit dem Fuss voraus einem der Maskierten voll auf die Brust. Der flog rückwärts durch die Türe und riss dabei seinen Kollegen mit. Bijou mein Hund kam uns auch zu Hilfe. Mit ein paar harten Schlägen trieben wir die Angreifer aus dem Haus. Sie flüchteten in ihr Auto und gaben Vollgas. Das wurde ihnen zum Verhängnis, denn inzwischen hatte Maria die Polizei alarmiert. So fiel einem Polizisten der ganz zufällig in der Nähe Patrouille fuhr und der den Notruf auffing, das viel zu schnell fahrende Fahrzeug auf. Anhand der Autonummer wussten sie schnell, mit wem sie es zu tun hatten. Eine Spezialeinheit verhaftete sie dann in einer Diskothek, in der sie Schutz gesucht hatten.

1971 Circus Jean Richard

Was hatten wir für ein Glück. Vom lieben Circusdirektor Elly Benneweis kamen wir zum nächsten lieben Circusdirektor Jean Richard. Beide waren grossartig, jeder auf seine Art. Elly Benneweis war eben ein Nordländer und Jean Richard ein Südländer. Hätte ich die Möglichkeit, Preise zu vergeben, würde ich beiden die höchste Auszeichnung schenken. Sie waren wie Nono. Jean Richard, er war ernst und doch lustig. Hätte er die Laufbahn eines Clowns eingeschlagen, wäre er sicher der grösste geworden. Aber er war Filmschauspieler und einer der ganz Grossen.

Berühmt ist er als Kommissar Maigret geworden. Wenn er Drehpause zwischen zwei Filmen hatte, kam er zu seinem geliebten Circus, zu seinen Löwen, die er dann mit Bravour selbst vorführte. Auch als Dompteur hat er sich einen grossen Namen gemacht. Als Mensch zählte er zu den ganz Grossen. Es war einfach wunderbar, in seinem Circus zu arbeiten. Der Circus Jean Richard war eine grosse Familie mit einem grossen Zusammenhalt, den ich in keinem Circus so intensiv erlebt habe. Alles war bis ins kleinste organisiert. Für einen reibungslosen Ablauf war alles vorhanden.

Wir gastierten täglich in einer anderen Stadt mit einem Circus, der ein Fassungsvermögen von fünftausend Personen hatte. Er verfügte über eine fahrbare Küche, Werkstätten für Holz, Metall, Stoff und Motoren, einen Ambulanzwagen und einen grossen Kranwagen, für alle Fälle. Es gab ein Vorkommando, das vorausfuhr und die Route mit grossen weissen Pfeilen kennzeichnete. Bei starken Steigungen oder Gefällen gaben sie dem Fahrer Hilfestellungen, indem sie die Gänge, die zu schalten waren, auf die Strasse malten. „S" für Serpentinen, „2" für zweiten Gang und viele andere Tipps. Das war manchmal angebracht, denn ein langer Sattelzug und dahinter noch ein grosser Anhänger, das verlangte einiges Können.

In meiner Strassenkarte stand: *Landschaftlich schöne Gegend – die Garbitschlucht.* Es war eine wilde romantische Schlucht mit vielen

Kurven und Serpentinen bis hinunter zum See, im Hintergrund der Schlucht der weltbekannte Eiffelviadukt. Ein Kunstwerk des Ingenieurs Eiffel, der auch den Eiffelturm erbaut hat. War er eine Idee zu schnell, oder hatte er zu spät geschaltet, das konnte man nicht mehr feststellen. Schon in der zweiten Linkskurve ist der Zugwagen zu weit über den Fahrbahnrand gekommen. Er ist umgekippt. Die zwei Hänger haben sich abgerissen. Die Zugmaschine ist mit vielen Überschlägen in die Schlucht gestürzt. Die beiden Anhänger sind auf der Seitenlage in die Schlucht gerutscht. Dabei haben sie viele Bäume umgeknickt und sind erst kurz vor dem See zum Stillstand gekommen.

Der Chauffeur konnte aus dem Wagen springen, er hatte nur ein paar Schürfungen. Sein Hund aber hat sein Leben verloren. Der zweite Anhänger war der Raubtierwagen für Löwen und Tiger. Es war wie ein Wunder. Die Wagen sind nicht auseinander gebrochen und konnten mit zwei Kränen und Seilwinden aus der Tiefe hochgezogen werden. Alle Tiere waren unverletzt. Der erste Hänger war ein Schlafwagen für die Stallleute, die grosses Glück hatten, weil sie mit einem andern Fahrzeug schon zum Circus vorausgefahren waren. Das Stallzelt und anderes Material für die Unterbringung der Tiere konnte aus dem Zugwagen ausgeladen und hochgezogen werden. Der Zugwagen selbst wird wohl in der Zwischenzeit von Brombeersträuchern überwuchert sein.

Nur eine Woche später wurde der Kran noch einmal gebraucht. Bubu, der kleinste unter den Fahrern, fuhr den grossen Elefantenwagen, einen riesigen Sattelschlepper mit Anhänger. Bubu stammte aus einem kleinen Bergdörfchen hier unten in Südfrankreich. Er machte einen kleinen Umweg und fuhr hoch in sein Heimatdorf. Er wollte seinen Bewohnern zeigen, was er für ein riesiges Monstrum fahre, das sogar noch mit Elefanten beladen war. Nach der feuchtfröhlichen Begrüssung wollte er wieder zurückfahren. Aber das ging nicht. Erst jetzt bemerkte er, dass er den riesigen Lastzug auf dem kleinen Dorfplatz nicht mehr wenden konnte. Auch das Abhängen des Anhängers half nichts. Im Circus machte man sich langsam Sorgen.

Man machte sich auf die Suche nach Bubu und seinem Transporter. Als es nach Stunden immer noch keine Spur von ihm gab, wurde die Polizei eingeschaltet. Sie glaubten zuerst an einen Scherz, als sie hörten, dass ein ganzer Elefantentransporter spurlos verschwunden sein soll. Erst mit einem Hubschrauber wurde das Gefährt dann endlich in den Bergen entdeckt. Der Elefantendompteur musste mit dem grossen Kranwagen in das Bergdorf hochfahren. Die Elefanten mussten ausgeladen werden.

Das war ein Bild, fünf ausgewachsene Elefanten stillten an dem kleinen Dorfbrunnen ihren Durst. Der Kran hob die Fahrzeuge hoch und drehte sie in Richtung Dorfausfahrt. Die Elefanten konnten wieder eingeladen werden, und Bubu wurde unter grossem Hallo der Dorfbevölkerung verabschiedet. Und so schafften sie es, wenn auch mit Verspätung, doch noch zur Vorstellung. Für die Arbeiter des Circus gab es eine erstklassige Kantine. Zu dem guten Essen gab es Wein und Baguettes. Das Bild der hochgestapelten Brotpyramide und den Weinflaschen daneben habe ich nie vergessen. Ich liebte diese Atmosphäre. Ich liebte Frankreich und seine Menschen. Ich war glücklich.
Sind Sie der Clown Galetti?
Ja!
Mein Name ist Kindler. Ich habe Sie arbeiten gesehen. Sie sind ein guter Clown. Sie sind ein Diamant unter den Clowns, aber er muss noch geschliffen werden. Wenn Sie möchten und es mit mir durchhalten, dann würde ich das für Sie tun.
Sie möchten mich schleifen und aus mir einen Star machen?
Ja!
Gut, einverstanden.
Nach dem Ja begann das Schleifen. Er war ein 85 jähriges altes, schon ein bisschen buckliges Männchen. Seinen Mund konnte er nicht mehr ganz schliessen, und so war immer Wasser auf seiner Krawatte, die eine Wette machten, wer zuerst auf seinem Hemd waren. Aber was das unscheinbare und quirlige Männchen drauf hatte, das war einfach unglaublich. Es hatte Verbindungen und Beziehungen nicht

nur im Showgeschäft, nein, bis hoch hinauf in die Regierung. Nur ein kleines Beispiel: Meine Frau hatte bei der Premiere im Olympia einen Nervenzusammenbruch. Ein Anruf von Monsieur Kindler und der Leibarzt des Präsidenten Pompidou veranlasste die Überweisung in seine Klinik. Zu dieser Olympia-Premiere später ein bisschen mehr.

Ich hatte für 1972 bereits mit dem Circus Berny in Norwegen abgeschlossen, bevor ich Monsieur Kindler kennen lernte. Frau Bronett, Direktorin vom Circus Scott in Schweden, wollte uns aber auch gerne in ihrem Programm haben. Monsieur Kindler hätte ein Engagement beim Circus Scott auch besser in seine Pläne gepasst. So lud er die beiden Direktionen vom Circus Scott und Circus Berny nach Paris ins Hotel Savoy ein. Nach einem guten Essen hatte Monsieur Kindler einen Vertrag für mich zum Circus Scott mit besseren Konditionen.

Das war das alte, kleine Männchen, Monsieur Kindler. Manchmal war es fast schon zu viel, was er von mir verlangte. Wir reisten in Südfrankreich. Da erhielt ich ein Telegramm von ihm: HABE EINE EUROVISIONSENDUNG FÜR DAS WEINACHTSPROGRAMM VOM CIRCUS BILLY SMARTS IN LONDON ABGESCHLOSSEN: MIT DER DIREKTION JEAN RICHARD IST ALLES GEREGELT: DREI TAGE FREI. STELLE DEINEN WOHNWAGEN AM FLUGHAFEN TOULOUSE AB: DATUM, ERLAUBNIS, TICKETS FOLGEN. NIMM DEN FLUG UM 14 UHR NACH PARIS. DANN UMSTEIGEN 17 UHR NACH LONDON. IHR WERDET IN LONDON ABGEHOLT. VERTRAG KOMMT MORGEN. TOI TOI TOI. KINDLER.

Das ist ja wunderbar, aber was machen wir in der Zeit mit unseren beiden kleinen Kindern? Opi, meinte: *Fahrt nur, ich schaffe das schon.* Diesen Satz und die Tage alleine mit den Kindern am Flughafen Toulouse hat er wohl nie vergessen. Das gab Gesprächstoff genug für den Stammtisch, als er wieder Zuhause war. Wir bekamen am Flughafen einen Platz um unseren Wohnwagen abzustellen. Beim Einchecken sorgten wir schon für Trubel und Heiterkeit mit unseren Requisiten. Böcke, Leiter, Balancierstangen und riesige Clownkoffer am Passagierschalter. Herr Kindler hat es irgendwie organisiert, dass unsere Requisiten mit dem gleichen Flugzeug, mit dem wir flogen, mitgenommen wurden. Aber das Kurzstreckenflugzeug konnte er auch nicht grösser machen.

Der Pilot hat uns persönlich geholfen, die Balancierstange durch eine spezielle Öffnung ins Flugzeuginnere zu schieben. Auf dem Flughafen Orly in Paris, war das Umladen vom kleinen in das grosse Flugzeug kein Problem mehr. In London das Ausladen auch keines. Nur ein paar dumme Gesichter, als die Leiter und die über fünf Meter lange Balancierstange durch den Gummivorhang auf das Förderband zwischen die eleganten Reisekoffer klatschte. Wer nimmt wohl diese rot blau gestrichenen Sachen vom Band? Ich – ein Clown in Zivil. Der Fahrer vom Circus musste also nicht lange nach Galetti fragen. *Mein Wagen steht am Eingang, bitte kommen Sie!* Jetzt geht das schon wieder los. Die haben doch gewusst, was sie abholen mussten.

Also wieder die Stangen durch eine Spezialöffnung ins Innere, Leiter und Balancierstange auf das Dach binden, das kann ja heiter werden. Ausser, dass es mit dem Hotelzimmer nicht ganz so geklappt hat, ist dann doch noch alles recht gut ausgegangen. Sie hatten sogar eine tolle Idee für die Aufzeichnung: Sie hatten eine riesige Burg aufgebaut, die von einem reichen Lord bewohnt wurde, der Geburtstag hatte. Zur Feier wurde eine Schar Artisten eingeladen, die dem Jubilar eine grosse Show bieten sollten. Der Butler führte die eingeladenen Artisten durch das grosse Tor in den Innenhof einer Burg. In der nun die Artisten dem Lord und seinem Gefolge ihre Darbietungen vorführten. Die Idee und die Aufzeichnung war eine grossartige Sache.

Wumm! Die Piloten streikten. Was jetzt? Nichts ging mehr in den nächsten Tagen. Es bestand nur die Möglichkeit mit der Bahn und dem Schiff weiterzureisen. Das war aber schneller gesagt als getan. Das Problem war unser schweres und grosses Gepäck. Ein überfüllter Hauptbahnhof. Erst nach Stunden haben wir das Flugticket für eine Bahn- und Schiffsfahrt umgeschrieben bekommen. Der Extrazug nach Dover hatte keinen Gepäckwagen. Wir bekamen die Erlaubnis, unsere Requisiten in den hintersten Wagen zu packen. Jetzt war wieder die Spezialklappe, um unsere Stange in den Wagen zu bringen, gefragt. Denn die hintere Verbindungstüre war geschlossen, und es gab keinen Schlüssel. Irgendwie durch ein aufklappbares Fenster hat es dann doch noch geklappt. Das Ausladen aus dem Zug und Einladen auf das Schiff in Dover war ein Abenteuer.

Um jedes fahrbare Wägelchen oder jeden Roller wurde gestritten. Es war ein Passagierschiff. Also wohin mit unserem sperrigen Gepäck. Langsam war ich auf die Piloten sauer und jetzt kamen auch noch die Matrosen dazu, die meinten, dass ich meine Koffer und Requisiten woanders hintun sollte, aber keiner konnte mir sagen wohin. Alles war überfüllt. Wir hatten zwischen den Koffern für uns einen Sitz und ein Schlaflager eingerichtet, von da liessen wir uns bis Calais nicht vertreiben. Da erwartete uns wieder ein Extrazug Calais-Paris ohne Gepäckwagen. Zum Glück war am letzten Wagen die Verbindungstür offen, so fand mein Gepäck im Gang des Zuges Platz.

Fast die Hälfte der Artisten, die bei der Billy-Smart-Weihnachtsshow engagiert waren, fuhren mit diesem Zug nach Paris. Für einige Stunden hatten alle das Problem, das durch den Streik entstanden war, vergessen. Wir hatten eine herrliche Stimmung. Aber in Paris war es vorbei mit der guten Stimmung. Es ging weiter, wie es in London begonnen hatte. Dass wir nicht auf demselben Bahnhof angekommen waren, auf dem wir weiter reisen sollten, das musste wohl so sein, und ein Weiterreisen von diesem Bahnhof aus gab es auch nicht. Die Extrazüge in den Süden fuhren auf der andern Seite von Paris weg, aber erst am nächsten Morgen. Gepäck einstellen und übernachten, morgen dann weiter zum Bahnhof, von wo aus die Extrazüge fuhren. Aber womit? Es gab kein Lasttaxi. Es gab auch kein Taxi, das einen Gepäckträger gehabt hätte.

Ein alter Taxifahrer mit seinem gleichaltrigen Wagen, der noch ein flaches Dach hatte, wie in den guten alten Zeiten, der hatte ein Herz für uns aber keine Schnur, um die Leiter und die Stangen auf das Dach zu binden. Ein Handel mit einem Zeitungsverkäufer, der für ein paar Francs die Schnur um sein Zeitungspaket löste, brachte uns in den Besitz des nötigen Befestigungsmaterials. So sind wir dann doch noch nach Gare du Nord gekommen.

Paris – Toulouse. Nein, Paris – Narbonne. Monsieur Kindler hat uns im Hotel aufgesucht und neue Befehle für seinen ungeschliffenen Diamanten überbracht. *Da Ihr einen Tag verloren habt, müsst Ihr nach Narbonne fahren, denn der Circus gastiert heute dort. Ich habe der Direktion versprochen, dass Ihr bis zur Abendvorstellung da seid. Dann übernachtet Ihr im Hotel und am folgenden Tag werdet Ihr nach Toulouse gebracht, um Eueren Wohnwagen abzuholen. Dass Euere Requisiten und das Gepäck in die nächste Stadt mitgenommen werden habe ich veranlasst.* Aber noch waren wir in Paris und wurden wirklich nicht mit Glück überschüttet. Kein Schnellzug in den Süden, ein aus alten Waggons zusammengestellter Zug ohne Abteile, nur mit alten Holzbänken, keinen Speisewagen, nichts, und das als Ersatz für ein Flugticket. Er fuhr nicht fahrplanmässig, daher wusste niemand, wie lange er auf einem Bahnhof stand.

Bei so viel Pech wollte ich es nicht riskieren, den Zug zu verlassen, um etwas Essbares zu kaufen. Als man noch fliegen konnte, haben wir am Flughafen einen Whisky gekauft. Jetzt war er als Trostgetränk auch ohne Soda am Platz. Wau! Ein Whisky! Aber es hatte nicht sein sollen. Nach zwölf Jahren liegen, hat er das viele Ein-, Aus- und Umladen nicht ausgehalten. Die Flasche war in Brüche gegangen. Der Whisky und sein Geist sind also irgendwo auf unserer Reise tropfenweise zurückgeblieben, und wir sassen trocken in einem Bummelzug von Paris nach Toulouse, nein nach Narbonne, ist ja auch egal. Nur nicht noch einmal umsteigen.

Endlich zurück im Circus. Alle waren froh, dass wir wieder zurück und im Programm waren. Noch einmal im Hotel schlafen und morgen unseren Wohnwagen mit den Kindern und Opi in Toulouse abholen. Wir haben unsere Pechsträhne würdig abgeschlossen. Es gab nur noch ein Einbettzimmer, und das im Dachgeschoss neben dem Maschinenraum eines alten Lifts. Nur ein Bett, und das rüttelte genau so wie der Bummelzug von Paris nach Narbonne. Auch der Krach war nicht weniger. Wir haben auf das Frühstück verzichtet und waren Stunden zu früh bei dem Kollegen, der uns nach Toulouse brachte. Der Empfang war gemischt. Die Kinder freuten sich riesig, dass wir wieder da waren. Opi schimpfte, weil es am Flughafen kein Brot und kein Bier zu kaufen gab. Dafür prahlten die Kinder, wie sie die ganze Sache ohne Strom und mit Opis Kochkünsten mit viel Spass gemeistert hätten. Sie haben sich nicht nur über Opis Küche gefreut, auch über die schulfreien Tage. Zu schnell war die Saison im Circus Jean Richard vorbei.

Vorerst aber blieben wir noch in Frankreich. Wir fuhren nach Paris. Wo wir noch für zwei grosse Fernsehaufnahmen verpflichtet waren. Die erste mit Mel Ferer war recht schwierig. Es wurde in dieser Show viel gesprochen und gesungen. Leider nur mit Playback. Deshalb gab es keine Live-Musik, um meine Nummer musikalisch zu begleiten. Monsieur Kindler hat es dann fertig gebracht, dass die Regie einverstanden war, dass Musikstücke von einer Platte eingespielt wurden. Er kaufte einen Plattenspieler, und im Wohnwagen haben wir dann die passenden Stücke ausgesucht, zusammengestellt und so gut es ging ein Timing hergestellt. Im Studio haben sie alles auf ein Band aufgenommen.

Jetzt gab es nur noch die Hoffnung, dass der Techniker im richtigen Moment das Band startete und auch wieder stoppte. Ich musste dadurch zwar ein bisschen improvisieren, aber es hat dann auch recht gut geklappt. Die zweite Fernsehshow, sie war einfach grossartig. Gilbert Becaud, ich verehrte ihn immer schon, aber jetzt kam noch Hochachtung dazu. Die Proben und die Aufzeichnung für seine Fernsehshow waren für mich ein Erlebnis. Das war professionell – das war gekonnt. Es war aber auch recht streng für mich. Komik ohne Publikum und die ganze Nummer mit all der Akrobatik und all den Sprüngen, vier bis fünf mal für die Aufnahmen zu wiederholen.

Olympia Paris, Winter 1972

Clown Galetti im Olympia. Ich glaube, ich habe auf meiner Karriereleiter gleich zwei Sprossen auf einmal genommen. Monsieur Bruno Coquatrix, der grosse Chef vom Olympia, er mochte mich. Ich hatte seine volle Unterstützung. Das brauchte ich auch. Sogar zwei Mal. Auf der rechten Bühnenseite war eine glatte Wand. Es gab keine Möglichkeit, das Seil zu befestigen. Er erlaubte mir, durch die Bühnenwand ein Loch zu bohren. Nun konnte ich ein Drahtseil durchziehen und auf der anderen Wandseite an einem Querbalken befestigen. Ich fand es grossartig, dass Monsieur Coquatrix mir das auf einer solchen Weltbühne erlaubte.

Oft hab ich, auf kleineren unbedeutenderen Bühnen streiten müssen, um nur einen fixen Haken benützen zu dürfen. Ich glaube, ich war der erste Clown auf dieser Bühne. Auf der sonst die ganz grossen Stars auftraten. Im jetzigen Programm bekam ein junger talentierter Sänger, Julien Clerc, seine Chance. Es spielte das grosse Orchester von Michele Legrand, das auch mich begleitete. Und nächsten Monat würde Catarina Valente mit ihrem Bruder Francesco das Publikum erfreuen.

Aber auch ich freute mich, mit den grossen Künstlern auf der dieser Bühne zu stehen. Meine Frau, meine Ballerina, sah das anders. Sie hatte grosse Angst vor dieser grossen Bühne und dem Pariser Publikum. Es war zu viel für sie. Sie erlitt einen Nervenzusammenbruch. Wumm! Eine Sprosse zurück. Jetzt war Monsieur Kindler gefragt. Ich habe ja schon davon erzählt. Er hat es möglich gemacht, dass der Arzt von Präsident Pompidou meine Frau behandelte und in seiner Klinik aufnahm. Dank an beide, sie haben Maria das Leben gerettet.

Jetzt war wieder einmal Improvisieren angesagt. Ein Bühnenarbeiter, der schon bei den Proben bei meiner Nummer assistiert hatte und viel Gefühl für Komik zeigte, wurde zum Gegenspieler in meiner Nummer. Er forderte mich auf, es einmal als Seiltänzer zu versuchen und das Seil zu besteigen.

Er brachte mir die Leiter und die Stange. Er hat diese einfachen Sachen so lieb und komisch gemacht, dass ich trotz dem Ausfall meiner Ballerina, grossen Erfolg hatte.

Schweden-Tournee 1972

Schweden-Tournee ohne meine Frau und Ballerina. Dank Monsieur Kindler hatte ich keine Probleme, dass ich die Nummer solo arbeitete. Ich hatte das grosse Glück, dass Nelly Jean in diesem Programm engagiert war. Sie ist wohl die Beste, die eleganteste und charmanteste Circussprecherin, die es jemals gegeben hat und geben wird. Wir arbeiteten schon im Circus Benneweis zusammen. Hier bei Scott übernahm sie die Rolle des Sprechstallmeisters durch meine ganze Nummer hindurch. Sie bittet, sie tadelt, lobt und war der rote Faden in der Nummer. Mit ihrem Können und ihrer Ausstrahlung und meiner Komik haben wir das Publikum und die Presse von Schweden erobert. Es war ein aussergewöhnlich starkes Programm.

Abbildung 27
Dänemark 1975. Lemoine, Frank, Rudolf Belli und ich, alle hoffnungslos vom Anglervirus befallen. (Privatfoto)

Abbildung 28
Auch das gehört zum Circusleben: Ankerschlagen für mein Seil. (Privatfoto)

Abbildung 29
Unser trautes Heim auf Rädern. (Privatfoto)

Abbildung 30
Karhu überwacht Marizas Hausaufgaben. (Privatfoto)

Abbildung 31
Fette Beute, ein Karpfen. (Privatfoto)

Abbildung 32
Welch ein Hecht! (Privatfoto)

Toni Steeles am fliegenden Trapez, der das Double für den Schauspieler Hansjürgen Bäumler in der Serie „Salto Mortale" gemacht hatte und sein Todessprung von der Kommandobrücke eines Ozeanriesen ins Meer im James-Bond-Film „Diamantenfieber". Und Toni Hochegger. Wir beide haben 1951 am selben Tag beim Circus Knie unsere Karriere gestartet, beide mit grossen Träumen. Toni ist Tierlehrer und Dompteur geworden und alles mit grossem Erfolg. Einen Namen hat er sich mit seinem Bettpferd gemacht. Seine Frau, Bärbel Mascott, die einst mit ihrer Schwester eine einmalige, weltbekannte Kopf-auf-Kopf-Nummer zeigte, war nun mit ihren Windhunden hier. Lilli, sie war klein, aber eine ganz grosse Artistin auf dem Rad, die Japanerin Yockoy, um nur einige aus dem Programm zu nennen.

Aber die grösste Sensation waren meine Töchter, nicht in der Manege, sondern in meinem Strohwitwer Dasein. Carmen zwölf und Mariza sechs Jahre alt. Ich konnte mich ganz auf sie verlassen. Ihnen möchte ich einen Kranz winden. Denn es war für mich nicht so leicht, die Arbeit in der Manege und den Haushalt zu bewältigen. Aber mit der grossen Hilfe meiner Töchter ging das prima. Wir machten alles zusammen: Kochen, Einkaufen, Putzen, Waschen. Und ich hätte doch so gerne ein bisschen mehr Freizeit gehabt. Fischen, das ist schon eine Passion geworden. In dieser Hinsicht war Schweden das Land meiner Träume, Natur pur. Auf der Reise von Stadt zu Stadt, ein Bach, ein Fluss, ein See hiess anhalten – angeln. Ich habe es zum Meister gebracht. Mit einem kapitalen Hecht in den Händen kam ich auf die Titelseite einer grossen Zeitung. Ich habe auch in der Nacht gefischt. Die Mitternachtssonne gab genug Licht um die Würmer an die Angel zu bringen. Nur bis man welche hatte, um sie an den Angelhaken zu hängen, das war ein Problem.

Aber immer noch das kleinere als das, welches man mit den Moskitos hatte. Die Moskitos hatten es nicht auf die Würmer abgesehen, sondern auf meine Finger. Sekundenschnell waren die Hand und die Finger schwarz von diesen Plagegeistern. Allein die Vorstellung, im Freien austreten zu müssen, war schon eine Katastrophe. Nummer zwei war die Beschaffung der Würmer, denn in dem sandigen Boden waren diese Köder sehr selten. Da hatte ich eine Idee. Ich veranstaltete bei den Kindern vom Circus einen Wettbewerb. Wer den grössten Wurm ablieferte, hatte gewonnen. Es gab drei Kategorien: kurz, halblang und lang. So wurden auch die Preise eingeteilt.

Die Kinder haben herausgefunden, dass bei den Abflussschläuchen unter den Wohnwagen, aus denen Seifenwasser ausfloss, die Würmer an die Oberfläche kamen. Würmer hatte ich nun, aber auch eine Rechnung für die Reinigung der Kinderkleidung. Habe dann auf Fliegenfischen umgestellt. Ich war aber nicht der einzige, der vom Anglervirus befallen war. Wir waren zu viert. Uns hat es am stärksten erwischt. An einem spielfreien Tag haben wir zusammen einen Hubschrauber gechartert und liessen uns nach Lappland fliegen, um Forellen zu fischen. An einem der vielen Seen gab es ein Häuschen für die Fischer mit Koch- und Schlafgelegenheit. Meine Kollegen haben Tee gekocht, damit haben sie ihren Rum ein bisschen verdünnt. Sie nannten ihn wie Clown Jacko „Nice-Tea". Mit der Mischung waren sie zufrieden, dabei sind sie dann auch geblieben.

Der Erfolg war grossartig. Sie lagen bis am Abend auf den Pritschen. Kurz bevor uns der Hubschrauber abholte, haben sie noch versucht, wenigstens ein bisschen Beute zu machen. Man musste ja im Circus etwas zum Vorweisen haben.

Ein Team des Deutschen Fernsehsenders ZDF ist nach Stockholm gekommen und hat das Programm des Circus Scott aufgezeichnet: DAS WELTBERÜHMTE UNTERNEHMEN CIRCUS SCOTT ZEIGT DIE BESTEN NUMMERN AUS SEINEM 72ER-PROGRAMM. DURCH DIE SENDUNG FÜHRT DIE BEKANNTE SÄNGERIN BIBI JOHNS. Zur Verstärkung wurden die komischen Akrobaten Rolly und Arry engagiert. Es war ein fröhliches Wiedersehen. Wir kannten uns schon seit meiner Lehrzeit bei Knie. Sie gehörten zu den wenigen, die damals vor zwanzig Jahren an mich geglaubt hatten und mich auch mit Ideen und Hilfestellungen unterstützt hatten. Diese Fernsehsendung hatte ein grosses Echo. Daraufhin hatten sich das ZDF und der Saarländische Rundfunk entschlossen, im Königlichen Circus von Stockholm eine grosse Fernsehshow zu gestalten und aufzunehmen. Unter dem Motto: CLOWNS - CLOWNS! Clowns, Komödianten, Komiker und lustige Bands waren verantwortlich, dass neunzig Minuten von Herzen gelacht werden konnte.

So etwas gibt es heute nicht mehr. Die Menschen sind heute arm, wenn man denkt, was sie früher von den Künstlern geboten bekamen. Heute wird beim Fernsehen vom grünen Tisch aus nur noch Holzhammer-Komik gemacht. Verflacht und hohl ist alles geworden, leider sind das auch viele so genannte Künstler. In dieser Show wäre jeder Clown und Komödiant schon alleine den Eintritt in den Königlichen Circus wert gewesen. Die Chykis, Pius Nock mit Mario und der grosse Komödiant Georg Karl. Schade, dass der Sommer in Schweden so kurz ist und dadurch auch die Saison. Die herrliche Landschaft, die Seen, der grosse Unterschied von Süd- und Nordschweden.

Ein Wermutstropfen waren die vielen Moskitos. Hier oben am Polarkreis war es schlimm. Bei uns zu Hause gibt es nach dem Stich eine kleine Geschwulst, die das Blut stillt. Hier juckt es, und das Blut fliesst trotzdem aus dem Stich. Abends, wenn die Leute in den Circus gehen, brechen sie am Wegrand einen Zweig mit Blättern ab. Damit wedeln sie die Plaggeister vom Gesicht weg. Wenn sie dann im Circus sitzen, rauscht es wie im Wald. Und es sieht aus, als ob ein Wind über einen Jungwald bläst. Man kann keine Gesichter sehen. Applaus gibt es auch kaum, sie haben ja die Hände nicht frei. Ich habe einmal eine Person darauf angesprochen, nicht wegen dem Applaus, sondern wegen der Moskitos. Die Antwort war: *Damit kann man leben, das gehört einfach zu unserem Land.* Mit dieser positiven Antwort verlasse ich nun ungern Schweden.

Aber es muss sein, denn Herr Kindler hat uns sozusagen auf dem Heimweg noch schnell ein Engagement ins Hansa Theater in Hamburg verschafft. Vier Wochen Hamburg, von der grossen Manege auf eine verhältnismässig kleine Bühne und immer noch solo. Hier gab es keinen aufgestellten Bühnenarbeiter wie im Olympia in Paris, oder wie beim Circus Scott Nelly Jean. Petroff, ein ehemaliger Reckakrobat, den ich noch von Sarrasani kannte, war jetzt hier für die Kulissen zuständig. Er sah für sein Alter immer noch gut aus, aber ein Ersatz für meine Ballerina, war er doch nicht.

Es war unglaublich schwer, hier zu arbeiten, die Bühne war für meine Nummer zu klein. Mit meiner Balancierstange habe ich gleich zweimal die Kulisse an der Rückwand aufgeschlitzt und dabei die Balance verloren. Hätte meine Ballerina mitgearbeitet, hätte sie mehr die Rolle eines Stierkämpfers gehabt als die einer Ballerina. Sie hätte mehr der Balancierstange ausweichen müssen, als dass sie mit mir hätte zusammenarbeiten können. Zum Glück gab es in der Decke eine Lücke für die Trampolinspringer. Bei meinen Sprüngen musste ich sehen, dass ich diese Öffnung erwischte, das war sehr schwer, denn ich war ja an das Seil gebunden. Ich konnte nicht wie die Bodenakrobaten unter der Öffnung arbeiten. Wenn ich nach oben schaute, sah ich unten das Seil nicht, und wenn ich den Blick auf das Seil richtete, sah ich das Loch nicht. Wenn ich es doch erwischte und aus dem Loch herunter kam, konnte ich nur noch beten, dass auch das Seil da war, wo gerade die Füsse hinkamen.

Monsieur Kindler ist nach Hamburg gekommen. Er hatte einen Vertrag nach Teheran ausgehandelt und zwar in das grosse Shokufeh Theater. Kindler brachte einen Perser mit, der sehen wollte, ob meine Nummer, auch ohne Ballerina gut genug für den Iran sei. Und das ausgerechnet hier, auf der engen, kleinen Bühne! Warum nicht in Kopenhagen oder in Stockholm? Es kam wie es kommen musste. Der Vertrag wurde annulliert. Selbst Monsieur Kindler, mit all seinen Verbindungen konnte auch nichts mehr ausrichten. Das sind dann die Momente, wo man sich fragt.

Warum musste das so sein? Manchmal geht es lange, bis man die Antwort bekommt. In diesem Falle hatte ich sie recht schnell. Ich habe von Kollegen erfahren, dass in diesem Theater die Verträge nicht immer voll eingehalten wurden. Und dass der Schutz nur für das Theater da ist, aber nicht für den Artisten. Was tut man in so einem Land, wo das Recht nur auf der einen Seite ist? Ich hatte die Antwort: nicht hinfahren.

Galetti, das mit Teheran habe ich schon abgehakt. Ich habe für uns einen besseren, einen grossartigeren Vertrag. Eine sechsmonatige Tournee. Premiere ist in einem Jahr in Johannesburg. Die Tournee, führt durch Afrika, Europa und Amerika.

Das ist ja grossartig! Aber mit wem, und was ist das für eine Show?

Das steht noch nicht ganz fest, aber so in etwa: LACHEN MIT JERRY LEWIS. Er will eine Show nur mit Clowns, Komikern und Komödianten zusammenstellen. Dieser Vertrag ist unser Höhepunkt, auch in Sachen Dollar.

Ja wunderbar, aber ich habe ja im Moment keine Ballerina.

Das Problem wurde schon gelöst. Man stellt Dir in der Auftrittstadt jeweils eine bekannte Schauspielerin zur Seite. Aus reklametechnischen Gründen werden sie sich in Dich verlieben. Daher musst du ledig sein. Maria kannst Du nicht mitnehmen.

Lieber Monsieur Kindler, nicht aus reklametechnischen, sondern aus moralischen Gründen verzichte ich auf dieses Angebot. Und dass Ihr Diamant nun nicht mehr so wertvoll ist, weil er einen Schleiffehler hat, das ist mir schon klar.

Paris, Amsterdam, Lissabon, Helsinki 1973

Trotz der Jerry-Lewis- und der Persien-Geschichte hatte Monsieur Kindler seinen Diamanten behalten und weiter geschliffen. Ich hab sogar befürchtet, wenn es so weiterginge, der Diamant nicht nur geschliffen, sondern bald schon abgeschliffen und seinen Glanz verlieren würde. Monsieur Kindler hat in einem Theater in Paris eine Tänzerin ausfindig gemacht, die Seillaufen konnte und auch bereit war, in meiner Nummer die Rolle der Ballerina zu übernehmen. Urlaub gestrichen, auf nach Paris, Tänzerin testen. Monsieur Kindler hat für drei Tage einen Saal gemietet in dem es möglich war, das Seil aufzubauen. Für zwei Tage konnten wir die Miete sparen, denn sie ist schon nach der ersten Probe nicht mehr erschienen. Jaja, Seiltanzen auf einem Sprungseil, das ist nicht zu vergleichen mit einem normalen Seil. Weil das Seil elastisch ist, bewegt und federt es in alle Richtungen. Der Oberkörper muss ganz ruhig bleiben, die Balance darf man nur mit den Füssen und Beinen ausgleichen, nicht wie bei den anderen Seilen mit dem ganzen Körper. Als Hilfestellung kann man einen Fächer oder eine Balancierstange nehmen. Ich habe viele Wetten abgeschlossen, dass niemand beim ersten Mal über das Seil kommt. Sogar namhafte Seiltänzer haben es nicht geschafft. Auch der Kursaaldirektor in Thun hat eine grosse Hochachtung vor unserer Arbeit auf dem elastischen Seil bekommen und drei Tagesgagen verloren. Also gut, keine fremde Ballerina. Aber ich konnte Monsieur Kindler beruhigen und überzeugen, dass meine Tochter Carmen in einem Jahr so weit sei, dass sie Maria ersetzen kann und meine Ballerina wird. Partnerinnen suchen und testen, das brauchte es dann nicht mehr. Aber so ganz umsonst bin ich doch nicht nach Paris gefahren. Fünf Grossveranstaltungen mitten in Paris hatte Monsieur Kindler abgeschlossen.

Nach diesem Paris-Aufenthalt war eine grosse Fernsehsendung in Amsterdam eingeplant. Das war die Sendung, von der ich heute noch träume. Wenn ich da sitze, die Augen schliesse, sehe ich jedes Detail der grossartigen Sendung. Es war ein Amphitheater in dem die Aufzeichnung stattfand. Ich arbeitete wie im Circus. Ich fühlte mich zu Hause, ich konnte mich so richtig entfalten. Das grosse Amsterdamer Symphonieorchester hat mich mit 57 Musikern begleitet. Die Sendung wurde zu Ehren des besten holländischen Violinisten Greber aufgezeichnet. Die Atmosphäre, die bei dieser Aufzeichnung herrschte, war einmalig. Die Musiker, Künstler, und das Fernsehteam haben sich gegenseitig an Können und Herzlichkeit übertroffen. Wie der Maestro und seine Musiker auf meine Arbeit eingegangen sind, um das Beste herauszuholen, das war einmalig. Ich bin glücklich und dankbar, dass ich das erleben durfte. Leider hatte Herr Greber kurz nach dieser Sendung einen tödlichen Unfall.

Mein Vater ist mit nicht einmal 66 Jahren gestorben. Lange Zeit hatte ich sein Bild vor mir, wenn ich bei meiner Nummer nach der Melodie „Oh mein Papa" arbeitete. Ich hätte ihn gerne noch ein bisschen um mich gehabt. Meine Mutter auch, jetzt wo sie in der Pension war, und sie mehr Zeit füreinander gehabt hätten. Maria hatte sich soweit erholt, dass sie versuchen wollte, wieder mit mir zusammenzuarbeiten. Das Variete Peacock im Vergnügungspark Linnanmäki in Helsinki war unser nächstes Engagement. Ein wunderbares Variete und eine liebe Frau Direktor, Anita Ahtiainen. Vor der Premiere liess sie die Artisten zusammenkommen. Sie warnte uns: *Ich weiss, dass ich nur gute Artisten in meinem Programm habe. Wenn Sie bei Ihrem Auftritt kein Echo aus dem Publikum bekommen und nur wenig Applaus, dann seien Sie nicht enttäuscht. Es liegt an der Mentalität des Publikums, die sitzen da wie kleine Eisberge, obwohl sie sich begeistern und sich amüsieren, sie können es nur nicht zeigen.*

Sie hatte recht, es war eine kalte Atmosphäre und für komische Nummern sehr schwer, nur ein klein wenig Stimmung in den Saal zu bringen. Und doch haben sie sich amüsiert und gefreut, das haben sie nach der Vorstellung gezeigt. Als ich aus dem Theater kam, stand eine Gruppe davor, die sich freute und lachte, denn der Lustigste imitierte Galetti auf dem Seil. Er hat sich einen Besen von der Wand genommen, das war nun seine Balancierstange. Damit versuchte er, auf der

Blumenbeetrabatte zu balancieren. Mit dieser Einlage hatte er grossen Erfolg und ein fröhliches und lachendes Publikum. Ja, auch Eisberge können schmelzen. Im Norden dauert es manchmal etwas länger.

Zurück zur Premiere. Meine Frau hat ihr Comeback mit grosser Bravour bestanden. Sie war glücklich, dass sie die Angst vor dem Auftritt überwunden hatte, und dass es ihre Gesundheit auch zuliess, mit uns mitzureisen. Grosse Menschenmassen, Trubel und Heiterkeit im Vergnügungspark. Und nur wenige Kilometer ausserhalb der Stadt Natur pur, ein riesengrosser Gegensatz. An den freien Tagen sind wir hinausgefahren und haben die Ruhe an den Seen und in den Wäldern genossen. Und noch etwas hat mich in Helsinki begeistert. Die Felsenkirche mit ihrer goldenen Kuppel. Nicht das Gold, sondern wie die Kuppel gebaut worden ist. Aus einem schmalen endlosen Metallband, das in einer Spirale vom Zentrum aus rund gedreht und gedreht wurde, bis eine wunderbar geformte Kuppel entstanden war. Wenn man da steht und hinauf schaut, den kleinen Punkt in der Mitte fixiert, dann wird einem klar, dass das Leben aus dem Zentrum kommt, sich spiralenförmig dreht und immer grösser und grösser und schöner zum Dach des Lebens wird.

Es gab noch etwas, das ich eigentlich gar nicht erzählen wollte, aber es bewegt mich sehr. Es geht um Alkohol. Sie mögen sich sicher noch erinnern, als ich ins Schwärmen kam, wie grosszügig die Weinflaschen in der französischen Circuskantine bereitstanden. Hier stehen keine. Und doch habe ich noch nie so viele Betrunkene gesehen und erlebt wie hier in Helsinki. Es schien mir fast unglaublich, auf welche Art sie sich zum Teil Alkohol verschafften. Meine Frau sass beim Coiffeur, da stürmte ein Mann in den Salon, schnappte sich eine Friktionsflasche vom Gestell und trank sie aus: Skol! Wir standen mit unserem Wohnwagen hinter dem Theater zwischen Felsen und Sträuchern. Da sassen dann auch immer ein paar Trinker in einer Runde und teilten unter sich, was sie aufgetrieben hatten. Wenn alle Flaschen leer waren, und sie glaubten, dass sie noch Alkohol brauchten, dann taten sie etwas, das ich kaum glauben konnte.

In einer Blechdose erwärmten sie über dem Feuer eine Masse. Neugierig ging ich zu ihnen und sah, dass es Schuhcreme war. Sie tranken tatsächlich erwärmte, flüssige Schuhcreme, nur wegen des Terpentingehalts! Die Finnen selber sehen dieses Alkoholproblem locker, darauf angesprochen meinte eine Frau: *Unsere Männer haben im Winter sehr streng gearbeitet, dann werden sie wohl das Recht haben, sich im Sommer zu betrinken. – Na dann, Skol!* Aber zum Glück sind nicht alle Finnen dem Alkohol so zugetan. Und auch die kühle Reserviertheit, die den Nordländern nachgesagt wird, trifft nicht auf alle zu. Wir haben hier viel Gastfreundschaft und Freundlichkeit erfahren. Jeden Morgen kam ein Hundezüchter mit einem Wurf Barth-Colleys auf den Platz vor unserem Wohnwagen, um sie auslaufen zu lassen.

Wir haben uns sofort in einen dieser langhaarigen Knäuel verliebt. Wir wollten ihn gerne kaufen und wurden auch mit dem Züchter einig. Kaufen schon, aber nicht aus Finnland ausführen. Da gab es damals ein Gesetz, dass kein Barth-Colley Finnland verlassen durfte. Ausser es gibt eine Finnin oder einen Finnen mit gutem Leumund, der die Bürgschaft übernimmt und garantiert, dass es dem Hund an nichts fehlen wird. In den paar Tagen, die wir noch hier waren, haben wir keinen Bürgen gefunden. Am letzten Tag kamen fünf Personen, die dem Barth-Colley-Verband angehörten zu uns in den Wohnwagen und brachten uns den Wollknäuel und ein zehn Seiten langes Schreiben, wie ein Hund dieser Rasse behandelt werden müsse. Was er fressen und was er nicht fressen dürfe. Jede Person brachte etwas mit, damit der kleine Hund kein Heimweh bekommen sollte. Ein Tuch, das noch von der Mutter roch, ein Kissen und Spielsachen seiner Geschwister. Dazu einen Vertrag, den ich unterschreiben musste, dass der Hund es gut haben wird. Und das alles, weil er der erste Barth-Colley war, der Finnland verlassen durfte.

Aber äähh – ich habe gedacht Bürgen und so? – Das ist alles geregelt. Es hat sich dann schnell aufgeklärt. Frau Direktor Anita Ahtiainen kam mit der unterschriebenen Bürgschaftsbescheinigung. *Danke!* Wir tauften den Hund Karhu, denn das ist im Finnischen der Name für

„kleiner Bär". So sah er auch aus. Es war ein lieber Hund. Er hatte nur einen Fehler. Er wollte die Welt sehen und das immer alleine. Wie viele Tierheime haben wir durch ihn kennen gelernt. Zweimal mussten wir ihn auf Polizeiposten abholen. In Frankreich ging er auch auf Wanderschaft. Meine Kinder haben den Ausreisser gesucht, sie fanden ihn auf einem Markt. Da waren ein grosser Aufstand und viel Geschrei. Streunende Hunde hatten einen Fischstand umgeworfen und taten sich gütlich an Lachs, Forellen und Meeresfrüchten. Auch Karhu hat es sich schmecken lassen. Meine Kinder zogen ihn unsanft von der Schlemmerei weg. Da kam ein Herr auf sie zu und sagte: *Mit dem Hund nicht schimpfen, er hat den Stand nicht umgeworfen, er hat nur mit den anderen mitgefressen!* Karhu war sowieso entschuldigt, er hat sich ja nur an den finnischen Vertrag gehalten, drei Mal in der Woche Fisch.

So schön und interessant die Monate in Helsinki waren, diesmal waren wir froh, dass wir nach Hause konnten. Meine Frau hatte wieder grosse Probleme mit ihrer Gesundheit. Sie würde wohl nie mehr mit mir zusammen arbeiten können. Sie brauchte unseren Arzt, der sie kannte, und sie brauchte Ruhe, das fand sie beides in unserem Häuschen in Österreich. Und Carmen hatte so die Möglichkeit ihren Schulabschluss zu machen. Danach sollte sie meine Ballerina werden. Proben und ihr den letzten Schliff geben, das wollten wir eigentlich in diesem Winter tun. Aber Monsieur Kindler hatte andere Pläne. An seinem Diamanten musste noch ein bisschen geschliffen werden. Coliseu dos Recreios in Lisboa.

Vier Wochen in dem ehrwürdigen Circusbau in Lissabon. Und weil er gerade so schön am Schleifen war, hat er gedacht, das ginge in einem und hat so auf die Schnelle noch eine Fernsehproduktion in Hilversum in Holland abgeschlossen. Hilversum und Lissabon liegen ja so nah beisammen. Ich hatte nur zwei Tage für die Reise zwischen Hilversum und Lissabon. Wie sollte ich da rechtzeitig zu den Proben nach Lissabon kommen? Der Kommentar von Monsieur Kindler war: *Das schaffst Du schon.* Mit meinem grossen Wohnwagen hätte ich es nie geschafft. Ich liess ihn zu Hause, kaufte meinem Schwager das Auto ab, baute die hintern Sitze aus und schnitt ein Loch in die Wand zum Kofferraum. So hatten die langen Geräte Platz und auch die Kostümkoffer. Leiter und Stange kamen auf einen Gepäckträger auf das Dach. Und los ging es nach Holland. Es war nur eine kleine Aufzeichnung, aber in Hilversum verstanden sie ihr Handwerk. Da passte einfach alles bis ins kleinste Detail. Nach einer recht rasanten Fahrt war ich rechtzeitig zum Aufbau und den Proben im Circo Coliseu in Lissabon. Die Direktion hatte ein grossartiges Programm zusammengestellt. Harry Althof, die Schwester von Herbert Fischer mit ihren Braunbären, die Dänischen Clowns Peppo und Willie, Charly Ross und viele andere.

Nach dem Lissabonner Gastspiel hatte ich noch vier Wochen Madrid vor mir. Wie würden sie mich aufnehmen? Ohne meine Ballerina, ohne den prachtvollen Circo Price, den es nicht mehr gab. Er musste einer Bank Platz machen. Der Circus wurde jetzt in einer Sporthalle aufgeführt. Es war nur noch ein Abklatsch, obwohl es ein sehr starkes Programm war. Eine Sporthalle ist kein Circus. In der Weite und Grösse kommt keine Atmosphäre auf. Ich habe meine grossartigen spanischen Clown Kollegen beobachtet. Wenn man keine Mimik und keine Gestik sieht, dann wird der beste Clown zur Marionette. Schade! Hauptsache die Bank hat jetzt einen Prunkbau mitten in der Stadt stehen.

Ich wollte so rasch wie möglich nach Hause. Aber mein Schutzengel hat sich wohl in die lieben Menschen und die herrliche Stadt Madrid verliebt. Er wollte noch ein paar Tage bleiben und liess mich alleine ziehen und schon ist es passiert. Wumm! Ein Stein flog in meine Windschutzscheibe. Sie löste sich in Hunderte von Teilchen auf. Jetzt bot mir nur noch meine, mit den Knöpfen nach hinten, umgekehrt angezogene Lederjacke Schutz. Ich fuhr von Garage zu Garage, aber es gab keine Windschutzscheibe, die in meinen BMW gepasst hätte. Ein Plastiksack, den ich aufschnitt und befestigte hat mir nur kurz geholfen, er flatterte schon bald wie ein Drachen hinter mir her.

Dann die Rettung. In einer kleinen Garage haben sie aus einem Stück Polyester, das eigentlich für Gartenhäuschendächer bestimmt war, mit einer Heissluftpistole ein Stück so rund geformt, dass man es als Windschutzscheibe einbauen konnte. Phantasie haben ist gut, aber Sie auch umsetzen, das ist das Grösste. Ich bin mit diesem Wunderding bis nach Österreich gefahren. Ja es war ein Wunderding, man sah den Verkehr auf der Strasse doppelt und manchmal sogar Dreidimensional und in allen Regenbogenfarben, die ständig wechselten wie in einem Kaleidoskop. Hauptzollamt Basel. Nachts um zwei Uhr. Ein Auflauf von Uniformen in allen Gattungen. Zoll- und Grenzbeamte, Polizei, Spürhunde und was weiss ich nicht noch alles. Scharfe Grosskontrolle. So, jetzt bin ich dran mit meiner Wunderscheibe. Aber die haben sie gar nicht beachtet. Die Regenbogenfarben waren ja nur von innen zu sehen. Sie haben alles kontrolliert, was zu kontrollieren war.
Haben Sie etwas zu verzollen?
Eine Flasche Sekt, die ich zum Abschied von der Direktion bekommen habe.
Es interessiert mich nicht, von wem Sie die Flasche bekommen haben.
Ich habe ja auch keinen Namen genannt.
Öffnen Sie die Koffer. Zuerst hier den farbigen, mit den vielen Aufklebern.
Bitte!
Sie haben uns angelogen, das kommt Sie aber teuer zu stehen. Sie haben nur eine Flasche Sekt angegeben.
Aber ich habe ja auch nur eine.
Und was ist denn das?
Das ist eine Zauberflasche.
Wollen Sie mich auf den Arm nehmen? Und lachen Sie nicht!
Entschuldigen Sie, aber Sie haben mich noch nie richtig lachen gehört.
Jetzt grinse ich nur.
Weil Sie so lieb und zuvorkommend sind, verrate ich Ihnen etwas. Wenn Sie ein bisschen am Boden drücken, springt ein grosser Blumenstrauss aus der Sektflasche.

*Das interessiert mich nicht. Auf der Flasche steht französischer Sekt, und
Sie kommen von Frankreich. Die beiden Flaschen werden konfisziert
und eine Busse ist fällig.*
*Aha, nun mal halb lang, Herr Oberzoll-Dingsbums, ich habe die Fla-
sche Sekt unter Zeugen angegeben, und das andere ist kein Sekt oder
riechen die Feder-Blumen nach Alkohol? Und jetzt möchte ich Ihre
Dienstnummer und Ihren Chef.*

Zum Glück war noch eine andere Gattung Uniformierter um
meinen Koffer versammelt, die auf meiner Seite war, als der komische
Staatsangestellte mir den Sekt und die Blumen konfiszieren wollte. Ja,
er hatte konfiszieren gesagt. So stand es auch in seinem Lehrbüchlein.
Die andern halfen mir, die Koffer wieder in Ordnung zu bringen. Und
mit einem Schulterklopfen war ich nach mehr als einer Stunde entlassen. Mit einer nicht zugelassenen Windschutzscheibe.

Abbildung 33
*Manuela Beeloos Andalusierhengst bekam von Carmen und mir seine
geliebten Streicheleinheiten. (Fotoarchiv Sarrasani)*

Blackout 1974

Mein nächstes Engagement war im Blackout. Der Name passte nicht ganz, denn es war eine von vielen Scheinwerfern, Spots und Lampen erhellte Disco am Flughafen Zürich. Was soll der Clown in einer Disco? Es war ein grosses Lokal mit viel Technik und gigantischen Lichtspielen. Die Tanzfläche war auch mein Auftrittsplatz. Ich hatte Lampenfieber und ein ungutes Gefühl vor diesem Publikum. Werde ich angenommen oder ausgepfiffen. Dieser Lärm oder das, was sie Musik nannten, war bis in meine Garderobe zu hören. Meine Schminkdose vibrierte mit dem Handspiegel um die Wette, meine Clownnase wollte auch mittanzen aber das schaffte sie nicht, denn sie war ja aus Gummi.

Vor meinem Auftritt stand ich hinter einem Paravent. Die Lichtspiele, die laute Musik, es war einfach nicht möglich sich zu konzentrieren. Dann wurde es plötzlich still, Lichtwechsel, und ohne Ansage ertönte meine Auftrittsmusik. Der Unterschied war gewaltig. Klassische Musik von Tschaikowsky. Von diesem abrupten Wechsel war ich genauso überrascht wie das Publikum. Ich stand da mit meinem Koffer und schaute verlegen, um mich. Ein riesiger Applaus setzte ein und hob mich in den Clownhimmel. Galetti, jetzt musst du überzeugen, zeig was du kannst. Der Auftritt war ein grosser Erfolg. Vielleicht war es der grosse Gegensatz, dass das Discopublikum mich so lieb aufnahm und voll mitmachte? Es war eine gute Zeit im Blackout am Flughafen in Zürich. Es muss sich herumgesprochen haben. Basel, Bern, Genf, sogar ein kleines Dorf im Wallis, in dem es eine Disco gab, wollten mich haben.

Das Angebot des Night Club Clara in Basel konnte ich zeitlich annehmen. Das tat ich gerne, denn vor vielen Jahren, als das Clara noch ein Volksvariete war, hatte ich beim legendären Direktor Thöni eine der ersten grossen Auftritte. Jetzt ist alles anders, auch das Publikum. Ich hatte eine tolle Kritik, die mich recht stolz machte. Ein Journalist kam zur Premiere und einige Tage später noch einmal.

Dann schrieb er: ER HAT ETWAS UNTERNOMMEN, JENE AR-
BEIT NÄMLICH, DIE DEN ERFOLGREICHEN KÜNSTLER
AUSMACHT, DER SICH AUF DAS PUBLIKUM EINSTELLT,
AUF DIE KLEINBÜHNE, DIE DISKREPANZ ERKENNT ZWI-
SCHEN CIRCUS UND NIGHTCLUB.

Das waren zwei Abstecher in die Discos. Aber glücklicher bin ich
in meinem geliebten Circus. Wir hatten auch schon einen Vertrag
zum Circus Benneweis in Dänemark. Aber bis dahin hiess es noch
proben, proben und noch mal proben, denn Carmen sollte meine
neue Ballerina werden. In unserem Wohnort Rankweil konnten wir in
einer Turnhalle unser Seil und eine Lauflonge aufbauen. Es lief wunderbar von Tag zu Tag wurde meine Ballerina besser und sicherer. Aber
etwas war nicht, wie es sein sollte. *Carmen! Was ist mit Dir? – Papi, ich
habe Höhenangst. Ich mache das auf dem Seil nur Euch zuliebe. Es kostet
mich jedes Mal grosse Überwindung, auf das Seil zu steigen. – Carmen,
dass Du es trotzdem wagst, ist grossartig. Eine tolle Leistung!* Ich bin froh,
dass sie nie vom Seil gestürzt ist. Dann hätte sie das Seil sicher nie
mehr bestiegen.

Circus Sarrasani 1975

Die Direktion vom Circus Sarrasani veranstaltete in der Jakobshalle in Basel einen Wintercircus. Herr Mey hatte uns engagiert. Es war ein fröhliches Wiedersehen mit den Sarrasani Leuten. Die Schweizer Presse war mir gut gesinnt. Es gab gute Kritiken und viele Schlagzeilen, hier nur einige davon: Ein neuer Grock – Clown mit Herz – Lächeln auf dem hohen Seil – Mit dieser Glanznummer unterstrich der Schweizer Clown Walter Galetti, weshalb er den Circus-Oskar bekommen hat. Herz, was willst du mehr. Jaja, es gab noch mehr, aber ich will ja nicht übertreiben.

So nun endlich ein paar Wochen Urlaub, einfach zu Hause sein, einen Garten anlegen, ein paar Bäume pflanzen. Mit der neuen Ballerina üben. Nur noch kurze Zeit und dann kam für Carmen der grosse Tag. Ihr erster Auftritt im Circus. Wer war wohl nervöser? Meine Frau, die abtretende, oder Carmen, die neue Ballerina? Die Angst war unnötig. Die Premiere war ein Erfolg, für Carmen, für mich und unsere Nummer. Jetzt freuten wir uns auf die Saison im Circus Benneweiss und auf das Wiedersehen mit unserem Freund Buster Larsen und auf liebe Artisten. Diana Benneweis, Claus Jespersen, mit dem ich später noch viel zu tun hatte, die Bogino Brothers. Vor zwölf Jahren waren wir schon bei der Fernsehaufzeichnung „Piste" in Holland zusammen.

Abbildung 34
Freddy Quinn und mich verbinden viele Gemeinsamkeiten: Seiltanz, derselbe Jahrgang, die Liebe zum Circus. (Foto Frommholz)

Abbildung 35
Und mein guter Freund aus dem Norden, der grosse Buster Larsen. (Privatfoto)

Da waren Mami und Papi Bogino und ihre Kinder mit der grossen Fahrradnummer. Und jetzt drei junge Burschen auf ihren Rädern. Jan Lemoine. Wie viel Spass hatten wir schon vor Jahren mit seinem Vater. Spass hatten wir alle zusammen. Kam Tai Family, Rogana und so weiter. Es war eine tolle Circusfamilie.

Meine Familie, ja die ist auch grösser geworden. Mein Sohn Marco war nun auch dabei. Vor fünf Jahren sollte er in Kopenhagen auf die Welt kommen. Er hat dann aber doch die Schweiz vorgezogen. Wunderbar, Buster Larsen war auch diese Saison mit auf Tournee. Es war einfach toll und machte viel Freude und Spass, mit ihm zusammenzuarbeiten. In meiner Nummer hatte ich die bekannte Melodie: „Oh mein Papa" von Paul Burkhart. Buster Larsen stand, nein er tanzte auf der Piste und sang dazu: *Er war ein wunderbare Clown. Er sprang hoch auf die Seil. Allez Hopp, allez Hopp und lachte haha!* Buster sang und lachte das „Haha" von ganzem Herzen, und das Publikum lachte mit und war in einer grossartigen Stimmung, die sich dann noch steigerte, wenn ich seine „Allez Hopps" im Rhythmus auf dem Seil mitsprang und sein „Haha" mitlachte. *Danke Buster Larsen. Du warst eine wunderbarer Mann, und lachtest haha! Halte mir da oben bitte neben Dir einen Platz frei!*

Der Vater von Maria ist Wittwer geworden und wollte nicht mehr alleine sein. Er machte mit über 75 Jahren Autostopp von Österreich nach Dänemark. Nun stand er da mit seiner Tasche vor unserem Wohnwagen. *Hallo Ihr Lieben. Ich fahre mit Euch mit, ich möchte nicht mehr alleine leben.* Viele Jahre ist er dann mit uns mitgereist und konnte so in hohem Alter vieles noch nachholen, was ihm in jungen Jahren durch Krieg und Arbeitslosigkeit nicht vergönnt war. Sonny Benneweis hatte einen Babyelefanten erworben. Den Kindern reichte er gerade bis zu den Schultern. Wenn er ihn frei laufen liess, war es natürlich die Sensation für Gross und Klein. Neben dem Circus war ein kleiner Sportplatz und da gab es eine Sandmulde für die Weitspringer. Der Sand war natürlich genau das, was der kleine Elefant liebte. Mit einem Fuss hatte er in wenigen Augenblicken ein Loch gegraben.

Dem kleinen Inder passte es wohl nicht, dass die Kinder hinter ihm auch im Sand spielten. Blitzschnell drehte er sich um, zog mit seinem Rüssel den kleinen Sohn des Kapellmeisters zu sich in sein Sandloch und wollte ihn erdrücken. Sonny und der Vater versuchten vergebens ihm dass Kind zu entreissen. Zum Glück erkannte der Tierpfleger Camillo sofort die Situation und drehte das Wasser des nur einige Meter entfernten Hydranten voll auf. Mit diesem starken Wasserstrahl konnte er den zornigen kleinen Elefanten von dem Kind wegtreiben. Dem Kind ist zum Glück weiter nichts passiert. Aber der Vater erlitt ein Schock. Dieselbe Stadt und dieselben Elefanten. Unser Platz im Programm ist nach der Elefanten-Nummer.

Mariza, unsere zweite Tochter ist nun schon neun Jahre alt und bestreitet als kleine Artistin schon kleine Auftritte im Benneweis-Kindercircus. Im grossen Programm mimt sie einen Galetti-Fan. Am Ende unserer Nummer kommt sie aus dem Publikum mit einem Blumenstrauss in die Manege. Bis zu ihrem Auftritt wartet sie mit uns hinter dem Vorhang. Sonny und seine Elefanten stehen auch da und warten auf ihren Auftritt. Mariza hatte zu jeder Vorstellung Zucker mitgebracht, die sie mit ein paar lieben Worten den Elefanten in die Rüssel legte. Das ist schon zu einem Ritual geworden. Nur heute ist es etwas anders.

Mariza hat Fieber und liegt im Bett. Die Ansage und die Eröffnungsmusik für die Elefantennummer ertönt. Sonny springt in die Manege. Die Elefanten bleiben stehen, sie folgen ihm nicht nach. Warum? Wieso? Sonny versuchte es mit schmeichelnden Worten und lauten Befehlen – nichts! Die Elefanten rührten sich nicht von der Stelle Sonny kennt seine Elefanten, er hat eine lange Erfahrung und viel Gefühl für seine Tiere: *Galetti wo ist Deine Tochter? – Sie hat Fieber, sie liegt im Bett. – Bitte, nimm eine Wolldecke und hol das Kind, aber schnell bitte! – Warum? Wieso? – Bitte schnell!* Als ich Mariza in eine Decke gewickelt in den Sattelgang gebracht hatte, wurde sie gleich von den Elefanten umringt. Mariza gab ihnen den obligatorischen Zucker. Die Elefanten machten kehrt und liefen mit Sonny Benneweis in die

Manege. Es gibt nicht nur Menschen, die Tiere lieben, es gibt auch Tiere, die Menschen lieben. Das bewiesen dieselben Elefanten noch einmal.

Nur eine Woche später gastierten wir in der wunderschönen Stadt Riebe am Meer. Es war noch keine Badezeit. Sonny Benneweis nützte den weiten leeren Strand für einen freien Auslauf seiner sechs grossen Elefanten. Sie fühlten sich wohl, sie spielten mit dem Sand, warfen ihn mit dem Rüssel über sich und rangelten. Wie sie es schon oft getan hatten. Nur diesmal wurde aus dem Gerangel plötzlich ernst. Die Zurufe und Kommandos des Dresseurs und des Pflegers gingen im wilden Trompeten der Elefanten unter. Sie stürmten los, die Ohren drohend nach vorn gestellt, den Rüssel erhoben. Es hatte sich eine gewaltige Kraft entfesselt. Der Boden dröhnte unter ihren stampfenden Füssen. Und nichts schien sie mehr aufhalten zu können.

Ich stand mit meiner kleinen Tochter Mariza Hand in Hand und beobachtete das plötzliche Ausbrechen der Elefanten. Ich wusste nicht, wie ich helfen konnte. Gegen eine wild gewordene Elfantenherde hatte auch ich nichts in meiner Trickkiste. Mariza löste sich von meiner Hand und sprang der Elefantenherde entgegen, riss die Arme hoch und schrie: *Houu – Thai steh!* Als wenn er an eine Wand gelaufen wäre, stand Thai der Leitelefant vor dem kleinen Kind und die andern stoppten wie auf ein Kommando hinter ihm. Angst und Chaos vor nur einigen Augenblicken und jetzt Frieden und Eintracht. Können Sie sich das Bild vorstellen, das kleine Kind vor den riesigen Tieren? Ich habe viel nachgedacht, welche Kraft und was für eine Macht bewegte diese Kolosse, auf das Kind einzugehen, ihm zu gehorchen und es nicht zu überrennen. Was war da zwischen dem Kind und den Tieren?

Eine andere Begebenheit, Mariza war noch nicht ganz drei Jahre alt, da entstand zwischen ihr und dem Nilpferd Otto eine Freundschaft. Otto war in einem Freigehege in der Tierschau. Salate, Karotten und was sonst noch für ein Nilpferd fressbar war, wanderte aus unserem Kühlschrank zu ihm. Das Nilpferd lag oft stundenlang faul im Wasser oder im Schatten und nichts und niemand konnte ihn dazu bringen, sich zu bewegen. Aber wenn Mariza auftauchte und Otto rief, stand er auf und kam zum Gitter und sperrte seinen Rachen auf. Mariza legte ihm ein Salatblatt behutsam auf die Zunge.

Das wiederholte sich, bis sie keines mehr hatte. Otto, Rachen auf, Salatblatt hinein, Rachen zu, Otto, Rachen auf … Es würde noch viele Seiten füllen die kleinen und grossen Begebenheiten mit Mariza und ihren Tieren. Später als sie dann bei Papa Beeloo reiten lernte und mit Pferden zu tun hatte, gehörten solche Geschichten zur Tagesordnung. Aber es gab auch Geschichten mit etwas kleineren Tieren. Wenn wir längere Reisen hatten und kein Strom für den Eisschrank da war, oder man vergessen hatte, auf Gas umzustellen, ist es schon mal vorgekommen, dass etwas nicht mehr geniessbar war. So auch der Kartoffelstock vom Vortag. Meine Frau schickte die Kinder damit zum Abfallcontainer. Aber der war noch nicht aufgestellt. Sie suchten eine andere Gelegenheit ihren Kartoffelstock los zu werden. Hinter dem Zaun war eine zerfallene Ruine.

Schau Carmen, da schaut eine Maus aus dem Loch heraus. Ein nicht alltägliches Menü, Kartoffelstock nach Galetti-Art, das musste das Tierchen gerochen haben. Die Kinder servierten einen Löffel voll. Der war im Nu weg, denn es kamen immer mehr Schleckmäuler dazu. Ein Spiel mit den Tierchen begann. Sie legten ihnen Häufchen von Kartoffelstockresten in einer Reihe hin, und so frassen sie in Reih und Glied jedes seine Portion. Dasselbe haben sie mit einem Kreis gemacht. Sogar an die Wand haben sie den Kartoffelstock geklebt. Unter grossem Hallo der Kinder, haben sie alles aufgefressen. Dann kamen die Tierchen ihnen auf die Arme und frassen aus den Händen. Das ging so, bis die Pfanne leer und ausgeschleckt war. Was nun? Nach Hause und noch mehr Fressbares holen.

Mami, wir brauchen noch Kartoffelstock. Weisst Du, die Mäuschen haben alles gefressen. – Was! Wer hat alles gefressen? – Mami, die Mäuschen! – Das möchte ich sehen. – Komm mit, gleich da hinten in der Ruine. Aber Du musst ihnen etwas zum Fressen mitbringen. – Gut, hier habt Ihr

Apfelschnitze. Die lieben Tierchen waren natürlich gleich da, als sie die Kinder hörten. *Mein Gott, Kinder! Bloss weg von hier, das sind keine Mäuse, das sind ja alles Ratten!*

Nur kurze Zeit später noch eine Mariza-Tiergeschichte. Diesmal waren es Schlangen. Giovanna Jarz, sie war Fliegerin in der Jarz-Luftnummer. Ihr Papa hatte in Spanien einen rollenden Zoo. Giovanna hatte erfahren, dass in der Stadt eine Tierhandlung wegen eines Todesfalls geschlossen wurde. Sie konnte mehrere Schlangen billig kaufen, die sie dann ihrem Vater schicken wollte. Die Schlangen hatten schon lange keine Pflege mehr gehabt. Giovanna hatte eine Kinderbadewanne mit Wasser gefüllt und sie darin gebadet. Mariza war natürlich von diesem Schlangenbad begeistert. *Giovanna, darf ich Dir helfen? – Sicher, ich bin froh, wenn Du mir hilfst.* Mariza nahm eine Schlange in die Hand und wusch sie. Als sie sauber war, legte sie sich um den Hals und nahm die nächste heraus. Ich holte meine Frau. Das musste sie sehen. Als wir zurückkamen, sass Mariza in der Wanne zwischen den Schlagen und wusch eine nach der anderen. Die sauberen gab sie Giovanna, die sie in den Transportbehälter tat. Natürlich waren es keine Giftschlangen, aber die Frage ist trotzdem berechtigt: Was war zwischen dem Kind und den Tieren? Was machte Giovanna so sicher, dass sie das Kind mit den Schlangen gewähren liess?

Ganz anders ist das Verhältnis, das Maria zu Tieren hat. Alles was grösser ist als eine Maus, ist ihr unheimlich und alles was grösser ist als eine Katze flösst ihr Angst ein. Und genau diese Angst, die leider meistens in Panik ausartet, hat sie schon oft in Gefahr gebracht. So auch als wir von der Parade zurückkamen und auf dem Weg zur Garderobe waren. Ein Watussirind hatte sich losgerissen und sprang nun frei auf dem Circusgelände herum. Maria sah seine riesigen Hörner und hatte nur noch einen Gedanken: *Ich muss flüchten, am besten irgendwohin, wo er mit seinen langen Hörnern nicht hinkommt.* Da kam ihr der Spalt, den sie zwischen zwei Circuswagen erspähte, gerade recht. Hier kam der Büffel unmöglich rein. Sie „rettete" sich also zwischen die beiden Wagen und war erleichtert, bis ihr jemand von hinten auf die Schulter fasste und sagte: *So Maria und jetzt beweg dich ganz langsam und unauffällig vorwärts. So ist's gut und jetzt noch einen Schritt, aber ganz langsam.* Sie war in ihrer Panik doch tatsächlich vor dem harmlosen Rind weg und zwischen die Raubtierwagen gerannt. Und wenn nicht der Dompteur sie vor den Löwen entdeckt hätte, wer weiss, wie die Sache dann ausgegangen wäre.

Ich weiss nicht, ob es eine Fügung des Schicksals ist, dass immer wenn sie sich in Gefahr wähnte und einen Ausweg suchte, sie sich prompt für die gefährlichere Variante entschied. So auch als ich ihr das Mopedfahren beibringen wollte. Ein riesiges Gelände, weit und breit nichts, nur eine Zufahrt, die zum Circus führte. Hier zeigte ich ihr nun wie man startet, schaltet und fährt. Es klappte schon ganz gut bis, ja bis sie ganz in der Ferne einen Traktor sah, der auf die Zufahrt zum Circus zusteuerte. Sie schrie: *Ein Traktor!* Und bevor ich noch etwas erwidern konnte, riss sie die Lenkstange herum. Und brauste auf den Circuseingang zu. Dabei schrie sie unentwegt: *Aus dem Weg, ich kann nicht mehr anhalten!*

Ich spurtete hinter ihr her, aber ich hatte nicht die geringste Chance, sie einzuholen, denn sie gab entgegen meinen Anweisungen immer mehr Gas. In diesem halsbrecherischen Tempo schaffte sie es doch tatsächlich, durch den schmalen Eingang zu kommen. Aber es blieb mir keine Zeit, mich darüber zu wundern, denn sie steuerte prompt auf die Wohnwagen zu. Ein paar Kollegen konnten sich gerade noch mit einem Sprung zur Seite in Sicherheit bringen. Für das Geschirr und den Kuchen, welche eben noch auf dem kleinen Campingtisch gestanden haben, gab es keine Rettung mehr. Aber das hielt sie nicht auf, schreiend fuhr sie weiter. Sie brachte das Kunststück fertig, unter den Abseglungen durchzufahren. Inzwischen rannte schon der halbe Circus hinter ihr her und versuchte, sie zum Anhalten zu bringen. Alles umsonst! Und jetzt schien die Katastrophe unausweichlich!

Sie fuhr in die Stallgasse. Ich hielt mir die Augen zu und wartete auf den unvermeidlichen Knall. Aber er blieb aus. Vorsichtig blinzelte ich durch die Finger. Es war unglaublich! Wie meine Kollegen stand ich mit offenem Mund da und konnte es nicht fassen. Maria ist mit dem Moped tatsächlich zwischen den Elefanten durchgefahren! Als endlich der Tank leer war, hat meine Frau zu Erleichterung aller erklärt: *Ich werde nie einen Führerschein machen!*

Auf unserer Dänemark-Tournee war ein Abstecher nach Malmö und Göteborg vorgesehen. Nach Schweden dürfen keine Hunde eingeführt werden ohne sechs Wochen Quarantäne. Und wir hatten einen Hund, unseren Nicki. Was sollten wir tun? 1967 haben wir ihn auf einer Deutschland-Tournee unter komisch-tragischen Gegebenheiten aufgenommen. Ein älterer Herr klopfte bei uns an, und fragte: *Würden Sie mir nicht einige Clown- Requisiten abkaufen? Ich war früher auch Clown, dann musste ich in den Krieg, Stalingrad und eine lange Gefangenschaft. Als ich endlich wieder zu Hause war, wollte ich wieder Clown werden. Aber es ging nicht mehr. Etwas ist in Russland zurückgeblieben, und zwar das, was es braucht, um ein guter und lustiger Clown zu sein. Ich hätte Ihnen das hier gerne geschenkt, aber im Moment bin ich um jede Mark froh.*

Die Sachen waren eigentlich nichts wert, bis auf die Holzleisten für grosse Clownschuhe. Aber ich kaufte ihm alles ab. Später in meinem Winterquartier suchte ich mit den Leisten einen Schuhmacher auf und zeigte sie ihm. Er war von der Form und Machart der Leisten begeistert. Noch mehr war er es über den Auftrag, mir danach ein Paar Clownschuhe fertigen zu können. Ich führte noch ein längeres Gespräch mit dem alten Clown über sein Schicksal. *Bitte, übernehmen Sie auch meinen kleinen Hund. Ich kann ihn leider nicht mehr behalten. – Au ja Papi!* Und so sind wir zu Nicky gekommen. Er war ein lieber kleiner Mischling, ein bisschen viel Pudel und ein bisschen wenig Cockerspaniel. Die ganzen Jahre war er ein grossartiger Spielkamerad für unsere Kinder. Und jetzt die Sache mit dem Einfuhrverbot für Hunde nach Schweden. Sechs Wochen Quarantäne.

Im Hafen von Fredericia gab es eine Quarantänestation, die Hunde aufnahm. Aber das wollten wir auf keinen Fall. Nicky wäre da sicher in den sechs Wochen ohne die Kinder und in einem kleinen

Zwinger, eingegangen. Er war die Freiheit, wie wir, gewohnt. Neben dem Circus stand ein kleines Hotel. Es wurde von einem lieben älteren Ehepaar geführt. Wir waren einige Male nach den Vorstellungen Gast bei ihnen. Dabei kamen wir auf das Thema Quarantäne zu sprechen. Und schon war eine Lösung gefunden. *Lasst uns den Hund doch hier. Wir werden gut auf ihn aufpassen.*

Wir hatten einen Test gemacht. Wir liessen Nicky im Restaurant zurück. Er lag ruhig neben der Theke und reagierte überhaupt nicht, als wir gingen. Die Wirtin gab Nicky heimlich Süssigkeiten. Ja, mit Speck fängt man Mäuse und mit dänischen Keksen einen Hund. Aber wir waren froh, dass Nicky für die paar Wochen einen guten Logierplatz hatte. Nach acht Wochen waren wir wieder zurück aus Schweden. Schnell gingen wir vom Hafen zu dem Hotel, unseren Nicky abzuholen. Ich schaute in den Hotelgarten, auf mein Pfeifen keine Reaktion. Nichts, kein Bellen kein Freudengejaule, nichts, alles still. Was ist los? *Ja, die Besitzer haben das Hotel verkauft und sind in den Ruhestand gegangen. – Und mein Hund? – Den haben sie auf ihre Weltreise mitgenommen. Wie sage ich es meinen Kindern?*

Noch auf dem Schiff auf der Rückfahrt nach Dänemark bat mich die Direktion an ihren Tisch: *Galetti, wir möchten Dich für das Gastspiel im festen Bau in Kopenhagen als die Hauptnummer einsetzen. Wir bringen Dich auf Plakaten und Programmen gross heraus. Als Gegenleistung bitten wir Dich, bleibe so wie Du bist. – Vielen Dank, ich werde Sie sicher nicht enttäuschen.* Ob es heute auch noch solche Angebote an Artisten gibt? Schon zwei Tage später gastierten wir im ehemaligen Schumanngebäude, das Elly Benneweis nun übernommen hatte. Den ganzen Monat Oktober im festen Circusbau und das mitten in Kopenhagen. Der Circus auf der einen und das Tivoli auf der andern Seite der Strasse. Das Tivoli hat ab Oktober bis zum Frühling für Besucher geschlossen. Wir hatten das grosse Glück unsere Wohnwagen darin abstellen zu dürfen. Herz was willst du mehr. In dem herrlichen Circus auftreten und in dem schönsten Park von Dänemark wohnen. Die Gärtner waren daran, alles winterfest zu machen. Pflanzen und

Blumenstöcke wurden ausgegraben und für den Frühling Hunderte von Zwiebeln gesteckt. Die Kinder brachten jeden Tag andere Blumenstöcke und Pflanzen. *Das könnt ihr doch nicht einfach mitnehmen. – Doch, der Mann hat gesagt: „Das ist vor dei Moa!" – Dann ist es gut. Aber wie wollt ihr das alles mit nach Hause nehmen? – Im Wohnwagen! – Aha! Ach so! Ja dann! – Wisst ihr auch schon wie? – Papi, das machst du schon.* Ein gutes Dutzend Kopenhagener Ziersträucher stehen immer noch in unserem Garten und erinnern an schöne Zeiten, im Tivoli in Kopenhagen.

Genau fünf Jahre alt ist jetzt Marco geworden. Er war ein richtiges Circuskind und ein kleines Schlitzohr, der Aufsicht brauchte, sollte nicht immer alles im Chaos enden. Nur ein kleines Beispiel. Überall an seinen Kleidern hatte er Gras- und Schmutzflecken. Zweimal hatte die Mutter ihn schon umgezogen und gewarnt: *Wenn Du noch einmal mit solchen Flecken hereinkommst, dann gehst Du mir acht Tage lang nicht mehr aus dem Wagen! Verstanden?* Damit es dazu nicht kam, hat er sich etwas einfallen lassen. Er hat mit der Schere die neu entstandenen Flecken einfach aus dem Ärmel herausgeschnitten. Flecken weg, Strafe weg!

Heute ist Premiere im Benneweis Circusbau. Alle sind nervös, denn bei der Premiere darf nichts schief gehen. Die erste Nummer waren die Ponys, die vor ein Sulky gespannt waren. Eines war schon eingespannt und stand zum Auftritt bereit. Die Kinder vom Circus hatten eine Abmachung mit den Sulkyfahrern. Wenn sie die Ponys und den Sulky sauber geputzt in den Sattelgang brachten, bekamen sie für jedes Gefährt fünfzig Öhre. Noch fünf Ponys mussten geputzt und eingespannt werden. Der kleine Marco ist auch mit von der Partie. Er putzt nicht, er stört nur. Und ausgerechnet jetzt mussten die Kinder auf ihn aufpassen. In den Stall konnten sie ihn nicht mitnehmen. Wohin mit ihm?

Sie setzten ihn rückwärts auf den schon bereit stehenden Sulky. *Bleib da sitzen und gib ja Ruhe! – Ich will auch mit in den Stall, immer muss ich alleine bleiben.* Er wurde unruhig und spielte mit der Gerte, die für den Sulkyfahrer bereit lag und schlug mit ihr missmutig vor sich auf den Boden. *Immer ich!* Und schlägt weiter und immer kräftiger. Er holte auch immer weiter nach hinten mit der Gerte aus. Wumm!

Da trifft er genau dem Pony auf den Hintern! Empört rannte es los, mitten durch den Vorhang, der links und rechts auseinander flog und rein in die Manege. Das Publikum sass schon da und wartete auf die Eröffnung. Die Kinder brachten die letzten Ponys mit ihren Sulkys in den Sattelgang. *Waaa! Marco und das Pony!* Sie sahen was passiert war und rannten los. Und wieder flog der Vorhang auf, und alle drei rannten hinter dem Sulky her, auf dem Marco sass. Das muss ein Bild gewesen sein! Der Kleine rückwärts auf dem Sulky sitzend und sich krampfhaft festhaltend.

Das Pony wurde immer schneller. Die Kinder rannten hinterher. Der Abstand wurde langsam kleiner. Sie hätten es schon fast eingeholt, nur ein paar Meter fehlten. Das Publikum hatte natürlich mitbekommen, dass die Einlage nicht einstudiert war und hatte seinen Spass daran. Sie feuerten die Kinder mit lustigen Zurufen an. Die Tochter von Buster Larsen war ein bisschen korpulent und war die letzte der Sprinter. Sie konnte das Tempo der anderen nicht mithalten. Der Abstand zu ihnen wurde immer grösser, aber zu dem Pony wurde er, da sie ja im Kreis liefen, immer kleiner. Sie wurde immer langsamer und stand schliesslich schnaufend still. Dem Pony blieb nichts anderes übrig, als auch hinter dem Mädchen stehen zu bleiben. Manchmal sind die langsamen doch schneller am Ziel. Unter grossem Applaus führten die Kinder das Pony und die immer noch laut schnaufende und verlegene Myriam hinter den Vorhang, wo die Kinder zum Glück von lachenden und verständigen Leuten empfangen wurden. Diese Geschichte hab ich erst viel später erfahren. Jaja, die Kinder halten zusammen.

Schade, dass die Zeit in Kopenhagen so schnell vorbei war. Es war wunderbar in diesem Circus zu arbeiten in dem grossen und starken Programm, und dann noch im Tivoli zu wohnen. Das grösste und schönste war, dass ich die Erwartungen, die Elly Benneweis an mich stellte, erfüllt hatte.

Der Senat von Berlin hat uns in das wunderschöne Variete Urania eingeladen. Ein Engagement sozusagen auf dem Wege nach Hause, nur ein „kleiner" Umweg über Berlin. Nun galt es wieder umzustellen, von der Manege auf die Bühne. In diesem Programm habe ich ein schon recht älteres Artistenehepaar kennen gelernt. BOB und MARION. Sie waren Tänzer, sie waren Akrobaten, und sie waren Komödianten. Sie hatten eine Ausstrahlung, die bis in die hintersten Reihen ihre grosse Auswirkung hatte. Marion sollte in einem Abendkleid für Bob, den Maler, Modell stehen. Er wollte sie malen, das war die ganze Geschichte. Aber bis sie in der richtigen Position stand, haben diese beiden Komödianten alles gegeben, was sie hatten. Tanz, Akrobatik, Mimik, Gestik und Können mit Herz. Und wie sie das machten, das habe ich so nie mehr erlebt. Sie lebten für diese Arbeit, gaben alles, was sie hatten. Danke, dass ich sie erleben durfte.

Circus Sarrasani 1976

Circus Sarrasani. Das verspricht ja eine interessante Tournee zu werden. Deutschland, Belgien, Holland und Luxemburg. Aber noch sind wir in Deutschland auf Tournee. Unseren Sprecher Curtmax Richter sollte ich schon erwähnen, war er doch kein Unbekannter. Er war ein grosser vielfach ausgezeichneter Schauspieler, der sich in den Circus verliebt hatte, und nun als Sprecher zum Sarrasani-Team gehörte. Er liebte mich auf seine Art, war aber launisch. Das gibt es bei dieser Art Menschen gerne. Er konnte mich mit seiner Ansage zum Star machen, aber auch „sterben" lassen.

Heute hatte er einen guten Tag: *Hallo Walter. Morgen ist der Gedenktag an den Aufstand am 17. Juni 1953. Das Kulturamt hat ein Verbot herausgegeben: Es dürfen morgen keine komischen Nummern arbeiten. – Aha, morgen darf nicht gelacht werden. Aber mein Motto ist doch: Kein Tag ohne Lachen! – Du darfst schon lachen, das Publikum sollte es nicht. Es werden extra Beamte da sein, die das Programm kontrollieren. – Lieber Curtmax, ich mache Dir und dem Alten, äh dem Chef, einen Vorschlag. Ich trete nicht als Clown auf, sondern als ein Gast aus dem Publikum. Du musst es aufklären, dass der Clown nicht auftreten darf. Ein mutiger Mann ist gesucht. Bitte, wer hat den Mut mit der Ballerina. Du weisst schon, was Du sagen sollst!*

Die Direktion und auch die Beamten waren mit meiner Idee einverstanden. Die Ballerina kam wie immer in die Manege und bestieg das Seil und zeigte ihre Kunst. Als dann der Clown dazu kommen sollte, unterbrach Curtmax Richter die Nummer und klärte das Publikum auf: *Sehr verehrtes Publikum, am heutigen Gedenktag des 17. Juni darf der Clown, der sonst der Ballerina Hilfe leistet, nicht auftreten. Aber die Ballerina braucht ein wenig Unterstützung. Wir können doch die Ballerina nicht ohne Hilfe und Beistand in der Manege lassen. Wer hat den Mut, ihr ein bisschen behilflich zu sein?*

Ich meldete mich. Ich kam ungeschminkt in einem gewöhnlichen Strassenanzug in die Manege und spielte den naiven Tollpatsch.

Sprechstallmeister Curtmax animierte mich, es der Ballerina gleich zu tun. Ich wollte ernst sein, vielleicht ist deshalb alles so komisch geworden. Da sind so viele Sachen passiert, die man nicht ausdenken und nicht einstudieren kann. Mein normaler Anzug war für die Sprünge und Kaskaden einfach zu eng. Er platzte, an den unmöglichsten Stellen. Und dass ich noch mit dem Hemdzipfel hängen blieb, dafür konnte ich doch nichts. Curtmax spielte mit. Es war, als hätten wir alles schon hundertmal zusammen gemacht. Die Leute lachten. Sie lachten von Herzen und dankten den zwei Komödianten, dass sie für eine Viertel Stunde den 17. Juni und das Traurige von damals vergessen konnten. Die Beamten gaben mir für die Abendvorstellung ein Spielverbot. Ich war trotzdem glücklich. Ich hatte bewiesen, dass ich auch ohne rote Nase komisch sein konnte.

Abbildung 36
Wenche Myhre wird in Galetti verwandelt. (Foto Albert)

Abbildung 37
Wer ist wer? (Foto Albert)

Abbildung 38
Mein Fussballanstoss für Fortuna Düsseldorf. (Foto Schmidpeter)

Abbildung 39
Spass muss sein! (Foto Graber)

Abbildung 40
Ein Treffen, an das ich gerne zurückdenke. Mit Annie Fratellini, Gino und Pierre Etoix in Holland während meiner Fernsehshow. (Fotograf unbekannt)

Abbildung 41
Mein verehrter Freund aus dem Süden, Jean Richard. (Privatfoto)

Mit meiner neuen Ballerina Carmen lief es ausgezeichnet. Sie war glücklich, dass wir so eine tolle Presse hatten und stolz, wenn von ihr ein Bild in der Zeitung war. Auch Maria war glücklich über unseren Erfolg. Sie war für uns alle die gute Fee. Sie beobachtete unsere Arbeit jetzt von der Publikumsseite, gab gute Tipps und gute Ideen, aber sie war auch sehr kritisch. Wenche Myhre war in Hamburg. Unser Pressechef, Walter Sterk, hatte sie zu uns in den Circus eingeladen. Er kam mit dem Wunsch zu mir: *Walter überreiche der Wenche Blumen und begrüsse sie in der Loge! – Lieber Pressechef, ich weiss etwas Besseres: Die Wenche Myhre ist doch recht komisch. Wenn sie einverstanden ist, schminke ich sie mit meiner Maske und mache aus ihr einen zweiten Galetti. Wir proben ein wenig und am Abend nehme ich sie mit in die Manege und in meine Nummer. Um die Sache noch zu steigern, startest du mit der Presse einen Wettbewerb: Wer ist Wer?*

Wenche hat nicht nur wie Galetti ausgesehen, sie hat sich auch wie ein Clown bewegt und mit viel Talent bei unserer Nummer mitgewirkt. Am anderen Tag stand in den Zeitungen: KÜNSTLER IN DER MANEGE WAREN PERPLEX: PLÖTZLICH SPIELT EIN CLOWN MIT, DEN SIE NIE GESEHEN HATTEN. – ABER WER IST ER ? Wer ist Wer? War ein grosser Erfolg.

Wenche Myhre und wir hatten eine grosse Reklame. Jetzt hat der Pressechef in jeder grösseren Stadt eine Persönlichkeit aufgetrieben, die ebenfalls in Galetti verwandelt wurde. Wenn ein Journalist diesen Spass persönlich mitmachte, dann war uns eine Seite in seiner Zeitung sicher. Denn er musste ja über den „Pseudonym-Clown" schreiben, also über sich selbst. Und viele Fotos über das Verwandeln in einen Clown mussten doch platziert werden. Nur einmal gab es Probleme mit dem Reserve-Clown. Trotz Absprache und Probe, machte er in der Vorstellung, was er wollte. Er war mir schon beim Schminken nicht sympathisch.

Er glaubte er wäre komisch, wenn er mit der Ballerina blödelte. Dass er mir die Balancierstange, nicht wie ausgemacht hoch gab, das konnte ich noch überbrücken. Als er dann die Leiter nahm und selbst auf das Seil kletterte, obwohl er bei den Proben nicht einen Schritt darauf fertig gebracht hatte, fand ich das dann nicht mehr komisch.

Ich musste die Sache mit ihm abbrechen um die Nummer zu retten. Nicht eine, gleich zwei Seiten hatte er über sich geschrieben und mit vielen Fotos geschmückt. Von mir gab es auch ein Bild. Ich war von hinten zu sehen wie ich ihn schminkte. Über zwei Seiten, stand sein Name. Uns hatte er immerhin mit Clown und Ballerina erwähnt. Jaja, es gibt eben solche und solche.

Sie hatte auch mit Bildern zu tun, aber sie war nicht von der Presse, sie war Kunstmalerin. Madame Van Geldern von Brüssel. Ich hab viele Bilder geschenkt bekommen, die von mir gemalt wurden. Würde ich alle aufhängen, könnte ich eine ganze Galerie damit füllen. Die schönsten hängen schon in meinem Haus. Für mich sind die wertvollsten und schönsten Bilder, die von Madame Van Geldern. Es sind die einfachsten, aber sie drücken am besten den Charakter und die Gefühle des Clowns aus. Ich verehrte sie und ihre Bilder. Wenn wir in Belgien oder Holland reisten, besuchte sie uns immer und der Circus wurde ihr Atelier. Madame Van Geldern war immer in Begleitung einer jungen Künstlerin. Sie war auch Malerin, hatte aber einen ganz anderen Stil. Sie signierte ihre Bilder mit Wodan. Mein Lieblingsbild von ihr besteht nur aus ein paar Strichen und doch kann man darin den Galetti auf dem Seil erkennen. Man kann sogar daraus ersehen, welchen Schritt und welchen Trick sie gerade eingefangen hat. Sie ist eine geniale Künstlerin.

Hurra, morgen sind wir in Amsterdam. Ich liebe Amsterdam, die Stadt, die Menschen und den schönen Circusplatz. Die Wohnwagen stehen unter Bäumen direkt an einer der vielen Grachten. Es gibt die Möglichkeit, das Übungsseil für die Kinder aufzubauen. Die Circuskinder spielten auf dem Seil wie auf einem normalen Spielgerät, rauf, hinüber, kehren und zurück. Auch kleine Kunststücke probierten sie, wie Spagat und anderes mehr. Ihre Trainingsschuhe waren nicht mehr die Besten. Auch Carmen brauchte neue für die Manege. Meine Frau bot sich an, welche zu besorgen. Ich muss dazu sagen, dass es die Sohlen der Schuhe, die geeignet sind um auf einem Hanfseil zu laufen, nicht in jedem Schuhgeschäft gab. Es musste Crepegummi sein. Sie nahm ihre kleine Tochter an der Hand und zog los.

Das Glück war nicht auf ihrer Seite. In drei Geschäften hatte sie nichts Passendes gefunden. Dann endlich, nach langem Suchen, ein Laden. Er war nicht gross, und es gab nur ein kleines Schaufenster, in dem drei paar Ballettschuhe fein drapiert in und übereinander lagen. Über dem Eingang war ein schön gearbeiteter Stiefel, der wunderbar rot beleuchtet war. Freudig betraten sie das Schuhgeschäft. Soll ich erzählen, wie es den zweien ergangen war, oder können Sie sich selbst ein Bild machen, wie sich Maria fühlte, als sie merkte, dass ihr vermeintlicher Schuhladen ein Puff war? Diese Geschichte habe ich natürlich auch erst viel später erfahren. Die Genehmigung von Maria zur Veröffentlichung liegt vor.

Zurück zum Circusplatz in Amsterdam. In der Nähe gibt es einen Grossmarkt für Gemüse und Obst. Gegen Mittag konnte einer unserer Chauffeure regelmässig einen grossen Lastwagen voll mit Gemüse, Salaten und Obst beladen. Dieses Obst und das Gemüse, das noch einwandfrei war und nur wegen der Preispolitik vernichtet worden wäre, führte er zum Circus und kippte alles auf einen freien Platz. Ich glaube, so viele Vitamine hatten die Circusleute und Tiere noch nie gegessen, wie hier in Amsterdam. Die Elefanten machten schon Salatschlachten untereinander. Alle strotzten vor Gesundheit. Es leben die Preispolitik und die Vitamine. Wir fuhren weiter nach Groningen.

Hier lebte und wirkte ein ganz grosser Mann, Dr. Wimmer. Er war Arzt. In seiner Freizeit reiste er von Circus zu Circus, half wo es nur ging, mit Medikamenten und guten Ratschlägen. Wann immer er auftauchte, war er bei uns zu Gast, dann wurde unser Wohnwagen zur Ordination. Nur eine Stadt weiter waren wir um seine Hilfe froh. Carmen ging es gar nicht gut. Sie sah schlecht aus und hatte Fieber. Ich hatte mich nach einem Arzt erkundigt. *Sie brauchen nicht weit zu gehen, gleich hinter Ihrem Circus hat ein Arzt seine Praxis.* Der Name am Schild klang schon nach einem indonesischen Medizinmann.

Und die Praxis machte auch einen eigenartigen Eindruck. Na egal! Hauptsache, er kann ihr helfen. Er hat sie angeschaut. *Das ist nicht so schlimm, Sie bekommen eine Spritze und morgen sind Sie wieder gesund. Macht fünfzig Gulden!*

Wir waren kaum zu Hause, begann Carmen zu fantasieren. Sprach von Liebe und Tod, von Hunger und Durst, erzählte mit Händen und Füssen von Österreich und der Schweiz, sogar von Japan, wo sie noch nie war. Ich habe Dr. Wimmer angerufen. Eine Stunde später war er schon bei uns. *Mein Gott, Carmen, schau mir mal in die Augen. Wie ist denn das passiert? Sie ist ja high, hochgradig high. Woher hat sie denn die Drogen?* Erst hatte Dr. Wimmer Carmen ruhig gestellt, dann den Medizinmann kalt! Zum Glück hatte sie sich recht schnell erholt und von der Drogenspritze ist ausser einer schlechten Erfahrung nichts übrig geblieben. Jaja, unser Dr. Wimmer. Es war herrlich mit ihm, er wusste einfach alles, wer, wann, wie, wo, ob über Gesundheit, Kollegen oder vom Weltgeschehen.

Wir haben uns ein bis zwei Mal jedes Jahr getroffen, egal in welchem Land wir gerade gastierten. Wir schrieben uns auch ein-, zweimal im Jahr. Leider war die letzte Post eine Todesanzeige. Ich habe eine Mappe, in der nur Korrespondenzen von mir lieb gewordenen Doktoren liegen. Doktor Wimmer liegt ganz oben. Es gibt auffallend viele gute Ärzte, die für Clowns etwas übrig haben. Viele Male konnte ich mich revanchieren und auf irgendeine Art helfen. Mit Auftritten in Kinderspitälern und bei Organisationen für behinderte Kinder. Oder nur mit dem lachenden Galetti auf einem Poster bei einem Kinderarzt im Wartezimmer.

Kletter-Maxe war in den fünfziger Jahren ein Begriff. Bekannt ist er beim alten Sarrasani geworden. Als Fassadenkletterer. Er hatte für Sensationen und Reklame gesorgt. Ich habe ihn bewundert, als er sechzigjährig in Düsseldorf an einem Hochhaus hochgeklettert ist und oben angekommen die Sarrasani Flagge ausgerollt hat. Über sein Leben ist ein grosser Spielfilm gedreht worden. Als er nicht mehr klettern konnte, ist er bei Sarrasani Mädchen für alles geworden. Und

CIRQUE
MONTE-CARLO

jetzt ist er auch das nicht mehr. Wir haben ihn in Groningen beerdigt. Zur Verstärkung des Programms hatte die Direktion noch eine Nummer engagiert: Die Brüder Lindors, am Hängepersch. *Papi, wer ist denn das? – Das sind Schweizer, ich würde sagen aus Zürich. – Woher willst Du das denn so genau wissen? – Sie reden Züridütsch: Jetzt chasch mi gärn ha, jetzt mueni zerscht öbis ztrinke ha.* Also den Durst des Neuankömmlings hatte Carmen gelöscht, aber in diesem Moment begann ein Feuer zu flackern, das mit nichts mehr zu löschen war. Ich hatte Recht, es waren Schweizer, und sie kamen vom Circus Royal, Walter und Jürg Joss mit ihrem Partner Martin. Ihre Darbietung war eine Luftnummer, Hängepersch. Jetzt hatten wir mit Eugen Weidmann unserem Dompteur und uns zusammen eine kleine Schweizerkolonie bei Sarrasani.

Ich sah bei französischen Kollegen eine grosse französische Zeitung. Das Titelblatt zeigte einen Grossbrand des Warenhauses La Foulette mitten in Paris. *Mein Gott, das kenne ich doch. Über dem Warenhaus hat doch Monsieur Kindler seine Wohnung!* Ich habe alles versucht, zu erfahren, ob er noch lebte. Seine Frau und er wurden unter der Liste der Vermissten geführt. Ich hatte noch viele Fotos, Werbe- und Bühnenmaterial in Kindlers Wohnung deponiert. Als es mir möglich war, bin ich gleich nach Paris gefahren. Meine Sachen sind alle verbrannt. Ob Frau und Herr Kindler dasselbe Schicksal ereilt hat, habe ich nie erfahren, nicht einmal bei seinen Landsleuten. Das Ende der Zusammenarbeit mit Monsieur Kindler habe ich mir anders vorgestellt. Der Diamant war fertig geschliffen.

Abbildung 42
1976 Preisübergabe in Monaco. (Foto Villar)

Abbildung 43
Hier wurde mir von Rudolph Geller die Ernst-Renz-Plakette überreicht. (Privatfoto)

Aber die Präsentation des Schleifers zusammen mit dem fertigen Stück, das hat noch gefehlt. Schade!

Heute war ein blauer Brief bei der Post. Es war keine Kündigung, wie es sonst mit den Blauen üblich ist. Nein es war eine Einladung zum 3. FESTIVAL INTERNATIONAL DU CIRQUE MONTECARLO. Es war natürlich ein Riesenaufgebot von bekannten Artisten, Dresseuren und Clowns. Fünfundvierzig grosse Nummern waren engagiert. Die Clowns möchte ich ihnen schon gerne nennen. Rolf Knie und Gaston, die Morenos, und Grigorescu, mit dem wir ja schon einmal in Montelimar in Frankreich an einem Festival um den ersten Platz kämpften. Er arbeitete dort solo, und trotzdem kam er mit einem ganzen Tross an, einem Choreografen für eine Nummer, die schon seit Jahren stand, einem Garderobier, einem Masseur, Kofferträgern und sonst noch ein paar Mitläufern. Jaja, wenn man ein russischer staatlicher Clown ist, kann es nicht genug kosten. Harte Devisen für den russischen Staat, nicht für den Clown.

Aber das ist eine andere Geschichte, die mit Fröhlichkeit und Clownsein nichts zu tun hat. Carmen und ich waren ganz alleine zuständig fürs Koffertragen, den Aufbau und auch für die Präsentation unserer Nummer. Die Choreografie haben wir selbst gemacht. Massiert hat mich meine Frau dann zu Hause. Wir haben auch gewonnen. In diesem Falle war die Freude und der Stolz riesengross. Der Präsident der Stadt überreichte uns den ersten Preis: Die Rose von Frankreich. Dann hängte er mir einen Kranz Würste, eine Spezialität aus seiner Region um den Hals, mit den Worten: *Das sind wunderbare, einfache Würste. Durch ihre Zusammensetzung sind sie das Beste vom Besten. Damit möchte ich sagen: Ihr seid auch einfache, wunderbare Menschen und die besten. Ich gratuliere Euch zum ersten Preis!!*

Zurück nach Monaco. Wir waren am dritten Tag im Programm. Und ausgerechnet vor unserem Auftritt löste sich eine Abseglung der Luftnummer. Ein Teil des Apparates drohte in die Manege zu stürzen. In Kostüm und Maske musste ich noch einmal unser Seil abbauen, um für einen Kranwagen Platz zu machen. Dabei hatte ich mich auf unseren Auftritt so gut vorbereitet, körperlich und mental. Dann warten und noch mal warten. Endlich wieder aufbauen, alles als Clown vor dem Publikum. Da war der ganze Überraschungseffekt weg. Ich habe mich über die Umstände geärgert. Ich war auch nicht der fröhliche Galetti. Die Leichtigkeit hat gefehlt. Nur einer der Juroren hat das eingesehen und uns gute Noten gegeben. Es war Fredy Knie.

Da hat er bei mir eine grosse Scharte ausgewetzt. Und im Lederkoffer liegt jetzt ein Positivo mehr von ihm. Zum Preis von Monaco hat es dann doch noch gereicht. Fürst Rainier hat sich mit einer lieben Geste und einem Schlag auf die Schulter bedankt. Das hatte mir mehr bedeutet als leeres Blabla. Die Schweizer Presse brachte eine grosse Reportage mit Bildern und dem Kommentar: Schweizer Artisten haben im internationalen Circus Festival in Monaco gross abgeräumt. ROLF KNIE MIT GASTON. CIRCUS KNIE SCHWEIZ. RENE STRICKLER DOMPTEUR Z. ZT. CIRCUS ALTHOF ÖSTERREICH. DIE TORNADOS MESSERWURF-NUMMER CIRCUS STEY SCHWEIZ. UND DER INTERNATIONALE CLOWN WALTER GALETTI MIT SEINER BALLERINA CARMEN. CIRCUS SARRASANI Z. ZT. DEUTSCHLAND.

Die Pässe, Grosser St. Bernhard oder den St. Gotthard hatten wir zur Auswahl, um nach Österreich zu kommen. Wir haben uns für den grossen St. Bernhard entschieden. In Monaco haben wir vom Winter nichts gemerkt. Aber hier im Tessin ist er mit Kälte und Schnee eingebrochen. Fast vier Stunden mussten wir in Bellinzona warten, bis die Passtrasse frei gegeben wurde. Wir kamen gut voran, die Strasse war schneefrei. Noch zwei Kehren und wir wären auf der Höhe zur Tunneleinfahrt gewesen. Da kam von der Passhöhe ein Schneeschauer auf uns herunter. Die Strasse war in kurzer Zeit mit viel Schnee bedeckt, und dazu kam ein starker Wind, der Schneeböen auf die Passstrasse blies. Wir wurden immer langsamer.

Dann kam der Punkt, wo gar nichts mehr ging. Langsam begann unser Gefährt rückwärts zu rutschen gegen die Leitschiene am Bergabhang. Zum Glück blieb es daran stehen. Opi streute Sand unter die Antriebsräder, meine Frau versuchte es mit Beten. Sie bat unsere Schutzengel um Hilfe. Wupps! Gabriel war schon da und hatte Marias, Opis, Carmens und Marizas Schutzengel auch gleich zur Verstärkung mitgenommen. Mit ihrer Kraft und Opis Sand unter den Rädern kamen wir langsam von der Leitplanke weg, Richtung Tunnel. Noch zehn, noch fünf, noch einen Meter und die Räder drehten sich auf trockenem Boden. Auf der anderen Seite des Tunnels war die Strasse schneefrei und sogar trocken. Da hat der Winter den Süden mit dem Norden verwechselt. Wir sind erst einmal stehen geblieben und haben uns beim himmlischen Personal für die Hilfe bedankt. Dann noch ein kleines Problem kurz vor der Haustür. Ab zweiundzwanzig Uhr Nachtfahrverbot für LKW auf Schweizer Strassen. Kurz nach zehn sind wir am Schweizer Zoll angekommen. Für die paar Minuten überzogener Zeit wollten sie uns büssen und die fünfzig Meter bis zur Österreichischen Grenze nicht mehr fahren lassen. Ich bin ausgestiegen und klemmte meinen Preis von Monaco und die Zeitung unter den Arm mit dem Bild von den guten Schweizer Artisten und der Adresse des Reporters. *Okay. Ich habe verstanden!* Und so durften wir ohne Busse die fünfzig Meter weiterfahren. In Österreich gab es kein Nachtfahrverbot.

Bevor wir 1977 wieder zu Sarrasani fuhren, hatte ich noch eine interessante Aufgabe. Das dänische Fernsehen wollte mit mir in Kopenhagen eine Schulfernsehsendung gestalten. Es ging um Mathematik, um Kräfteverschiebung. Sie stellten es sich so vor: Ich sollte auf dem Seil stehen und meine Balancierstange in den Händen halten.

Abbildung 44
Ein Sprung auf dem Seil. (Foto Postel)

Abbildung 45
Der verklemmte Finger. (Fotograf unbekannt)

Wenn ich nun mit der Stange balanciere, das heisst, wenn ich sie etwas nach links herunterdrücke, dann muss ich, um das Gleichgewicht nicht zu verlieren, sie rechts etwas hochnehmen, damit das Gewicht ausgeglichen wird. Die Balancierstange darf rechts vom Seil nicht mehr überragen als auf der linken Seite. Also, es entstehen Kräfte, die sich verschieben. Das sollten die Kinder ausrechnen. Wie viele Kilos ergibt es, wenn die Stange zwanzig Grad aus der Waagrechten ist, oder dreißig Grad. Das habe ich auch ohne Mathematik herausgefunden. Wenn die Stange auf einer Seite über fünfundvierzig Grad war, dann war ich kurz vor einem Absturz. Und dann wusste ich wie viel Kraft ich einsetzen musste, um es zu verhindern. Wie viele Kilos falsch verschoben waren, das konnte ich nur schätzen. Ich wusste genau, die Balancierstange wog dreizehn Kilo und das in ruhiger Lage. Wie viele Kilos die Kinder ausgerechnet haben, habe ich nie erfahren.

Circus Sarrasani 1977

Wir sind wieder mit Sarrasani auf Deutschland-Tournee. Alles läuft gut. Der Circus ist gut besucht. Galetti ist gesund und hat einen grossen Erfolg. Da musste es ja wieder einmal „Wumm" machen. Nur diesmal war es eher ein Bums! Er galt nicht mir alleine, sondern der ganzen Familie. Jürg, der Untermann der Luftnummer Lindors, war abgestürzt. Schuld war ein Materialfehler des Gerätes. Warum musste das hier in Bremen auf dem harten Kopfsteinpflaster sein und nicht in Amsterdam, wo der Circus auf einer weichen Wiese stand. Es hat ihn sehr hart erwischt. Rippen, Rücken und Arme waren stark verletzt. Die Wirbelsäule blieb zum Glück heil. Und noch grösseres Glück hatte er, dass sein Kopf heil blieb, sonst hätte er Carmen nicht mehr küssen können, denn sie waren inzwischen ein Liebespaar geworden. Das hatte sich auch bis zu den Ermittlern des Unfalls herumgesprochen.
Sie sind der Vater von Carmen?
Ja warum?
Ich nehme an, Sie sind nicht sehr glücklich, dass der abgestürzte Artist sich Ihre Tochter als Freundin ausgesucht hat und sie Ihnen aus Ihrer Nummer ausspannen will.
Haha, ich verstehe! Der Clown ist der Mörder, das kenne ich. Der kann sich so gut hinter der Maske verstecken. Sie nehmen wohl an, dass ich da heute Nacht unter die Circuskuppel geklettert bin und das Gerät angesägt habe. Natürlich, habe mich extra noch einmal geschminkt, dass mich ja keiner kennt. Erzählen sie keine Witze.

Nach vielen Wochen hat Jürg wieder versucht zu arbeiten, seinem Bruder zuliebe. Der hat inzwischen mit einem Ersatzmann gearbeitet. Die Direktion war aber mit dessen Leistung nicht zufrieden. Sie bestanden auf dem Standard der alten Darbietung oder Aufgabe des Engagements. Jürg hat auf die Zähne gebissen und ist wieder unter die Kuppel gestiegen, und hat bis Saisonende durchgehalten. Dann wollte und konnte er nicht mehr. Zu Hause hat er wieder auf seinen alten Beruf zurückgegriffen und sich weitergebildet. Heute hat er in einem

grossen Elektrokonzern einen leitenden Posten. Warum ich darüber
so gut Bescheid weiss? Ganz einfach, Jürg hatte Carmen geheiratet.
Und da muss man ja auf dem Laufenden sein, schon wegen den zwei
Enkeln. Geheiratet haben sie, als Carmen nicht mehr meine Ballerina
sein konnte. Aber das war ein wenig später.

Da gab es beim ZDF eine Abteilung Literatur und Kunst. Diese
Abteilung fragte mich an:

*Würden Sie im Circus Sarrasani vor der Kamera eine artistische, literari-
sche und künstlerische Darbietung bringen?*

*Ja sicher, nicht nur artistisch, wenn Sie wollen auch mit Kunst. Aber mit
Literatur, da habe ich nicht so viel an meinem kleinen Hut. Wie heisst
denn die Sendung?*

Einmischung erwünscht!

Wo soll ich mich denn einmischen?

*Heinrich Böll wird 60 Jahre. Er wird Gast im Circus sein. Sie sollen
ihm Blumen bringen und gratulieren.*

*Uuch, wie originell. Und das heisst einmischen? Da können Sie ja gleich
das Fräulein vom Blumenladen engagieren. Ich bin ein Clown, da verstehe ich unter Einmischen etwas anderes. Zu den Blumen muss doch ein
bisschen Spass dazu. Sind Sie einverstanden?*

Ja aber ...

Ja oder nein?

Also gut – ja!

Heinrich Böll war eine Persönlichkeit mit einer grossen Ausstrahlung. Die Gratulation im Circus ist durch seine Natürlichkeit zu
einer lieben, herzlichen Sache geworden. Wer kennt nicht sein Buch
„Ansichten eines Clowns“? Er hatte dieselben Ansichten wie ich, nur
drückte er sich gehobener aus als ich: *Der Clown, wie der Hofnarr
der feudalen Gesellschaft, darf bittere Wahrheiten aussprechen, sinnfällig
machen durch Bewegung und Wort.* Ich würde es einfacher sagen: *Der
Clown soll den Mut haben, sich selbst auf den Arm zu nehmen, dann hat
er Narrenfreiheit, die er überall einsetzen kann, wenn er sie mit Herz und
Verstand den Menschen näher bringt.*

Unser Dompteur Dieter Farrel stand immer ein bisschen über den Komödianten und Komikern, – er ist ja auch Dompteur. Das ist doch viel seriöser und eben auch ein bisschen höher. Er hatte eine gemischte Raubtier-Nummer. Alle wussten, dass ein Tiger krank war. Nur Dieter wollte es nicht war haben. Heinrich Böll sagte: *Der feudalen Gesellschaft die bittere Wahrheit aussprechen.* Ich habe es bei ihm versucht, denn auch ein Clown hat eine Meinung: *Dieter, ich bin zwar nur ein Clown, aber mein Gefühl sagt mir, wenn Du den Tiger heute in die Manege nimmst, gibt es Probleme. – Behalte Deine Gefühle für Deine Witze und Komik!*

Dann nur einige Augenblicke später die bittere Wahrheit. Die Tiere liefen in die Manege. Der kranke Tiger wurde von den gesunden angefallen. Dieter Farrel wollte dem unterlegenen Tier Hilfe leisten. Das hätte er nicht tun sollen, denn die Rangordnung hatte nun keine Gültigkeit mehr – auch er wurde angefallen. Mit einem starken Strahl aus dem Feuerwehrschlauch wurden die Tiger aus dem Zentralkäfig gejagt. Ein paar beherzte Artisten konnten mit einem Netz den verletzten, kranken Tiger sichern und hinaustragen. Nun konnten auch die Sanitäter den verletzten Dompteur aus dem Käfig holen. Auf Anweisung des dazu gerufenen Tierarztes legten wir den Tiger hinter dem Circus auf den Boden.

Um das verletzte Tier zu untersuchen nahm er das Netz vom Tiger weg. *Warum nimmt er das Netz weg?* Mit meiner Narrenfreiheit wollte ich nicht noch einmal bei der gehobenen Gesellschaft anecken. Deshalb sagte ich es nur meinen Kollegen. *Das ist keine Hauskatze. Schau einmal seine Augen an, es braucht nur einige Augenblicke, und er ist wieder voll da, dann ein Sprung über den Zaun und er wird sich Brüssel von der anderen Seite ansehen.* Ich hatte Recht. Der Tiger stand auf, schüttelte sich und war mit einem Sprung über dem Zaun. Und er zeigte Geschmack. Er suchte sich die Altstadt aus. Da er aber als Bengale kein Visum für die Brüsseler Innenstadt hatte, wurde er zum Abschuss freigegeben. Dieter Farrell hat es überlebt, aber er war viele Wochen im Krankenhaus.

Unsere nächsten Gastspielorte waren in Deutschland. Ankunft in einer Kleinstadt im Saarland. Ich fragte unseren Platzchef: *Hallo Kurt! Wo ist der Standplatz für unseren Wohnwagen? – Frag doch den Alten, der weiss doch immer alles besser. – Oh! Schlecht gelaunt, Herr Oberplatzmeister?* Da kommt er ja mit seinem grün-weissen Wunderhebersenkziehstossgabelspezialtraktor. Er platziert einen grossen Gepäckwagen zum Circus. *Herr Mey! Wo ist der Platz für … – Einen Moment, ich bin gleich fertig! – Fritz, häng die Anhängegabel hoch, ich schieb den Wagen mit der Stossstange rückwärts zum Circus.* Ich bin neben seiner Maschine hergelaufen. Ich kenne ihn doch, der fährt weiter und lässt dich einfach stehen. Mit der Stossstange von seiner Mehrzweckmaschine schob er den Wagen rückwärts zum Circus. Da stand das linke Vorderrad an einer Bordsteinkante an. Das Fahrgestell drehte sich mit einem Ruck. Die hoch gehängte schwere Gabel riss den Haken aus der Vorderwand und sauste herunter. „Wumm!" hatte es wieder einmal gemacht.

Mein Schutzengel hatte längere Zeit nur mit Kleinigkeiten zu tun, so war er eigentlich recht fit und schnell. Aber die tonnenschwere Gabel war schon dicht über meinem Kopf. Es reichte ihm nicht, mich ganz wegzuziehen. So traf mich das Ungetüm noch mit einem „Streifschuss". Um mich voll zu treffen, fehlte genau die Dicke des Lebensfadens, der auch diesmal nicht gerissen ist. Ich bin im Krankenhaus mit einem Turban aufgewacht. Der musste den Kopf zusammenhalten, denn er war stark erschüttert. Erst nach Tagen konnte ich wieder in die Manege. Anstelle der Perücke war ein schöner Turban. Er passte nicht zur Clownmaske, aber er war ein notwendiges Übel. Da das halbe Dutzend voll war und mein Lebensfaden wieder nicht gerissen war, wollte ich mich bei Gabriel bedanken. Aber er liess sich nicht sehen, er war einfach weg.

Circus Sarrasani 1979

In unserer letzten Saison mit Sarrasanis Vierjahresvertrag sind wir wieder einmal in der Schweiz auf Tournee. Mit einem neuen starken Programm. Ich weiss nicht, woran es lag. Das Publikum blieb teilweise aus. Auch die Presse war nicht so ganz auf unserer Seite. Knie versuchte natürlich mit allen Mitteln, die Konkurrenz auszuschalten. Aber der grosse Fehler lag bei Sarrasani selbst. Seit Frau Mey nicht mehr im Circus war, fehlte der gute Geist des Hauses. Man spürte, dass keine Liebe und kein Herz mehr vorhanden war. Die Geliebte von Herrn Mey hatte nun das Sagen. Das sagt viel, und sie sagte auch viel.

Es wurde nichts mehr in das Unternehmen hineingesteckt, sondern nur noch herausgenommen. Eine grosse Villa wurde gebaut. Auf dem Schreibtisch lagen jetzt Prospekte für Marmor und Mosaiksteine, Messing- und Chromhalter und Goldhaken, wo früher Presseberichte und Tourneepläne lagen. Ich hatte die Freude an Sarrasani verloren. Wo Professionalität, Liebe und Herz fehlen, da ist es bald aus, egal was für ein Betrieb es auch sein mag. Frau Mey habe ich noch vor kurzem besucht. Es geht ihr recht gut in ihrem hohen Alter. Ja, ihr Herz schlägt noch immer und strömt Liebe und Wärme aus. Sie hat ihrem Mann verziehen, und als er schwer krank und wieder alleine war, hat sie ihn bei sich aufgenommen und ihn bis zu seinem Tode gepflegt.

Auf dieser Tournee habe ich den bekannten Regisseur Herrn Grönner vom Schweizer Fernsehen kennen gelernt. Er ist ein Galetti-Fan geworden und ist sogar einige Tage mit uns mitgereist. In dieser Zeit hatte er ein Szenario zu einer Fernsehserie geschrieben. Schon nach kurzer Zeit kam er mit einem fertigen Drehbuch an, eine Koproduktion mit dem ZDF. Drehbeginn Winter 1980 in der Schweiz. Die Idee war die: Ich fahre mit meiner Familie mit meinem Wohnwagen von Stadt zu Stadt. Die Reise wird in Farbe gefilmt. Dann ein Halt vor einem Bäckerladen. Alte Erinnerungen aus meiner Backstubenzeit werden wach. Die werden in schwarzweiss aufgenommen. Dann wieder in Farbe eine schöne und interessante Weiterfahrt zur nächsten Stadt. Halt vor einer Baustelle. Bilder entstehen, als ich Maurer war. Weiter geht die Reise über Land durch Städte und Dörfer. Dann wieder ein Stopp und Rückblicke in schwarzweiss aus meinem Leben. Rekrutengeschichten und die Knie-Erlebnisse. Sieben solcher Episoden an verschiedenen Orten und Lebensabschnitten sind vorgesehen in sieben Fortsetzungen. Grossartig wunderbar, die Freude über diese Aufgabe war nicht zu beschreiben. Nicht zu beschreiben war auch dann die Enttäuschung, als die Absage des Projekts kam. Aus der Koproduktion ist nichts geworden, und so ist die ganze Sache in einer Schublade gelandet. Und da liegt sie heute noch.

Es gibt noch eine grosse Enttäuschung in Sachen Film. Die liegt nicht in Zürich beim Schweizer Fernsehen, sondern in Paris bei einer grossen Filmgesellschaft in einer tiefen Schublade, ganz hinten unter vielen anderen Wumms. Monsieur Kindler hatte auch das Sagen bei einer grossen Filmgesellschaft. Er konnte die Herren davon überzeugen, einen Circusfilm zu realisieren: „Die Grosse Nummer". Die Geschichte handelte von einem Waisenjungen, der aus dem Heim ausbricht und bei einem kleinen Wandercircus aufgenommen wird. In diesem Circus reift er zu einem jungen Mann und einem guten Artisten heran, der ein grosses Talent für Komik hat. Später wechselt er zu einem Grosscircus, wo er die Möglichkeit hat, sich eine eigene Nummer aufzubauen.

Der Film sollte die Höhen und Tiefen, das Werden eines Clowns und seiner grossen Nummer zeigen. In den Hauptrollen als Circusdirektor: Curd Jürgens. Da sich die Geschichte über Jahre hinweg zieht, wird der Waisenjunge von zwei verschiedenen Jungen gespielt. Von dem Zeitpunkt an, wo sich die Geschichte im Grosscircus abspielt, sollte ich mich selbst spielen. Drehort, ein Doublecircus von Circus Knie in verschiedenen Städten der Schweiz. Das wird sicher der Höhepunkt meiner Kariere. Die Verhandlungen sind abgeschlossen. Im feudalen Hotel Baur au Lac in Zürich sind die Verträge unterzeichnet worden. Wumm! Wumm! Gleich zweimal mit Echo, so stark hat es gehallt.

Curd Jürgens ist gestorben. Das ist der erste Wumm. Der Grossbrand in Paris, in dem Monsieur Kindler wahrscheinlich den Tod gefunden hatte, ist der zweite. Nach dem Tod der beiden wichtigen Herren ist auch der Film gestorben – aus, fertig!

Circus Jean Richard 1980

Circus Jean Richard. Es ist wie Urlaub. Start im Januar in Bordeaux. Die Tournee ging durch die Pyrenäen, dann zurück Richtung Meer, der Küste entlang, von der spanischen bis zur italienischen Grenze, mit kleinen Abstechern ins Landesinnere und wieder zurück ins Rhonedelta. Da hatten wir zwei Erlebnisse, die ich nicht vergessen habe. Wir waren nicht die einzigen, die mit Wohnwagen unterwegs waren. Die ganze Gegend um eine kleine Stadt war mit bewohnbaren Wagen besetzt. Vom Eselskarren bis zur Nobelkarosse war alles vertreten. Einmal im Jahr treffen sich die Zigeuner der ganzen Welt in Saintes Maries-de-la-Mer, wo sie ihrer Königin huldigen oder, wie heute, eine neue Königin wählen. Was ich in der kurzen Zeit gesehen habe, war für mich beeindruckend. Diese Farben, diese Musik, das Lachen und die Fröhlichkeit. Da war die Erinnerung an die Blutsbrüderschaft in Berlin wieder voll da.

Das zweite Erlebnis nur einen Tag später und nur einige Kilometer weiter. Für kurze Zeit war es still und dunkel. Ein Schwarm Insekten, die ich vorher und später nie mehr gesehen habe. Braune Brummer zwischen Libellen und Heuschrecken sind über den Circus und das Land hergefallen. Dunkel ist es geworden, weil sie zu Tausenden und Abertausenden die Sonne verdunkelten. Die Musik im Circus konnte man nicht mehr hören, weil ihr Zirpen alles übertönte. Ein bisschen zirpen, ein bisschen Insekten, aber bitte nicht so viele. Tagelang krochen sie noch aus den Kellerkasten der Wohnwagen, Material- und Futterwagen. Noch einmal hatte ich ein Erlebnis mit Insekten. Ich bin durch eine Allee gefahren. Da hörte ich ein Geräusch, das immer stärker wurde. Das kannte ich doch, das hatte ich schon einmal, als sich eine Mutter des Hinterrades löste. Anhalten und nachschauen. Was ist das, mein Wagen stand, und das Geräusch war immer noch zu hören? *Ach du lieber Himmel, das sind Grillen, die sitzen in den Zweigen der Bäume und zirpen mit ihren Flügeln!* Glück gehabt. Lieber das Geräusch in den Bäumen als in den Radkappen.

Die Küste von Marseille mit seiner öligen Bucht lassen wir links liegen und geniessen den wunderbaren Strand von Toulon, St. Raphael, Cannes, Nice, Monte-Carlo. Vor fünf Jahren beim Circus Festival stand der Circus weit hinten am Rand von Monaco, und jetzt stehen wir auf einem riesigen aufgefüllten Gelände, weit draussen, wo vor einigen Jahren die grossen Yachten ankerten. Monaco ist so nah gerückt. Man kann mit blossem Auge die Raubtiere im Freigehege des Fürsten sehen. Unsere Reise ging wieder zurück, Richtung Spanien. Antibes. Wir standen mit unserem Wohnwagen direkt am Meer. Wenn das Luftkissenboot aus dem Meer auf seinen Landeplatz fuhr, mussten wir die Fenster und Türen schliessen, sonst blies es uns Gischt bis in die Wohnung.

Mariza besass auch so ein Boot, aber ein bisschen kleiner. *Mami, wie kann man denn das Boot im Meer schwimmen lassen? – Komm her ich habe eine Idee.* Wir hatten ein aufblasbares Paddelboot. Maria paddelte damit ein Stück in die Bucht hinaus. Mariza sass hinten und zog an einem Nylonfaden ihr Luftkissenboot in Miniatur hinter sich her. Mit hoch gestelltem Bug sauste ein Sportbootfahrer über das Wasser. *Mami pass auf, der Kapitän Nemo will uns überfahren!* „Blubb blubb!" hat es gemacht. Der Bug hat sich gesenkt. Der Käpten Nemo stand in seinem plötzlich stillstehenden Boot und schimpfte, – und zwar auf Deutsch. *Sind Sie blöde, ich werde Sie anzeigen. Das ist strafbar. Wenn man hinter einem Boot einen Gegenstand schleppt, muss man ihn mit einer weissen Flagge kennzeichnen.*

Er schnitt den Nylonfaden durch und versuchte den Rest, der sich satt um die Antriebswelle seines Aussenbordmotors gewunden hatte, abzuwickeln und schimpfte auf die Franzosen. Maria entschuldigte sich: *Pardon Monsieur, pardon. Nix verstehen! Deutsch nix verstehen!* Bis jetzt war es immer umgekehrt. Sie holte das kleine Boot mit dem abgeschnittenen Schlepptau herein und paddelte zurück. Das Paddelboot haben wir nach all den Jahren immer noch im Gebrauch. Und das kleine Luftkissenschiff ist am Heck als Rettungsboot festgemacht. Man weiss ja nie.

Das ist eine herrliche Tournee, die Menschen, die Mentalität, ihre Lebenseinstellung, die Landschaft, die Natur und ihr Wein. Morgens, wenn du aus dem Wagen kommst springst du ins Meer. Es ist warm, man fühlt sich einfach wohl. Direkt vor uns eine kleine Insel mit einer grossartigen Kirche und kleinen, etwas ärmeren Gebäuden darum herum vor sich, Mont St. Michel, gross und klein, arm und reich beisammen. Die Kirche war von der Sonne angestrahlt. Alles stand in vollem Licht. Es war ein heisser Tag. Die Tierschau war auf einem kleinen Platz aufgebaut. Es gab keinen Schatten, und es war sehr staubig.

Um es den Menschern und Tieren beim Abbau etwas angenehmer zu machen, hat der Tierschauchef Toni den Platz benetzt. Alles, bis auf den Elektrowagen war schon weggefahren. Toni hat mit einer Beleuchtungslampe noch einmal den Platz abgelaufen und kontrolliert, dass nichts vergessen wurde. Die Lampe war sonst an einem Kandelaber zur Beleuchtung der Menagerie aufgehängt und nicht für grosse Bewegungen vorgesehen. Ein Draht hat sich gelöst und hat einen Kurzschluss verursacht. Da Toni nur leichte Sandalen trug und auf dem nassen Boden stand, war ihm der Strom durch den Körper gefahren! Man brachte ihn sofort ins Krankenhaus, aber leider konnte man ihm nicht mehr helfen. Er war ein liebenswerter Mensch gewesen und hinterliess eine junge Frau und einen kleinen Sohn.

Er war, wie wir im Circus sagen, ein Tiermensch. Er verstand sich ausgezeichnet mit allen Tieren, und er hatte ja als Menageriechef mit vielen zu tun. Ihm selbst gehörte ein junger deutscher Schäferhund, den er wunderbar dressiert hatte. Sie verstanden sich sehr gut. Aber so lieb der Hund auch war, die Witwe konnte ihn nicht weiter behalten. Er war zu stark auf einen Mann eingestimmt gewesen. Gilbert Houck kam und meinte: *Walter, tu mir und der Frau Gruss einen Gefallen. Du bist der einzige, der das Tier übernehmen könnte. Deine Kinder werden viel Spass mit ihm haben. – Und ich? – Wir sprechen uns in einigen Wochen wieder. Du wirst ihn nicht mehr hergeben wollen.* Gilbert hatte Recht. Wir, die ganze Familie hatten so viel Spass und

Freude mit Titan. Ein Herz und eine Seele waren natürlich er und Mariza. Aber auch mich hat er sofort akzeptiert. Vom ersten Tag an gehörte er zur Familie. Er sass bei den Fahrten als Beifahrer neben mir. Sprang jemand von uns ins Meer, dann sprang er hinterher. Er war ein richtiger Schäferhund, er wollte alle beisammen haben. Durch das viele Schwimmen im Meer hat das Salzwasser bei ihm stellenweise zu Haarausfall geführt. Ich war mit ihm bei Tierarzt. Er lag auf dem Untersuchungstisch. Irgendwie hat ihm die Umgebung nicht gepasst. Mit einem Sprung direkt vom Tisch durchs Fenster war er weg. Der Arzt schenkte mir die Salbe. So etwas hatte er noch nie gesehen. Ja – die vom Circus!

Eine ganz kleine Begebenheit, die auch meine Kinder nicht vergessen haben. Wir standen am Rande des Ortes mit unserem Circus. Ein Feldweg führte zu einer kleinen Anhöhe. Da waren einige Büsche und ein Baum. Darunter stand ein Handkarren im Schatten, aber nirgends waren Menschen zu sehen. Flach über den Karren war ein Tuch gelegt, das alle vier Seiten abdeckte. Meine Kinder waren natürlich neugierig, was unter dem Tuch verborgen war. Wäre das Tuch mit Bögen über den Wagen gespannt gewesen, hätten wir auf einen kleinen Zigeunerwagen getippt, aber so ohne alles. Ein leerer flacher Karren sonst nichts. Mariza wollte es wissen. Sie ist hinten herum und hat unter das Tuch geschaut.

Papi, da liegen zwei Menschen, ich glaube, die wohnen da unter dem Karren. Carmen kam angelaufen: *Papi, da hinter den Büschen steht ein ganz magerer Esel. Ich gehe nach Hause und hole ihm etwas zu fressen.* Die Kinder haben Brot, und was sie sonst noch erwischten, mitgenommen und dem Esel gebracht. *Papi, Papi, stell Dir vor, die Leute unter dem Karren haben das alte Brot und die anderen Sachen, die für den Esel bestimmt waren, selbst gegessen, sogar die Abfälle.* Seit diesem Vorfall haben meine Kinder Respekt vor allem Essbaren und erkannten, dass es nicht selbstverständlich ist, dass man immer satt wird.

Unsere Tournee führte uns an der Rhone entlang mit einem Abstecher nach Savoyen, bis hoch nach Chamonix und St. Etienne.

Auf den Passstrassen stand in grossen Buchstaben „Bravo Galetti". Ich musste bei meinem Wagen das Fenster öffnen, weil mein Stolz und meine Freude in der Führerkabine keinen Platz mehr gehabt hatten. Ein paar Stunden später hat sich der ganze Tross der Tour de France über den Pass Richtung Italien gequält. Und da war der bekannte Radrennfahrer Galetti dabei, für ihn haben sie „Bravo" auf die Strasse geschrieben. Ich habe das Fenster wieder geschlossen.

Nicht das Fenster, sondern die Türe bei den Löwenwagen hat unser Tierpfleger vergessen zu schliessen. Die Löwen haben es schnell mitbekommen, dass der Riegel nicht vorgeschoben war, dass dies die grosse Freiheit bedeutete, und das schon am Morgen. Sie marschierten erst einmal einer nach dem anderen durch die offene Türe hinaus auf den Circusplatz, schauten sich um, wo es am schönsten wäre. Unsere Mexikaner vom fliegenden Trapez kamen gerade von der Probe zurück. Starke durchtrainierte stolze Mexikaner und ihre Frauen mit den Kindern an den Händen.

Ein Löwe kam mit gemächlichen Schritten auf die Mexikaner zu. Im Chor riefen sie: *Der Löwe ist los!* Aus und vorbei war es mit den mutigen und stolzen Mexikanern. Sie liessen ihre Frauen und Kinder stehen und verschwanden in ihren Wagen, von wo aus immer noch zu hören war: *Der Löwe ist los!* Schnell stand Carmen mit dem Fotoapparat im Wohnwagen am Fenster. Es war ein Klappfenster, welches nach aussen aufging. Sie hatte den Löwen schon recht gut im Visier, aber der Rahmen des Fensters störte sie im Bild, deshalb schob sie es weiter nach oben auf. Wau! Das gibt ein gutes Foto, aber der Löwe mit seiner herrlichen Mähne müsste auch noch in ihre Richtung schauen. Das wäre ein Sensationsfoto. Carmen kannte den Lockruf für Katzen. Der Löwe erinnerte sich, dass er eigentlich auch eine Katze war und reagierte auf das „bsss bsss". Mit einem Satz war der Löwe mit seinem riesigen Kopf genau vor Carmens Klappfenster. Welches sie nun aber sehr schnell und mit einem Ruck schloss. Ein Knurrer, ein Dreher und weg war das Löwenmännchen und aus war es mit dem Sensationsfoto.

Kurze Zeit darauf traf eine Nachricht bei der Direktion ein: *In meinem Garten spaziert ein Löwe. Ich nehme an, dass er Ihnen fehlt. Zum Glück war mein Hund nicht im Garten, aber sein Futter, das ist weg.* Wir hatten einen kleinen fahrbaren Käfigwagen in den Garten des neuen Nachbarn gefahren. Unsere Dompteurin Catharina hatte Glück. Der Garten war eingezäunt und der Löwe hatte Hunger. Sie konnte ihn mit einem Stück Fleisch in den Wagen locken. Ausflug in die Freiheit beendet! Aber wo die anderen Ausreisser waren, wusste man nicht. Dann kam ein Anruf, dass ein Löwe in einem Park spazieren würde. Es war keine Vorstellung und so sind alle, fast alle Circusleute, halt die mutigen, mit dem leeren Käfigwagen zum Park gefahren. Auch hier hatten wir Glück. Mit Zaunteilen und Gittern konnten wir den Kreis um den Löwen immer enger ziehen und ihn in den Käfig treiben. Nur noch einer, aber der war nicht aufzufinden. Polizei und Feuerwehr machten Patrouille. Nichts. Catharina meinte: *Wenn der Hunger hat, wird er sicher irgendwo auftauchen.*

Aber die Stunden vergingen und keine Spur von ihm. Jetzt wurde es langsam kritisch. Zwei Tage ohne Futter. Jetzt war der Löwe hungrig und gefährlich. Schulen wurden geschlossen, ein Ausgehverbot verhängt und immer noch keine Spur von dem Löwen. Am dritten Tag endlich eine Nachricht. Löwe im Schlachthaus gesichtet. Von dem Schlachtereiraum gab es einen Kanal, in dem die Schlachtabfälle zu den Containern transportiert wurden. Durch eine offene Klappe ist der Löwe in den Kanal gekommen. Da hatte er ungestört drei Tage lang gefressen und geschlafen und wieder gefressen. Er lag da mit seinem dicken Bauch und staute die Abfälle auf, die eigentlich weiter zu den Containern rutschen sollten. Das hat ihn verraten. Mit Fleisch konnte man ihn nicht locken. Mit einem Betäubungspfeil wurde er zum Schlafen gebracht, und mit Gurten und einer Seilwinde konnten wir ihn in seinen Wagen ziehen. Es dauerte noch Tage, bis er seine Verdauung wieder im Griff hatte. Sergio, unseren Sprecher, den darf ich nicht vergessen. Er war der natürlichste und charmanteste Sprechstallmeister. Diese Ausstrahlung und das Spontane, das er hat, kann man nicht lernen. An dem Erfolg, den wir bei Jean Richard hatten, hatte er grossen Anteil. Wenn er mit Carmen und später mit Mariza durch die Manege tanzte, um mir zu zeigen, wie ich es eigentlich auf dem Seil tun sollte, dann war das eine Nummer in der Nummer. Sergio für den Süden und Buster Larsen für den Norden waren für mich die grössten Circussprecher. Aber auch als Menschen unübertrefflich. Noch immer ist er bei den Circusfestivals in Monaco zu sehen und zu hören.

Mit dem Einverständnis der Kinder haben wir uns entschlossen, sie zu guten Artisten ausbilden zu lassen und zwar bei den Bulgarischen Brüdern Dumitru. Meine Kinder hatten es da sicher nicht leicht. Aber es war ja nicht nur eine Artistenschule, es sollte auch ein bisschen Lebensschule sein. Die Kinder haben bei einer italienischen Familie gewohnt. Die Familie Di-Nella nahm sie auf wie ihre eigenen Kinder. Marco ging am Vormittag in Wiesbaden zur Schule, und am Nachmittag war Körperbeherrschung, Steppen und Musik auf dem Programm. Mariza hatte Glück, sie hatte eine grossartige Ballettlehrerin, Madame Samina Hildebrand, die bis zu ihrem tragischen Unfall selber ein gefeierter Star war. Bei ihr hat sie sehr viel gelernt.

Wir gastieren in Lyon. Nach langer Zeit waren wir drei Tage in derselben Stadt. Das wurde ausgenützt. Lyon ist ja nicht so weit von der Schweiz entfernt. Da hatten wir wieder einmal das Haus der offenen Türe. Brüder und Schwestern mit Anhang, alles kam angereist. Jürg besuchte seine Carmen. Und Mariza und Marco hatten Schulferien und waren auch wieder einmal zu Hause. Der Wagen war voll, aber wir waren glücklich, dass alle da waren. Es war wie früher bei meinem Nono. Nächste Stadt ist Clermont-Ferrand, mit einer wunderbaren Altstadt, vielen intakten Wasserrädern mitten in der Stadt. Hinter dem Circus fand ein grosser Trödelmarkt statt, teils mit guten und interessanten Sachen. Alte Möbel, Waffen, Trichtergrammophons, Schmuck und so weiter. Da gab es aber auch einen Stand von Zigeunern. Die hatten gebrauchte Gebisse, kaputte Prothesen, Totenköpfe und Kindersärge. Wer kauft schon Totenköpfe und Kindersärge? Wie es sich dann sehr schnell herausstellte, wollten sie gar nichts verkaufen.

Was sie da ausstellten, sollte nur den Tod symbolisieren, den diese Zigeunersippe unter die Menschen bringen wollte. Die Marktfahrer und die einheimischen Besucher machten einen grossen Bogen um diesen Stand. Die Gendarmen sind verschwunden, weg! Warum? Ich war mit meiner Kamera auf dem Markt unterwegs und langsam begann mich die Sache zu interessieren. Ein Einheimischer erzählte mir: *Man nennt sie nur die Messerstecher. Sie werden von den anderen Zigeunern ausgestossen. Sie sind richtig bös und primitiv. In ihrem Stamm herrscht schon seit vielen Jahren Inzucht.*

Wir hatten eine Mittagvorstellung. Carmen war wie immer um diese Zeit im Circus, um das Publikum zu platzieren. Auf einmal wurde sie von drei Männern bedrängt. Carmen hatte auch von den Messerstechern gehört, sie bekam Angst und lief so schnell wie nur möglich weg, raus aus dem Circus. Sie kam aber nur bis zum Vorhang, da wollten sie mehrere Messerstecher-Zigeuner aufhalten. Aber die Programmtasche schwingend und mit ein paar flinken Bewegungen konnte sie von der Meute flüchten und rannte zur Mutter *Schnell, schnell in den Wagen, oder noch besser verschwindet in die Führerkabine und legt euch auf den Boden, da suchen sie euch nicht.* Auf einmal war die Hölle los! An die zwanzig Männer und Frauen im Publikumsraum verteilt drehten sich auf ihren Sitzen und Bänken um, mit dem Rücken zur Manege und begannen das Publikum zu tyrannisieren. Sie warfen mit Steinen und Holzstücken. Das Circuspersonal, das für Ruhe sorgen wollte, wurde mit Messern bedroht. Dann begannen sie die Exotentiere, die in der Manege waren, zu steinigen. Die Zigeuner, die hinten durch den Vorhang gekommen waren, beteiligten sich auch an dem Krawall. Das Publikum verliess in heller Panik das Zelt. Die Vorstellung musste abgebrochen werden. Ein Tierpfleger versuchte ein völlig verängstigtes Zwergnilpferd in den Stall zurückzutreiben. Einer der Zigeuner riss ihm den Stock aus der Hand und schlug auf das Tier ein. Das war für den Tierpfleger zu viel. Er sprang den Zigeuner an. Der hatte plötzlich ein Messer in der Hand, und mit einem lauten Schrei brachte er dem Tierpfleger einen tiefen Schnitt am Hals bei und verschwand. Der Pfleger stand unter Schock und begriff überhaupt nicht, was ihm passiert war. Carmen und Mariza hatten die Szene mit dem Tierpfleger beobachtet, sie sind zu ihm hingerannt und haben ihn gestützt und dann auf die Erde gelegt. Er sagte nur immer: *Schau mal, das Blut auf meiner Hose. Wo kommt das her?* Carmen versuchte mit einem Tuch das Blut zu stillen, Mariza holte einen Sanitäter. Dann sind sie zu ihrer Mutter gelaufen und haben sie beruhigt. Das war auch nötig, denn hinter unserem Wohnwagen haben hysterische Zigeunerweiber einen Lattenzaun eingerissen, und Holzlatten schwingend und schreiend kamen sie Richtung Circus gelaufen. Was tun?

Die Polizei hat uns jämmerlich im Stich gelassen. Jene, die auf dem Markt stationiert waren, sind schon lange verschwunden, mit der Begründung, mit den Messerstecher-Zigeunern wollen wir nichts zu tun haben. Vor einem Jahr haben wir aus unseren Reihen einen Toten gehabt und die Messerstecher machen auch vor unseren Frauen und Kindern nicht halt. Also waren die Circusleute auf sich selbst angewiesen. Gut, dann auf in den Kampf. Jetzt kam Trick sieben aus meiner Ideenkiste zum Zuge. Im Sattelgang hingen zwei Feuerlöscher. Einen riss ich vom Halter, und ich sprühte eine Gasse durch die Horde.

Ein Kollege, er war auch nicht von gestern, schnappte sich den zweiten und griff die Horde von hinten an. Das brachte Unordnung in die Meute. Ihr geschlossener Angriff wurde zerschlagen. Ihrer gewohnten Taktik beraubt, wurden sie zusehend unsicherer. Dazu bekamen wir noch Verstärkung der Stalleute, die ihr Handwerkszeug, Gabeln und Schaufeln nun als Waffen benutzten. Auch die Artisten und Musiker hatten sich inzwischen mit allem Möglichen und Unmöglichen bewaffnet. Wir schlugen sie in die Flucht und holten den Rest der Bande aus dem Circus. Wir hatten die Schlacht gewonnen, aber der Krieg war noch nicht zu Ende. Keine Behörde, keine Polizei hat uns geholfen. Die Direktion hat alle Vorstellungen abgesagt und den sofortigen Abbau und die Abreise angeordnet. Als alles abfahrbereit war, sind wir im Konvoi in die nächste Stadt gefahren. Den

grossen Kranwagen wie einen Panzer voraus, immer auf der Hut, dass
wir angegriffen würden. Wenn man den riesigen Stau, den es durch
unsere kilometerlange, geschlossene Fahrzeugkolonne gegeben hatte,
ausser Acht liess, ist alles gut abgelaufen. Keine Polizei, keine Gen-
darmerie hatte uns aufgehalten oder hätte unsere Kolonne trennen
wollen. Sie haben uns in der Stadt nicht geholfen. Jetzt auf der Landstrasse brauchten wir sie auch nicht. Eine schnelle Operation hat dem
Tierpfleger das Leben gerettet. Ich hatte später öfter versucht, mehr
über die Messerstecher zu erfahren. Aber selbst bei den französischen
Zigeunern habe ich nichts herausbekommen. Das Thema war einfach
tabu, sie schämten sich für diese Menschen.

Es war wieder einmal Herbst geworden und die grossartige Saison
in Frankreich war bald zu Ende. Jean Richard war auf Besuch in seinem Circus. Er sprach mich an:
Lieber Galetti, bitte bleibe noch eine Saison bei uns.
*Merci Monsieur Richard, aber ich habe für 1982 bereits einen Vertrag
ins Tivoli in Kopenhagen abgeschlossen.*
Ab wann bist Du in Kopenhagen engagiert?
*Ende Juni habe ich eine Fernsehaufzeichnung in Deutschland, ab 1. Juli
sind wir dann in Kopenhagen.*
*Gut, dann bleibst Du bis Mitte Juni bei uns. Du bist dann immer noch
früh genug in Deutschland. Moment noch Galetti, ich habe in Ermono-
ville einen festen Circus gebaut, ein Bijou. Zur Einweihung möchte ich
Dich im Programm haben. Es wird eine Fernsehaufzeichnung, die man
in der ganzen Welt sieht. Und anschliessend bist Du ja bei mir im Cir-
cus Hypotrom in Paris. Und im Januar werden wir dann die Sommer-
Tournee 1982 starten.*
Merci Monsieur Richard, ich nehme alles gerne an.

Die Saison war für alle ein grosser Erfolg und endete in Marseille. Nun war Paris unser nächstes Ziel. Wir wollten noch etwas essen
und dann losfahren. Meine Kinder hatten ein Meerschweinchen, es
hiess Tschudeli. Ein Arbeiter liebte das Tierchen auch. Für die Kinder
war er der Tschudelifreund. Er wollte sich bei den Kindern und dem

Tierchen verabschieden. Meine Frau mit ihren grossartigen Französischkenntnissen hat sich bei ihm entschuldigt: *Ich würde Sie ja gerne einladen, aber wir fahren gleich los. Um Zeit zu sparen, haben wir nur aufgewärmtes Essen. Ich kann Ihnen das nicht anbieten, es tut mir leid.* Aus ihrer Entschuldigung auf Französisch ist eine Einladung geworden. Der Meerschweinchenfreund hat sich herzlich bedankt und hatte sich an den Tisch gesetzt. Er hatte sich sehr gefreut, was bei meiner Frau weniger der Fall war.

Jean Richards grosser Weihnachtscircus in Paris war ein riesiges Hypodrom, zusammengebaut aus drei grossen Circussen, getragen von zwölf Masten. Es gab einen grossen Manegencircus und einen kleinen Bühnencircus. Der Rest dieser gigantischen Halle war die Geschenke-Abteilung. Grosse Firmen und Betriebe kauften sich ein Circusprogramm und beschenkten damit die Kinder ihrer Arbeiter und Angestellten. Nach der Vorstellung gab es dann für die Kinder noch die vorher ausgestellten Geschenke. Sie konnten das Ende des Programms kaum abwarten. Uns ging es auch so, aber nicht um die Geschenke, sondern um das Ende des Weihnachtsprogramms, um endlich einmal ausspannen zu können. Wir hatten einen kleinen Urlaub geplant, den wir zu Hause verbringen wollten. Aber vorher, das heisst zu Silvester, war noch die Live-Fernsehsendung „Teleboy" mit Kurt Felix in Zürich geplant. Da freute ich mich auf Hans Möckel, den Chef der Radio-Big-Band. Ein Kapellmeister, der auf Artisten eingehen kann. Er hat mich schon einmal begleitet bei einer Vico-Torriani-Show.Endlich zu Hause. Ich hatte ja noch eine liebe Mutter, die uns kulinarisch verwöhnen wollte. Mit einmaligen Lieblingsspeisen aus der Kindheit weckte sie alte Erinnerungen wach. Sie liebte das Thema „Weisst du noch?" Um dies ein bisschen zu fördern, hatte sie meine Geschwister eingeladen. *Weisst Du noch, vor dem Spiegel, Deine Grimmassen und als der Haken aus der Wand gerissen war, als Du Dein Probierseil aufgebaut hattest und alles Dir mit Schwung an den Kopf geflogen ist. Mutter jetzt weisst Du, woher das Loch an seinem Kopf kam! – Hallo Ihr Lieben! Ihr könnt doch hier nicht alles verraten!*

Frankreich 1982

Zurück zu Jean Richard. Start der Tournee war in Tours. Anschliessend standen Paris und viele Pariser Vororte auf dem Reiseplan, und dann ging es hoch nach Nordfrankreich. In einer kleinen Stadt am Atlantik ist das unfassbare Verbrechen geschehen. Jemand wollte Jean Richard schaden. Er tat das auf die primitivste und feigste Art, die ich kenne. Er zündete das Stroh an, das in der Nacht den Elefanten als Schlaflager diente. Es war fürchterlich und grausam was die angeketteten Elefanten erleiden mussten. Ein Tier musste noch in der gleichen Nacht erschossen werden. Den andern fünf wurde in einer Halle ein Krankenlager errichtet, das ihnen auch die Möglichkeit gab, im Liegen zu trinken, da sie sich kaum auf ihren verbrannten Füssen halten konnten. Es war schlimm, das mit ansehen zu müssen. Wie kann jemand so etwas tun? Nicht nur traurig und schlimm war es für die Elefanten.

Noch tragischer war, dass Jean Richard durch dieses Verbrechen ums Leben kam. Bald darauf wurde der Brandstifter ausfindig gemacht und vor Gericht gestellt. Monsieur Richard ist zu den Gerichtsverhandlungen gefahren. Auf dem Rückweg war er noch immer in den Gedanken bei der Verhandlung und bei seinen verletzten Elefanten. Und so passierte es! Er ist mit seinem Auto in einen Graben gefahren. Benommen versuchte er aus dem Unfallauto auszusteigen. Verlor das Bewusstsein und stürzte mit dem Gesicht voraus in einen Wassergraben. Über Monate blieb sein Zustand leider unverändert schlecht. Von seinem Tod habe ich dann in Dänemark erfahren. Ich hätte ihm so gerne die letzte Ehre erwiesen. Er war mir und meiner Familie ein grosser Freund gewesen. Danke Jean Richard.

Die Artisten hatten uns ein grosses Abschiedsfest bereitet. als wir mitten in der Saison den Circus verliessen. Wir wären gerne länger geblieben, aber auf uns warteten neue grosse Aufgaben. Auf der Reise von Frankreich nach Dänemark machten wir in Wiesbaden einen Zwischenhalt. Wir hatten einen Vertrag vom WDR-Sender für die

Walter
...etti
...nd sein

Fernsehshow „Telecircus", die in dem modernen Containercircus Franz Althoff aufgezeichnet wurde. Die Leute vom Fernsehen wollten etwas Neues machen, weg von dem Nummerncircus. Sie bauten in die Manege des Circus Franz Althoff eine Drehbühne. Sie zitterte und vibrierte, und mit ihrer grossen Resonanz wirkte sie wie eine grosse Bassgeige. Die Tiere hatten Angst, weil der Boden unter ihnen nicht fest war. Dasselbe habe ich auch im grossen Silvesterprogramm im Berner Kursaal erlebt. Da gibt es eine Hebebühne. Urs Strasser vom Circus Medrano war mit seinen Exoten engagiert. Die Tiere hatten Angst, weil sie keinen festen Boden unter den Füssen hatten. Ein Kamel hatte einen Herzstillstand und ist tot umgefallen.

Ein bisschen Erfahrung müssten die Verantwortlichen beim Fernsehen schon haben oder wenigstens einen Rat einholen und diesen auch befolgen. Die Artistennummern wollten sie nach ihrem Geschmack auseinander nehmen und anders herum wieder zusammensetzen. Das waren Leute am grünen Tisch, die von nichts, aber auch gar nichts eine Ahnung hatten. Meine Nummer ist eine Geschichte, und wenn man sie zerschneidet oder Teile herausnimmt, dann ist es ein Nichts. Ich versuchte das den Herren klar zu machen. Sie waren von sich eingenommen und arrogant. Wir einigten uns dann, dass ich meine Nummer kürzte, aber dass sie nicht zerschnitten würde. Dass die Höhepunkte am Schluss meiner Nummer weggefallen sind, störte die Herren überhaupt nicht. Einer meinte: *Das ist nicht so wichtig! Wir brauchen doch noch Zeit, dass der Moderator Peter Rapp seine Spässchen machen kann! – Sie meinen wohl seine alten Wiener Schmähs?*

Abbildung 46
Carmen war nach Maria meine zweite Ballerina. (Foto Fels)

Abbildung 47
Mariza trat für Carmen ein. Ab 1982 war sie meine Ballerina.
(Privatfoto)

Bei der Ausstrahlung habe ich dann gesehen, dass sie meine Schlusstricks, die sie von den Probeaufzeichnungen hatten, ohne Zusammenhang zur Nummer und ohne meine Einwilligung doch noch ausstrahlten und dieselben Szenen noch einmal verwendeten und als Hintergrund in die Geschichte von Heinrich Bölls Geburtstag einbauten. Auf meine Anfrage: *Warum und Wieso?* erhielt ich keine Antwort. Ich habe nie mehr für den WDR gearbeitet. Warum gibt es auf einmal so viele unfähige Leute im Showgeschäft, die das Sagen haben?

Ein kleines Muster. Ein grosser Freizeitpark aus Deutschland machte mit einer riesigen Show für sich in der Schweiz Werbung. Dazu haben sie unsre Clownnummer engagiert. Auf einem grossen Gelände gab es nur eine freistehende leere Bühne, sonst nichts. Kein Hintergrund, kein Licht, keine Tonanlage, keine Mikrophone. Alles kahl und leer. Wir sind für solche Fälle gerüstet und haben in unserem Transporter immer alles für eine perfekte Show dabei. Dann kam der grosse Boss der Veranstaltung: *Das ist ja grossartig, können wir für die ganze Show Euere Kulissen, Licht und die Tonanlage verwenden? – Ja warum nicht?* Wie hätte wohl die Vorstellung ausgesehen, wenn wir nicht alles zur Verfügung gestellt hätten? Leer, leise, dunkel und traurig.

Am Schluss der Vorstellung kam der grosse Boss, kein Danke, nichts, er sagte nur: *Sie sollten mehr auf Details achten, Sie haben auf Ihrem Teppich Konfetti liegen, wie sieht das denn aus. – Ich würde sagen bunt! Wie Sie das sehen, weiss ich nicht!* Anmerkung: Die Konfetti sind in der Show gebraucht worden.

Abbildung 48
Mein Auftritt bei der grossen Gala „La Piste" im Cirque D'Hiver in Paris. (Fotograf unbekannt)

Abbildung 49
Ein geglückter Sprung im Circus Bele Vue in Manchester. (Foto Clark)

Seitdem sind für Mariza und mich Konfetti nur noch Details. Zurück nach Wiesbaden. Mariza und Marco hatten von ihrer Artistenschule frei bekommen, um uns im Telecircus zu besuchen. Dann kam die Nachricht, dass der Herr Dumitru gestoben sei. Die Schule wurde geschlossen. So reisten wir gemeinsam nach Kopenhagen. *Hurra wir sind im Tivoli!*

Über ein Jahr waren wir jeden Tag in einer anderen Stadt und nun zwei Monate am selben Ort, ohne zu reisen. Das haben wir genossen. Gute alte Freunde haben wir im Tivoli getroffen, die aus Altersgründen nicht mehr in der Manege arbeiten konnten. Sie haben hier eine Anstellung bekommen. Zum Beispiel Nicki, der Weissclown aus der Zacchini Truppe. Um unsere alte Freundschaft ein bisschen aufzufrischen, habe ich ihm eine gute Flasche Wein aus Frankreich mitgebracht. In Dänemark weiss ein italienischer Weinkenner das zu schätzen. Auch meine Kollegen Gustav Steckel mit seiner lieben Frau Maybe, mit denen wir in Manchester und in der Schweiz zusammen waren, haben sich riesig auf den guten Tropfen gefreut. Ich weiss nicht, soll ich hier verraten, wie ich den Wein über den Zoll gebracht hatte? Also gut, ich tue es. Ich habe ja dem Beamten genau gesagt, wo der Wein versteckt war.

Haben Sie Alkohol?
Ja einen guten roten Wein aus Frankreich!
Wie viel und wo haben Sie den?
Also, in meinem Werkstattschrank stehen Kanister, die sind mit Nitro, Öl und Benzin angeschrieben, da ist aber Wein darin. In der Waschmaschine steht so ein kleiner Weincontainer. Nicht gross, aber fünf Liter werden es schon sein. Da gibt es noch einen Kanister, da steht Heizöl erste Klasse darauf. Es ist aber ein Cote du Rhone.

Jetzt begann er zu lachen und sagte: *Das ist doch nicht Ihr Ernst. Fahren Sie los, sonst erzählen Sie mir noch, dass Sie noch mehr Wein haben!* Ich hätte dem Beamten gerne eine Flasche geschenkt. Aber dann hätte er sicher gesagt: Sie haben ja da tatsächlich überall Wein! Die Moral der Geschichte: Ehrlichkeit währt am längsten.

Das Engagement im Tivoli war für mich in vielen Dingen eine grosse Sache. Ich war jede freie Minute mit meiner Kamera unterwegs. Es gab so viele Möglichkeiten im Park, prachtvolle Blumen, bunte Umzüge, Musikgruppen, Menschen aller Art und Rassen festzuhalten. Wenn es nur irgendwie möglich war, besuchte ich nach unseren Vorstellungen den Jazzkeller, wo ich so wunderbare Musiker hörte und auch persönlich kennen lernte. Der Höhepunkt war eine Nacht mit Swen Asmussen und Benny Goodman, die zusammen spielten. Das war traumhaft. Zwischen meinen Auftritten konnte ich bei den grossen Konzerten von namhaften Orchestern dabei sein, und wenn es auch nur auf der Hinterbühne war: James Last, Chris Barber und viele andere grosse Orchester und auch viele grosse Sänger und Sängerinnen.

Ich habe es genossen und mich gefreut. Im Pantomimen-Theater schaute ich auch ab und zu vorbei. Seit der Gründung des Tivolis vor circa 300 Jahren sind der Pierrot, der Harlekin und die Kolombine hier die Hauptfiguren. Ein bisschen spielt ja die Idee vom Commedia dell'Arte-Theater auch in unsere Nummer hinein. Also sind wir auch ein wenig klassisch. Das habe ich ja auch mit der Musik versucht zu unterstreichen. Wir selbst arbeiteten auf der grossen Freilichtbühne „Plaenen". Wenn ich oben auf dem Seil stand, hatte ich einen Überblick weit in den Park hinein. Im Hintergrund war ein herrliches Wasserspiel und davor sassen und standen Hunderte von Menschen aus allen Herren Ländern und schauten uns zu. Es war ein wunderbares Bild. Und wenn ich mich auf dem Seil umdrehte, war ich auf der gleichen Höhe wie die Musiker der grossen Band, die mich begleiteten. Das gab natürlich viele Male Anlass zu kleinen Spässen, auf beiden Seiten.

Papi, ich fühl mich gar nicht gut, und ich kann meine Füsse nicht mehr bewegen! Im Tivoli war ein Arzt stationiert, der zuständig war für Wehwehchen und Unfälle aller Art. Im Tivoli nannte man ihn den Ballettdoktor, weil er wohl an den Tanz- und Ballettabenden viel zu tun hatte. Was lag da näher, als den Ballettspezialarzt aufzusuchen. Da war es wieder das grosse Wumm! Die Diagnose lautete:

*Liebe Carmen, Du hast eine schwere Entzündung. Die ist schuld daran,
dass Du deine Beine nicht mehr bewegen kannst. Du musst so schnell
wie möglich operiert werden.*

Papi, was nun?

*Ich mache dir einen Vorschlag. Lass Deinen Jürg herkommen, fahrt
zusammen nach Hause, lass Dich operieren und erhole Dich – werde
Hausmütterchen!*

Und unsere Nummer?

*Carmen, Du hast vergessen, wir haben doch Mariza, unsere Reserve-Bal-
lerina.*

*Mach Dir keine Sorgen. Mariza ist ja fast perfekt, und was noch fehlt,
bringt ihr Mami noch bei.*

Also gut in Ordnung.

Es war nicht Marizas erster Auftritt. Eingearbeitet hatte sie sich
auf unsere Kursaal-Tournee in der Schweiz und Österreich. Aber
auf so einer riesigen Bühne, dem grossen Orchester und mit diesem
internationalen Publikum – das war schon etwas anderes. Aber sie
hatte die Premiere mit Note „Eins" bestanden. Ausser der Direktion
wusste niemand von dem Wechsel der Ballerinen. Die Musiker haben
ihren Einsatz vergessen, als sie die neue, kleine zierliche Ballerina vor
sich hatten und staunten, dass sie den ganzen Ablauf kannte und die
Ballettbewegungen perfekt beherrschte. Ich war auch stolz auf sie. Sie
hatte Ausstrahlung und eine Leichtigkeit, mit der sie sich auf und unter dem Seil bewegte und das alles mit sechzehn Jahren.

Es würde viele Seiten füllen, wenn ich all die schönen und inter-
essanten Erlebnisse erzählen würde, die ich im Tivoli hatte, die vielen
Konzerte, Musiker aus allen Richtungen, Balletts, Künstler und grosse
Sänger aus der ganzen Welt. Jede Woche zwei riesige Feuerwerke. An
den freien Tagen zum Hochseefischen hinauszufahren und unzählige
Motive und Möglichkeiten für mein Hobby, das Filmen, zu finden.
Herz, was willst du mehr?! Da muss man einfach das Leben lieben
und dankbar sein, dass man es so wie ich geniessen darf. Zu schnell

war die Tivoli-Zeit vorbei. Aber schon im November waren wir wieder in Dänemark und zwar in Aarhus. Klaus Jesperseen kam mit dem bekannten Film- und Fernsehregisseur Stehen B. Johansen zu uns ins Tivoli:

Galetti, wir möchten mit Dir eine grosse Show im Fernsehen machen. Du sollst der rote Faden durch das Programm sein.

Das ist ja grossartig. Wann? Wo? Und wie?

Im November in den Studios Halmstagade in Aarhus. Die Idee ist die: Du kommst ins Theater, ziehst Deinen Mantel und Deinen Schal aus und setzt Dich an den Schminktisch und beginnst Dich zu schminken. Ich komme dazu, und wir sprechen über Dich und Deine Maske. Du wirst Dich weiter schminken. Dann schauen Clowns Chykis kurz bei Dir vorbei und zeigen dann in der Manege ihren zerbrochenen Spiegel. Du schminkst Dich weiter. Eine Überblendung zeigt einen alten dänischen Clown. Es werden Künstler und Sänger zu Dir an den Schminktisch kommen, um Dir guten Tag zu sagen und gehen dann auf die Bühne zu ihren Auftritten. Wenn Du mit Deiner Maske fertig bist, gehst Du auch durch die Tür und erscheinst in der Manege. Deine Nummer werden wir im Circus Benneweis aufnehmen. Ich führe durch das Programm und bin glücklich, dass Du dabei bist. — Danke Klaus, wir sind es auch und sind gerne

dabei.

Es ist eine grossartige Fernsehshow geworden, die ein grosses und gutes Echo hatte. Aber wir hatten das grosse Glück, 1983 wieder in Dänemark zu sein. Elly Benneweis möchte uns in seinem „Super Circus 83" im Programm haben. Er hat uns im Tivoli aufgesucht und uns einen Vertag angeboten. Einen ganzen Sommer beim Circus Benneweis – wunderbar! Weihnachten werden wir in Holland feiern. Wir sind bei Martin Hanson in seinem Wintercircus engagiert, Circus in den wunderbaren Theatern von Holland. Wussten Sie, dass es in Holland so viele herrliche Theater gibt, Prunkbauten mit verzierten Balkonen und Logen, mit einer hervorragenden Akustik und technisch grossartigen Einrichtungen.

Aber wussten Sie auch, dass viele dieser Theater sich im ersten, sogar manchmal im zweiten Stock befinden? Das mag ja für Besucher, Schauspieler und Sänger kein Problem sein. Eine Luftnummer mit ihren Geräten, das mag ja noch angehen. Aber eine Raubtiernummer, da sind schon Probleme zu lösen. Die Käfigwagen stehen im Freien. Man muss mit Gittern einen Tunnel bauen, der sich über die Treppen in die höher gelegenen Stockwerke zieht. Wenn das aber aus feuertechnischen Gründen nicht machbar ist, dann müssen die Tiere in Kisten getrieben und mit einem Mobilkran zur Kulissentüre oder zu einem Notausgang hochgezogen werden. Und zum Rundkäfig müssen sie auch noch geschoben werden. Und nach der Raubtiernummer alles wieder zurück.

Trotz diesen manchmal doch recht aufwendigen Aufbauten lief alles reibungslos ab. Die Theater zu erreichen, war manchmal recht abenteuerlich, wenn neben der engen Zufahrt zum Theater links ein Kanal dahinfloss, und alle vier Meter ein Alleebaum stand, und auf der rechten Seite jeder zweite Hauseingang eine Steintreppe hatte, die auf die Strasse hinausführte. Bei diesen Manövern lernte Mariza mich zu lotsen, was uns bald zugute kam. Wir versuchten immer in der Nacht die Theater zu erreichen, am Tage war es fast nicht möglich. Wir standen mitten in der Stadt vor dem Theater und suchten die Zufahrt zum Bühneneingang. Endlich ein Radfahrer, den man fragen konnte: *Der Eingang ist auf der Hinterseite. Sie müssen um den ganzen Block. Fahren sie einfach mir nach! – Danke!*

Jetzt wieder die enge Strasse, Alleebäume, Treppen und jetzt noch etwas Neues, mitten auf der Strasse einer Zufahrt, Weg oder wie man es auch immer nennen will, steht ein Beton-Ungetüm. Sicher sind da schon Tulpenzwiebeln eingepflanzt, wie es zu Holland gehört. Meinte der freundliche Radfahrer: *Entschuldigen Sie, das war letzte Woche noch nicht hier! Chuie Morche!* Und weg war er. Erst mussten wir das Tageslicht und ein bisschen Hilfe von Kollegen abwarten, die uns halfen, unser Gefährt, das immerhin eine Länge von achtzehn Metern hatte, rückwärts auf die richtige Strasse zu lotsen.

Als Dank für die Hilfe wollte meine Frau ein leckeres Muscheles-
sen vorbereiten. Sie hatte sich die Muscheln auf dem Markt besorgt.
Ein Akrobat, ein lieber Kollege der Goldmenschen „Olympia" war
auch auf dem Markt. Maria zeigte ihm ihren Einkaufskorb. *Schau mal,
was es heute Abend Gutes gibt. Mein Gott, die Muscheln, die der Kerl mir
angedreht hat, sind ja alle aufgegangen, die sind nicht mehr frisch! – Wo
hast Du sie gekauft? – Komm mit!* Er nahm die Muscheln und hielt sie
dem Fischhändler unter die Nase. Der war ein grosser starker Mann.
Und wie einer, der glaubt, weil er gross sei, sei er auch stark, so sprach
er dann auch: *Die Muscheln sind nicht von mir, ich verkaufe nur frische
Ware!* Unser Kollege war nicht so gross wie der Fischhändler. Trotzdem
griff er über den Stand, schnappte sich das Grossmaul am Kragen und
hob ihn in die Höhe. In dieser Stellung liess er ihn dann schweben.
Hast Du der Frau diese Muscheln verkauft, oder nicht? Er nickte. Das
heisst auch in Holland „Ja!" *Gut, dann nimm die verdorbenen zurück
und gib ihr ganz schnell frische!* Er nickte wieder.

Nach dieser Zusage liess er ihn langsam wieder auf den Boden.
Woher die Kraft? Jeden Abend stemmte er einen Partner der Goldmenschen mit einer Hand in die Höhe in den Handstand, und das
mehrere Male. Nicht am Kragen, da gibt es nichts zu greifen, da ist auf
der Haut nur Goldfarbe. Die Muscheln an einer Weissweinsauce alla
Maria Galetti haben herrlich geschmeckt.

Dänemark 1983

Es ist Frühling geworden. Wir sind zum dritten Mal eine Saison im Circus Benneweis und jedes Mal mit einer anderen Ballerina. Wie doch die Zeit vergeht. Das erste Mal mit Maria meiner Frau, dann kam Carmen, die ältere Tochter und nun Mariza, die jüngere. Am Anfang meiner Laufbahn war ich mit Papa Borra, dem Taschendieb, zusammen. Da sprang ein Junge von circa fünf Jahren zwischen den Wohnwagen herum. Nun ist dieser Junge ein grosser Artist, Charly Borra Junior, im Benneweis Programm 1983. Es war einfach wunderbar mit den lieben Menschen der Direktion zusammen zu sein.

Nelly Jean gehört nun auch dazu. Sie hatte Sony Benneweis geheiratet. Es war ein grossartiger und herrlicher Sommer mit dem Circus Benneweis, und nun im Monat Oktober standen wir mit dem Circus im Tivoli. Ein riesengrosses Bild, mit Buster Larsen und Galetti über dem Eingang luden die Besucher ein. Auf dieses Bild bin ich sehr stolz. Es war immer wieder ein grosses Erlebnis mit Buster zusammen zu sein und zu arbeiten. Nach so viel Gutem und Schönem musste es wieder einmal kommen, das „Wumm, wumm!" – gleich zweimal.

Maria ist wieder krank geworden. Obwohl wir durch dänische Freunde Beziehungen zu guten Ärzten hatten, wurde ihr Zustand auf der Reise nicht besser. Sie musste in ein Schweizer Krankenhaus überwiesen werden, wo sie bis zu ihrer Genesung längere Zeit war. Ein Wumm hatte ich fast überwunden. Aber das zweite machte mir zu schaffen, zwei Wochen vor Saisonende. Ich bekam in meinem Oberschenkel schubweise einen gewaltigen Schmerz, der kaum auszuhalten war. Der Tivoliarzt konnte mir auch nicht helfen. Nur ein Gerät, das galvanische Stromstösse abgab, konnte mir den Schmerz etwas lindern. Ich konnte nicht mehr gehen, an arbeiten war gar nicht zu denken. Auch konnte ich meinen grossen Wohnwagen nicht nach Österreich fahren.

Kollegen stellten ihn auf den Campingplatz in Hilleröde ab, wo wir ein Jahr zuvor gewohnt hatten, in der Hoffnung, ihn recht bald nach Hause holen zu können. Im Programm war ein Kollege, den wir schon vom Circus Jean Richard kannten. Er fuhr nach Mühlhausen im Elsass und machte den Umweg über Österreich, um Mariza und mich nach Hause zu bringen. Er hatte schon vor Wochen in Kopenhagen Besuch von seinem Freund Momo aus Paris, er war Algerier, und ausser einem guten Charakter hatte er nichts. Doch, er hatte auch ein sonniges Gemüt, obwohl er immer vom Pech verfolgt und meistens auch eingeholt wurde.

Okay! Sie können Ihr Fahrzeug auf das Schiff verladen und Ihren algerischen Freund mitnehmen. – Danke! Ich hatte starke Schmerzen und lag auf dem Notbett des Campingbusses. *Travemünde! Zoll und Passkontrolle! Bitte Pässe und Papiere vorweisen! Aha, Schweizer Pässe, sind Sie Schweizer? – Ich nehme das stark an, mit einem Schweizer Pass. Und das ist meine Tochter. Sie hat auch einen Schweizerpass, weil sie Schweizerin ist! – Okay, dann ist alles in Ordnung! – Scharfsinnig! – Was haben Sie gesagt? – Nichts, ich habe nur gestöhnt, weil ich so starke Schmerzen habe, und froh bin, wenn ich wieder liegen kann. – Nur noch einen Moment! Sie sind Franzose, und Sie fahren nach Frankreich? – Ja! – Okay! Und Sie sind auch Franz-ää… Sie sind Algerier und wohnen in Paris? Ihr Visum für Dänemark ist heute abgelaufen, und ein Durchreisevisum für Deutschland haben Sie nicht. Fahren Sie den Wagen aus der Kolonne, und stellen Sie sich auf den freien Platz, und warten Sie! – Aber ich … – Warten Sie!*

Wir mussten nicht lange warten, denn jetzt kam Leben in die Geschichte. Eine schwer bewaffnete Spezialeinheit mit Blaulicht und Martinshorn brauste an und umzingelte unseren Wagen. Zwei der vermummten Gestalten kamen in den Wohnbus herein. *Hände über den Kopf und aussteigen!* Sie durchsuchten das ganze Wohnmobil. Nichts. *Ich kann nicht aufstehen und ich kann auch nicht gehen. Ich habe starke Schmerzen. – Los, raus! Alle auf die Wache!* Jetzt ging ein Verhör los, primitiv und laut. *Soll ich mich schminken, dass Sie mir glauben, dass ich Clown bin. Ich bin krank und kann selbst nicht fahren, mein Wohnwagen steht noch in Kopenhagen. Das ist der Grund, warum meine Tochter und ich hier Mitfahrer sind. Wir sind keine Terroristen. Und dass ich verdammt noch mal starke Schmerzen habe, das können Sie mir auch langsam glauben – und jetzt verlange ich einen Arzt!*

Es kam kein Arzt, dafür noch ein schwer bewaffneter Beamter. Er schrie meinen Kollegen an: *Sie behaupten, der Algerier sei bei Ihnen auf Besuch, also beweisen Sie es mir. Ich will sein Gepäck sehen!* Michel, wie mein Kollege hiess, rannte in seinen Camping, öffnete den erstbesten Kasten und stopfte, was ihm in die Hände kam, in einen Koffer. Mit dem Koffer rannte er zum Beamten zurück. Der riss ihm diesen weg und drückte ihn Momo in die Hand, welcher von dem ganzen Rummel überhaupt nichts verstand, weil er nur Französisch sprach. Sie führten den armen, völlig verdutzten Kerl aufs Schiff und schoben ihn einfach nach Dänemark ab. Ohne Geld nur mit dem kleinen Koffer, den er unter den Arm geklemmt hatte. Als das Schiff wieder in Dänemark anlegte, begann der Ärger mit den dänischen Beamten, denn sein Visum war ja abgelaufen. Er konnte sich nicht verständlich machen, und so kam es, dass er im Gefängnis landete. Dort stellte er fest, dass Michel ihm nur ein paar Leintücher und einige schmutzige Socken in den Koffer gepackt hatte. So ausgestattet musste er im Gefängnis warten, bis ihm das Konsulat die Heimreise nach Paris ermöglichte. Endlich zu Haus, stellte er fest, dass er auch seinen Wohnungsschlüssel nicht mehr hatte, also versuchte er durch das Fenster in seine Wohnung zu kommen. Dabei wurde er beobachtet und weil man ihn wieder für einen Kriminellen hielt, landete er abermals im Gefängnis. Nur hier verstand man ihn wenigstens.

Der Rest unserer Heimfahrt verlief dagegen ruhig. Mein Hausarzt meinte: *Lieber Galetti, da haben Sie aber fest auf die Zähne beissen müssen. Was den Schmerz auslöste, das ist ein Nerv in Ihrer Wirbelsäule. Spüren tun Sie ihn aber im Oberschenkel. Und da wird er immer grösser und stärker, weil er nicht heraus kann. Ich werde ihm die Möglichkeit geben, durch das Bein und den Fuss Ihren Körper zu verlassen. Das ist und klingt nicht gerade nach Schulmedizin, was ich da tue und sage, aber es hilft.* Mit einer kleinen drehbaren Rolle, die unter Strom stand, hat er dem Schmerz einen Weg nach draussen frei gemacht. Schon wieder ein Arzt, der mir auf ungewöhnliche Art geholfen hat. Der spanische Arzt sprang auf ein Brett, das auf meinem Rücken lag und die Wirbelsäule war wieder eingerenkt. Der zweite, Prof. Dr. Mainrad, konnte mir mit seinem grossen Können in der Akupunktur viel helfen. Beim Nadeln stecken erzählte er mir seine Geschichte. Er war viele Jahre Urwaldarzt in Peru. Ein über neunzig Jahre alter Stammeshäuptling hatte sich noch einmal eine junge Frau genommen. Von dieser wollte er einen Nachkommen haben.

Der Häuptling stellte Dr. Mainrad vor die Tatsache: *Ich werde noch einmal Vater, oder du stirbst.* Als mir der Arzt das erzählte, meinte er mit einem Augenzwinkern, ich konnte ihm wenigsten die Freude an der ganzen Sache geben, und so konnte ich weiterleben. Und jetzt kommt noch ein Dritter dazu. Doktor Himmer, der mir den Schmerz aus dem Körper rollte. Es gab da noch einen Arzt. Er war Kinderarzt in Basel. Wir mussten ihn für Mariza konsultieren und ihn in den Circus bitten. Er konnte ihr in kurzer Zeit helfen. Dann konnte ich ihm helfen. Sein Töchterlein ist im Rhein ertrunken. Es stand mit vielen Menschen auf dem Anlegesteg der Rheinfähre, ist ausgerutscht und ins Wasser gefallen. Niemand hat geholfen, alle haben nur weggeschaut, dabei hätte ein bisschen Mut und Menschlichkeit genügt das Kind zu retten!

Das ist das, was ich nicht verstehen kann und mich noch trauriger macht. Darf ich hier sitzen und diese friedliche Atmosphäre auf mich einwirken zu lassen? – Bitte, zu jeder Zeit! Er kam in den zwei Wochen in denen wir in Basel gastierten fast jeden Abend. Setzte sich in eine Ecke im Wohnwagen und war für einige Zeit, bei seinem Töchterlein. Als ich wieder schmerzfrei war, bin ich gleich nach Kopenhagen gefahren und habe meinen Wohnwagen abgeholt.

Kiel, Offenburg, Winter 1984

Unter dem Patronat von Circus Benneweis und Klaus Jespersen fand in der Ostseehalle in Kiel eine Gedenkshow an Charly Rivel statt. Seine Söhne die Charly Rivels waren auch mit in dieser Show. Der Veranstalter hatte fast das ganze Benneweis-Programm übernommen. Und dazu eine bekannte Sängerin engagiert. Sie stand nur in einem Scheinwerferlicht in der Manege und sang das bekannte Lied „Send in the clowns". Ich kam dazu und versuchte, mit Gestik und Mimik auf den Text und die Melodie einzugehen. Es war eine grosse Herausforderung. So ein Lied kann so lang sein, es wiederholt sich im Text und in der Musik, nur ich sollte mich nicht wiederholen. So und jetzt fahren wir zurück in den Süden, nach Offenburg. Da freue ich mich auf unseren alten Freund Freddy Quinn. Was heisst alt – wir sind ja gleich jung, Jahrgang 1931, und wir haben einen Einser in unserer Jahreszahl, was ja Glück bedeutet. Freddy moderierte die Sendung „Circus-Circus", eine ZDF Produktion. Für den Einstieg in unsere Nummer hatten wir eine kleine Reprise einstudiert, die einen tollen Effekt brachte und mich in eine grossartige Stimmung versetzte. Danke Freddy, du warst so natürlich, du warst einfach gut.

Abbildung 50
Ein Bild der Fernsehaufnahmen zur Sendung „Circus - Circus" in Offenburg. (Fotograf unbekannt)

Abbildung 51
Mariza mit Thomas Gottschalk und Mike Krüger bei den Dreharbeiten zu dem Film „Die Supernasen". (Privatfoto)

Österreichischer Nationalcircus 1984

Wie haben wir uns auf die Tournee im Österreichischen Nationalcircus gefreut. Aber Freude gab es die ganzen Monate nie. Von der Direktion und ihren Schleichern ist so viel Schlechtes und Böses gekommen, es ist nicht zu beschreiben. Und so möchte ich es auch lassen. Was gäbe es auch über einen Circus zu berichten, in dem überall Kameras angebracht wurden um die Artisten zu überwachen. Es ist nur traurig, dass so herzlose, böse Menschen mit dem Circus zu tun haben. Die Saison stand auch unter keinem guten Stern. Ein Elefantenwärter musste sterben, weil eines seiner Tiere einen Hirntumor hatte, von dem niemand etwas ahnte. Er wuchs unbemerkt und die Schmerzen wurden so gross, dass das Tier durchdrehte, und dabei seinen Wärter erdrückte. Vor der Parade wäre eine Artistenfrau von einem anderen Elefanten fast zu Tode gedrückt worden, wenn da nicht ein Clown versuchte hätte, das Unglück abzuwenden. Er hat aber nie einen Dank erfahren, im Gegenteil! Ein Hochseilartist ist abgestürzt. Er hatte Glück im Unglück. Er kam mit dem Leben davon. Wir lagen beide im gleichen Krankenhaus, denn ich hatte die ganzen Schlechtigkeiten nicht verdaut und bekam Magengeschwüre.

Aber dieses Kapitel möchte ich doch mit zwei fröhlichen Geschichten abschliessen. Ein deutsches Filmteam drehte für den Spielfilm „Supernasen" mit Thomas Gottschalk und Mike Krüger im Nationalcircus.

Für zwei Tage war heller Sonnenschein. Alles war gut, alles war schön. Jetzt gab es sogar Tag und Nacht Strom für alle. Galetti haben sie auch für eine kleine Sprechrolle engagiert. Aber als die Filmlampen ausgegangen sind, war es im Circus wieder düster und kalt. Die zweite Geschichte. Weisse Pferde müssen natürlich weiss sein und auch weiss bleiben. Und manchmal muss man da mit Seifenlauge etwas nachhelfen. Tropheta, einer der Araberhengste war ganz verrückt auf diese Seifenlauge. Er versuchte es mit allen Tricks, um an den Eimer zu kömmen und ihn leer zu saufen.

Das ist ihm auch öfters gelungen. Er schnappte sich den Eimer
zwischen die Zähne, biss sich daran fest, hob den Kopf mit dem Eimer
so hoch er nur konnte und liess die Lauge in sich hineinlaufen. Die
Pferde kamen von der Probe in den Stall zurück. Ein Kutscher war
damit beschäftigt, die Zeltstangen zu streichen. Tropheta sah den Eimer, schnappte ihn und hoch damit. Nur diesmal war es keine Lauge,
sondern grüne Ölfarbe die über den ganzen Pferdekopf, die Mähne
und die Brust lief. Schwarzweiss gefleckte Pferde gab es schon lange
– aber grünweisse?

Da möchte ich noch etwas erwähnen, was in dieser schlechten
Zeit für mich ein wenig Aufhellung brachte. Die grosse Vereinigung
der deutschen Circusfreunde verlieh zehn lebenden Artisten die Ernst-
Renz-Plakette. Als Charly Rivel starb, hatte ich die grosse Ehre, dass
seine Plakette an mich weitergereicht wurde. Auf diese Auszeichnung
bin ich sehr stolz, haben doch nur neun Kollegen diese Auszeichnung
bis heute erhalten.

Arabien 1984/85

Nach ein bisschen mehr Sonnenschein und Wärme schaute der Vertrag, den ich unterzeichnen konnte, schon aus. Sechs Monate. Eine Tournee durch alle Emirate in Arabien. Mit dem German Star Circus, Dir. Heidi und Manfred Mannsfeld. Sitz in Hamburg. Ich besorgte einen Kastenwagen, den ich für Mariza zum Wohnmobil ausbaute und einen kleinen Camping für mich.

Mit der Familie haben wir beschlossen, dass nur wir zwei auf diese Tournee gehen, da wir keine Ahnung hatten, was uns da in Arabien erwartet. Vier Wochen später flogen wir von Wien aus nach Arabien. Damit, dass dieses Engagement mit Risiko und Problemen verbunden war, haben wir schon gerechnet, aber nicht, dass es gleich am Anfang damit beginnen sollte. Das grösste Problem war, dass das Frachtschiff auf dem unsere Fahrzeuge, alle Tiere und die Container mit dem Circusmaterial verladen waren, einen Motorschaden hatte. Die Antriebswelle war gebrochen. Sie haben den Frachter bis vor den Hafen von Maskat geschleppt. Das Schiff einer schwedischen Reederei lag nun weit draussen vor dem Hafen und wartete auf Ersatzteile und eine Reparaturmannschaft. Warum es nicht in den Hafen geschleppt wurde, obwohl genügend Platz vorhanden war, war mir ein Rätsel.

Ganze sieben Tage dauerte es, bis das Schiff wieder flott war, und es in den Hafen einlaufen durfte. Durch diese Verzögerung entstanden grosse Probleme. Als wir in Jordanien, in Amman, zwischenlandeten, mussten wir das Flugzeug mit all unserem Gepäck verlassen. Bewaffnete Polizei führte uns in die Flughalle. So, da sassen wir nun mit langen Gesichtern und Durst. Die, die etwas wussten, sagten nichts, und die, die etwas sagten, wussten nichts, wenigstens nichts Konkretes.

Abbildung 52
Marco 1984 beim Circus Althof. (Foto Kronenzeitung)

Als erstes ging das Gerücht herum, wir könnten nicht weiterfliegen, weil wir zu viele ledige Frauen in unserer Truppe hätten. Für den weiteren Flug wurde die Bedingung gestellt, dass das komplette Circusgelände in Oman vor unserer Ankunft eingezäunt werden müsse, um die nötige Sicherheit gewährleisten zu können.

Die Frage war nur, meinten sie die Sicherheit der Frauen oder die der Araber. Dann hiess es, ein Weiterflug sei nur möglich, wenn die Frauen und Männer getrennt reisen. Nach Stunden endlich erschien so etwas wie ein Botschafter. Er sprach von einer Regierung. Von welcher konnte man nicht verstehen. Egal: *Der Trommler, ääh der Schlagzeuger muss sofort wieder zurück, sein Passapporte ist nicht in Ordnung. Alle anderen können nach Muskat weiterreisen, aber getrennt in zwei Flugzeugen, die Frauen extra und die Männer extra!*

Erst war es einmal kurze Zeit still. Dann sprang Daniel, unser Kraftmensch, hoch und schrie: Das könnt Ihr nicht machen! Und schon standen zwei mit ihren „niedlichen" Waffen vor ihm. Davon liess er sich aber nicht beeindrucken und stellte sich neben seine Frau und sein kleines Baby. Plötzlich begann eine Frau hysterisch zu schreien. Es war eine Frau aus der DDR, die als Köchin für den Circus engagiert war. Sie schrie immer wieder: *Mein Koffer ist weg! Da ist mein ganzer Schmuck drin. Mein ganzer Schmuck ist weg!* Mariza hat sich der armen Frau angenommen und sie beruhigt.

Aus Erzählungen anderer Kollegen aus der DDR wusste sie, dass Parteifunktionäre sich am Eigentum abwesender „Genossen" bedienten, und dass es schon vorgekommen sei, dass Zurückkehrende ihre Wohnung leer vorgefunden hätten. In der Annahme, dass diese ältere Frau deshalb ihre gesamte Habe in Form von Schmuck mit sich führte, bat Mariza einen der Beamten, nach dem Koffer forschen zu dürfen. Der wollte davon nichts wissen. Aber Mariza gab nicht so schnell auf. Sie redete so lange auf ihn ein, bis er sich schliesslich bereiterklärte, sie in Begleitung zweier bewaffneter Sicherheitsbeamten in den Gepäckaufbewahrungsraum zu lassen. Ein ziemlich riskantes Unterfangen, erstreckte sich die Suche doch auch aufs offene Gelände.

Aber die ganze Mühe war umsonst, der Koffer blieb unauffindbar.
Es tut mir leid, aber ich konnte Ihren Koffer nicht finden. – *Was!
Mein Schmuck, mein Schmuck, mein ganzer Weihnachtsschmuck ist weg!*
Nun war es an mir, die Köchin zu schützen, aber diesmal vor Mariza.
Als sie schon kurze Zeit darauf den Circus wieder verliess, hat sie niemand vermisst. Dann wurde zum Weiterflug aufgerufen. Wir Männer
wurden wie Verbrecher zu einem bereitstehenden Flugzeug geführt.
Ich schaute noch einmal zurück und sah, dass unsere Frauen zurück
blieben. Man hatte uns mit dreckigen Lügen beruhigt und hereingelegt. Jetzt platzte mir der Kragen! Zornig schnappte ich mir den so
genannten Botschafter und unseren Direktor gleichzeitig.
*Sollte meiner Tochter und den anderen Frauen auch nur ein einziges
Haar gekrümmt werden, garantiere ich Euch, dass Ihr Euer ganzes Leben lang nie mehr froh werdet!*
*Beruhigen Sie sich! Glauben Sie mir, das ist nur eine Massnahme, bis
das Schiff repariert ist und der Circus steht.*
Warum schleppen Sie nicht einfach das Schiff in den Hafen? Dann können Sie ausladen und reparieren in einem.
Für die Genehmigung fehlt noch ein Stempel.
*Aha, ein Stempel ist ihnen wichtiger als das Wohlergehen von über sechzig Menschen und Tieren? Ich glaube Ihnen nicht, denn Sie haben uns
schon zu oft und zu plump angelogen, und Du lieber Herr Direktor, Dir
rate ich, schau bloss recht schnell, dass Du auf unserer Seite stehst!*

Sie stiessen mich mit ihren Waffen ins Flugzeug. Jetzt musste ich
an meinen Freund Chris denken. Der hat auch in so einer Situation
den Mund aufgemacht und ist dann im KZ gelandet. Ich hatte Glück,
ich wurde nur ins Flugzeug verfrachtet. Wir landeten in Muskat, der
Hauptstadt von Oman. Alles schien friedlich zu sein. Sie fuhren uns
ohne Waffengewalt dreissig Kilometer durch eine Wüste, dann – Halt
vor einem grossen feudalen Hotel. Sonst war weit und breit nichts,
ausser Sand und Hitze die über der Wüste flimmerte. Neben dem
Hotel steckte eine Fahne unseres Sponsor, der Firma Lipton Tea im
Sand. Diese Fahne sollte das Zentrum des German Star Circus mar-

kieren. Gleich dahinter sah man schon das Tor zur Wüste. Da werden wir wohl ab und zu ein bisschen schwitzen und auch Durst haben. Vom Hotel aus konnten wir Kontakt zu den Frauen herstellen. Es ging ihnen gut, sie waren in einem Hotel in Aman untergebracht. Es gab noch mehr gute Nachrichten, das Schiff war wieder manövrierfähig. Ein Tag lang dauerte die Zollabfertigung für Menschen, Raubtiere, Elefanten und Material. Alles was mit Amerika und Israel zu tun hatte, durfte nicht ausgeladen werden und musste nach Europa zurück. Zwei Artisten aus Wien, die ihre Wohnwagen mit einem Amerikaner-Wagen zogen, mussten sie zurücklassen und waren gezwungen, für die ganze Tournee ein Auto zu mieten. Ich war froh, dass ich ein europäisches Fahrzeug hatte und auf Coca Cola konnte ich auch verzichten. Es ist so weit. Die Container mit dem Material sind da, wir können den Circus aufbauen. Die Veranstalter und Sponsoren wollten Geld sehen, ihr Druck auf die Regierung hatte gewirkt. Jetzt waren sogar die so genannten Moralisten auf der Habenseite. Unser Veranstalter hatte dafür gesorgt, dass wir vom Hotel Wasser bekamen. Somit war das Problem Wasser einigermassen gelöst. Ein Gartenschlauch belieferte sechzig Menschen und fast so viele Tiere mit dem kostbaren und teuren Nass. Da war Einteilung angesagt. Denn ein Liter Wasser kostete mehr als ein Liter Benzin.

Laut Vertrag müssen im Circus die Musiker beim Auf - und Abbau mitarbeiten. Unser Direktor hatte aber Musiker engagiert, die vom Circus keine Ahnung hatten. Die ungewohnte Arbeit in der Hitze machte Murat, unserem Kapellmeister zu schaffen. Er kam direkt von der Musikhochschule in Köln, wo er vier Jahre studiert hatte. Er wollte sich im Circus als Kapellmeister ein bisschen Geld verdienen, um für das weitere Studium ein kleines Polster zu haben. Seine Hände waren natürlich für diese Arbeit nicht geschaffen. Zum Glück gab es auch in der Wüste eine gute Fee, die mit dem armen Musiker erbarmen hatte. *Hier hast Du etwas zu trinken und da – eine Creme für Deine Hände. Von meinem Vater ein paar Arbeitshandschuhe. Er meinte, dass die Arbeit nicht so nahe an Deine Hände kommt. – Vielen Dank!*

Ein bisschen später. *Hast Du noch ein bisschen Creme für meine Hände?
–Zeig her, ich werde sie Dir einreiben.* Dabei hätte sie besser auf seine
Hände geschaut, als in seine Augen. Das war der Anfang einer grossen
Liebe. Er ist dann mein Schwiegersohn und auch mein Partner gewor-
den. Wir haben später sehr viel zusammen gearbeitet. Und bis heute
hab ich kein böses Wort von ihm gehört.

Aber bis es mit dem Aufbau des Circus klappte, dauerte es noch
eine Weile. Die acht Musiker standen völlig ratlos vor Tonnen von
Material, das sie nun zu einem grossen Zelt aufstellen sollten, welches
2000 Menschen Platz gewähren sollte. Sie schleppten zwei Tage lang
Masten, Planen und Abseglungen hin und her. Aber so sehr sie sich
auch bemühten, – das, was sie da aufstellten, glich eher einer modernen Skulptur als einem Circuszelt. Die Artisten, die Sponsoren und
unser Direktor wurden langsam ungeduldig. Sie brüllten und tobten.
Einige der Artisten versuchten nun, den Musikern Anweisungen zu
geben. Aber wissen wie es aussehen soll, wenn es fertig ist, oder wissen
wie man es aufstellt, das sind zweierlei Sachen. Ich sah dem Treiben
eine Zeitlang amüsiert zu. *Papi, wenn Du willst, dass dieses Zelt jemals
zum Stehen kommt, dann musst Du jetzt die Sache in die Hände nehmen.
Du bist doch Zeltmeister.* Es war gar nicht so leicht, in dieses Chaos
wieder Ordnung zu bringen. Aber bis zum Abend stand das Zelt!

Für den Schutz der Frauen brauchte es nun keinen Zaun mehr.
Für die Kontrolle, dass niemand ohne zu bezahlen in den Circus kommen konnte, wäre ein Zaun schon von Vorteil gewesen. Das Problem
wurde auf Arabisch gelöst. Die Zeltleinwand bleibt einfach geschlossen, unten zugeschnürt. So kam da keiner mehr herein. Aber leider
auch keine Frischluft mehr. In den europäischen Circussen wird mit
dem Hochziehen der Aussenleinwand die Luftzufuhr geregelt. Aber
hier stauten sich die Hitze und die Ausdünstung der Menschen und
Tiere in der Kuppel. Im Circus war es fast unerträglich heiss und sti-
ckig. Die Veranstalter wollten uns zeigen, wie klug und fortschrittlich
sie waren. Sie liessen zwei riesige Ventilatoren einfliegen und bauten
sie in der Circuskuppel ein. Aber das funktionierte natürlich nicht.

Die Luftmenge, die oben heraus geblasen wurde, hätte ja von unten ersetzt werden müssen. Aber da war alles zu. So arbeiteten wir weiter bei manchmal über fünfzig Grad im herrlichen Duft der schwitzenden Menschen.

Von unseren Musikern kamen drei aus der DDR. Einer von ihnen hatte Eheprobleme. Seine Frau war eine höhere Beamtin und sorgte über ihre Gewerkschaft dafür, dass der ungeliebte Mann einen Vertrag nach Arabien bekam. Auch so kann man Eheprobleme lösen. Der zweite, er nannte sich Saxofonist, war aber so schwach als Musiker, dass er von dem staatlichen Musikverband nicht vermittelt werden konnte. Für Arabien wird es schon reichen, dachte man. Bei der ersten Musikprobe sagte Murat, unser Kapellmeister: *Bitte spiel nochmals den letzten Takt vor der Wiederholung. – Das kann ich nicht, aber ich könnte ihn singen.* Der Dritte war Alkoholiker. Der Staat wollte das Geld für eine Entziehungskur sparen, denn sie glaubten, in Arabien gibt es keinen Alkohol. Er hat aber schnell herausgefunden, wo es auch in Arabien Alkohol gab. Ein Zollbeamter, mit dem er sich angefreundet hatte, versorgte ihn mit Spirituosen, die er zuvor beschlagnahmt hatte. Wenn dann unser Trompeter zu viel intus hatte und unangenehm auffiel, sperrten sie ihn ein und wenn es ganz schlimm kam wurde er sogar in Ketten gelegt. Aber er kam, wenn er nüchtern war immer wieder zurück.

Jerry Wegmann unser Dompteur hatte das Fleisch für seine Raubtiere vorbereitet, um nach der Vorstellung seine Tiere zu füttern. Dazu ist es aber nicht gekommen, denn das Fleisch war weg. Nur ein paar Schleifspuren im Sand, Richtung Wüste. Jerry wollte wissen, wer sein gutes Fleisch in die Wüste geschleppt hatte. Er legte einen Köder aus. Als es dämmerte, kamen sie angeschlichen. Es waren Schakale. Sie nahmen den Fleischbrocken und verschwanden hinter der ersten Düne. Dann ging ein Geheule los. Da klang Enttäuschung und Wut mit, weil es heute nur einen Brocken für die ganze Meute gab.

Es hat sich natürlich schnell herumgesprochen, dass ein europäischer Circus in der Stadt gastierte. Viele Europäer interessierten sich,

ob sie Landsleute treffen würden. Die Deutschen waren in der Über-
zahl, denn in der Nähe baute eine deutsche Firma einen grossen Viadukt. *Ich bin Ingenieur und heisse Schmidt. Ich komme aus Düsseldorf.
Ich arbeite schon längere Zeit hier. Im Hafen, habe ich eine Yacht liegen.
Ich würde Euch morgen gerne zu einer Rundfahrt einladen.* Die Fahrt
war interessant, er wusste sehr viel über das Land und die Menschen,
die hier wohnten.

Dass er nicht nur den Reiseführer spielen wollte, war schnell klar,
als er das Steuer mir übergab und sich zwischen die Frauen setzte. Er
versuchte sein Glück bei meiner Tochter. Da ist er abgeblitzt. Um den
Ärger herunterzuspülen, half ein Schluck aus einer Whiskyflasche,
von denen er einen reichen Vorrat hatte. Zweiter Versuch bei Beatrix,
unserem Cowboymädchen. Sie hatte aber andere Pläne als einen Bau-
fachmann auf die „Schnelle". Auch diese Abfuhr spülte er mit Whisky
hinunter. Und zwar gründlich. Er leerte die Flasche. Da nun seine
Hände wieder frei waren, übernahm er das Steuer. In dem Moment
hat wohl der Whisky von der Leber in den Kopf gewechselt, und er
gab sich selbst das Kommando: *Kurswechsel und volle Kraft voraus!*

Den Gashebel drückte er fast bis zum Anschlag. Der Bug hob
sich beängstigend aus dem Wasser und das Boot machte einen Sprung
nach vorne, und wir flogen nach hinten, zum Glück nicht über Bord.
Beatrix war eine recht robuste Frau. Das Ausbalancieren kannte sie
von der Stehendreiterei. Sie stellte sich wie ein gestandener Matrose
breitbeinig hinter den verrückten Steuermann und versuchte ihn zu
beruhigen. Damit hatte sie aber keinen Erfolg, er schnappte sich eine
neue Flasche, trank und trank und lallte auf Hochdeutsch: *Ihr könnt
mich mal!* Dann versuchte er das Tempo noch zu steigern. Jetzt war die
Sache kein Spass mehr.

Vor uns lag eine Insel, ihre Felsen, die steil ins Meer fielen, strahl-
ten im Sonnenlicht. Was soll das? Der hält ja mit vollem Tempo direkt
auf die Felsen zu. Jetzt half nur noch artistische Präzisionsarbeit. Ein
paar Blicke wechselten, und jeder wusste was zu tun war. Jerry und
Felix schnappten sich den Verrückten, drückten ihn rückwärts auf

den Boden, wo er Kopf voraus unter den Heckaufbau rutschte und verschwand. Ich schnappte das Steuer und riss es herum. Keinen Augenblick zu früh, denn die Felsen ragten nur noch einige Meter von uns entfernt aus dem Wasser. Erleichtert drosselte ich das Rennboot auf Null. Der Bug und unser Adrenalinspiegel senkten sich. Der Alkoholspiegel bei unserem abgeblitzten Freier blieb! Jetzt brauchten wir auch einen Schluck aus der Whiskyflasche und Spürsinn, um den Heimathafen so schnell wie möglich zu finden, denn die Nadel der Tankanzeige bewegte sich schon gefährlich gegen den roten Bereich.

Im Hafen trafen wir einen Europäer, der uns bis zum Circus lotste. Er war Italiener. Mit noch zehn Landsleuten betrieben sie ganz in der Nähe ein Kieswerk, um Betonkies für den Brückenbau abzubauen. *Wir haben eine gemütliche Kantine und einen guten italienischen Koch. Wir möchten Euch gerne nach der Vorstellung zu einem original italienischen Spaghettiabend einladen.*

Der Chef der Italiener hat als Maurer beim Brückenneubau gearbeitet. Er hatte schnell mitbekommen, dass der Kiesnachschub für den Beton nicht klappte. Er ist nach Italien gefahren. Da hatte er eine Mannschaft zusammengestellt. Einen Koch, Mineure, Maschinisten und Facharbeiter für den Steinbruch und das Kieswerk. Seitdem die Italiener den Kies auf eigene Rechnung abbauen, gibt es mit dem Nachschub keine Probleme mehr. Es war ein wunderbarer Abend so richtig nach meinem Geschmack, nicht nur wegen dem grossartigen Essen und dem guten Wein. Es waren die Menschen, die hier eine Arbeit hatten und dabei glücklich waren. Sie hatten Instrumente dabei und spielten wunderbare südländische Volksmusik.

Ein Stück hatte es mir richtig angetan. Murat, unser Kapellmeister, fragte um Erlaubnis, diese Melodie aufschreiben zu dürfen. *Wenn Sie das können, wir haben keine Noten.* Sie spielten es noch einmal und Murat schrieb mit. Diese Melodie bauten wir dann später in unsere Nummer ein, als Mariza und Marco in der Manege mitarbeiteten, und wir alle zusammen Musik machten. Danke euch, liebe Italiener, danke für alles.

Der Circus war bei jeder Vorstellung ausverkauft. Unser Programm war eine gute Mischung, die den Arabern zusagte. Unsere Trapez- und die Luftnummer waren für die arabische Männerwelt ein grosser Anziehungspunkt. Flogen doch drei hübsche junge Damen durch die Circuskuppel. Unsere Luftnummerdamen bekamen eine Sondererlaubnis, mit unverhüllten Armen und Beinen zu arbeiten. Der Grund dafür war: der Fänger konnte die Mädchen sonst nicht auffangen und festhalten. Die Zemganos flogen zum Abschluss ihrer Darbietung im Ultralicht. Nur das fluoreszierende Trapez und die fluoreszierenden Sterne auf ihren Kostümen waren zu sehen. Es war ein grossartiger Effekt, wenn sie so durch die dunkle Circuskuppel flogen.

In Europa setzte bei diesem Dunkelflug immer grosser Applaus ein. Aber hier in Arabien begann ein ohrenbetäubendes Geschrei. Was ist los, was ist passiert? Als es wieder hell war, hat uns unser arabischer Sprecher aufgeklärt: *Viele der Besucher sehen an Stelle der Artisten Geister oder die Seelen ihrer Vorfahren in der Circuskuppel fliegen.* Sie waren so verblüfft, dass sie zu schreien begannen. Sie hatten Angst. Viele wollten sich auch gegen die Geister wehren. Das haben wir am nächsten Abend erlebt. Als es dunkel wurde und die Zemganos im Ultralicht flogen, war wieder das Geschrei der Besucher, aber jetzt hörte man auch das Schreien der Zemganos: *Licht machen, schnell macht Licht!* Als es hell war, sahen wir, was im Dunkeln passiert war. Ein halbes Dutzend Männer hatte mit Steinschleudern Steine und Nägel auf die vermeintlichen Geister geschossen. Den Beweis dafür hatten die Zemganos, weil noch einige der Nägel in den Kostümen oder auch tiefer steckten. Sie mussten das Fliegen im Ultralicht einstellen. Wir haben viel über diesen Vorfall diskutiert. Wie ist das möglich, dass so etwas heute noch passiert.

Es gab zwischen den Raubtierwagen und dem Circus einen freien Platz zur Vorbereitung für die nächste Nummer. Man wartet, man macht sich warm und spricht mit denen, die ihre Nummer beendet hatten. Alexandra und ihr Vater waren mit der Raubtiernummer

fertig. Alexandra kam aus dem Circus und bleibt bei Mariza stehen und sie unterhielten sich. Da kam ein Araber auf sie zu und fragt in gutem Englisch: *Darf ich von Euch ein Foto machen? – Ja natürlich.* Es wäre besser gewesen, wenn sie nein gesagt hätten. Es hatte sich schnell herum gesprochen: *Hinter dem Circus kann man europäische Mädchen fotografieren.*

Am anderen Tag standen gut ein Dutzend Araber mit gezückten Fotoapparaten bereit, um Mariza und Alexandra abzulichten. Jeder wollte der Vorderste sein. Es gab ein Gedränge. Der Haufen kam immer näher und die zwei Mädchen verschwanden in dem Gewühle. Da halfen kein Schreien und kein Knallen mit der Peitsche. Jerry hatte die rettende Idee. Er liess seine beiden Bernhardiner Hunde los. Löwen und Tiger, das kannten die Araber, aber so grosse Hunde hatten sie noch nie gesehen. Als die Bernhardiner auf die „Möchtegern-Fotografen" zustürmten und mit ihrer tiefen Stimme bellten, kam schnell Bewegung in den Haufen. Sie stoben auseinander und rannten davon. Ein bisschen zersaust waren die beiden Fotomodelle schon, aber auch glücklich, dass es gut ausgegangen war.

Wir reisten von Emirat zu Emirat. Die Reise von Doha in die nächste Stadt Katar führte uns viele hundert Kilometer durch die Wüste. Es haben sich immer drei oder vier Familien zu einer Kolonne zusammengeschlossen, um einander helfen zu können. Ich war dann doch wieder recht schnell alleine. Ich musste doch filmen, gute Aufnahmen brauchen nun mal Zeit. Und es gab so viele Motive. Arabien ist so gegensätzlich schön und beeindruckend.

Ein Zoll mitten in der Wüste, ein paar Baracken und ein kleines Steinhaus. Das war alles, ach ja, da war noch ein Ziegenstall. Wir warteten nun schon Stunden auf die Begleitpapiere und den Stempel in unseren Pässen. Ja, ein Stempel in Arabien bedeutet Macht. Das liessen sie diejenigen, die ihn brauchten, deutlich merken. Wir brauchten nicht nur ein Visum für jedes Emirat, damit sie zwei drei Stempel hineinklopfen konnten, auch arabische Führerscheine mussten wir noch haben, da gab es dann auch noch Platz für ein paar Stempel mehr. Schlimm war es an einem Zoll, weil der Beamte nicht lesen konnte. Wie sollte er die Pässe kontrollieren können?

Da kam er auf die glorreiche Idee, alle achtundsechzig Circusleute in einer Reihe aufstellen zu lassen. Er wollte so jeder Person den Pass zuordnen und dann die Übereinstimmenden abhaken. Die Ausweise lagen auf einem Stapel vor ihm. Bis er den richtigen Pass zu der richtigen Person hatte, vergingen Ewigkeiten. Wir standen nun schon volle acht Tage am Zoll, irgendwo in der Wüste. Man musste ja auch einmal austreten, etwas essen und trinken. Die Tiere mussten gefüttert und getränkt werden, und da war ja auch der Komödiant Galetti dabei. Der fand, dass man die Dummheit noch ein bisschen ausreizen sollte. Einmal stand er am Anfang der Reihe und dann wieder drei Personen weiter hinten. Jetzt gab es nichts zum Abhaken.

Da stand nun unser Analphabet, der einen Scheich zum Onkel hatte, mit einem Pass, der schon abgehakt war. Als das Chaos gross genug, das Wasser, das Essen und das Futter immer weniger wurde und der Veranstalter zu viel Geld verloren hatte, liessen sie uns fahren. Nun aber zurück zu dem Zoll zwischen Doha und Katar. Wir warteten immer noch, auch einige Fernfahrer, die in der Runde sassen und am offenen Feuer Tee kochten. Sie waren einverstanden, dass ich sie bei dieser Zeremonie filmte. Ich wollte sie gerade aus einer andern Perspektive aufnehmen, da sah ich, wie Ziegen durch das offene Fenster in das Zollbüro sprangen.

Die Letzte konnte ich noch filmen. Ich ging näher ans Fenster. Ich musste doch sehen, was da passierte. Die Ziegen durchstöberten die ganzen Papiere auf dem Tisch, und was für sie interessant war, das frassen sie auf. Sie leckten sogar am Stempelkissen. Wau! Das gab einmalige Aufnahmen. Da bekam ich einen Schlag auf meine Schulter und wurde herumgerissen.

Wenn ich etwas hasse, dann ist es, von hinten angegriffen und geschlagen zu werden. Ein Dreher und mit der freien Hand schnappte ich nach etwas. Was ich erwischte, war das Titascha, das Gewand eines Zollbeamten. Auf einmal waren sie zu dritt, dann habe ich ihn losgelassen. Sie führten mich ab. Da sass ich nun mit meiner Kamera und konnte meine eigene Verhaftung nicht filmen. In der Zwischenzeit hatten andere Beamte sich entschlossen, die nötigen Stempel für die Weiterfahrt meiner Kollegen zu geben. Der ganze Tross hat sich daraufhin in Bewegung gesetzt, ausser den zwei Galettis.

Da ich zur Weiterfahrt fehlte, ist Mariza erst einmal auf die Suche nach mir gegangen. Dabei machte sie die Bekanntschaft mit einem Araber, der in England studiert hatte, und der sich ihr für die weitere Suche als Dolmetscher zur Verfügung stellte. Schnell erfuhren sie von meinem Verbrechen gegen den Arabischen Staat, denn es ist natürlich verboten im Zollgebiet zu filmen. Zum Glück hatte ich bei der Verhandlung einen milden Richter. Mariza übernahm meine Verteidigung. Für eine Frau war das sicher einmalig. Sie hatte es ausgezeichnet gemacht, sie verwendete den Trick siebzehn. Mitleid erregen und auf die Tränendrüse drücken: *Wissen Sie, die Frau meines Vaters wäre so gerne mit uns nach Arabien gekommen. Aber sie ist sehr krank und konnte deshalb nicht mitreisen. Mein Vater hat ihr versprochen einen Film von Ihrem schönen Land und den lieben Menschen hier zu machen, damit sie auch sieht, wie wunderbar es bei Ihnen ist, und wie grosszügig und tolerant die Menschen hier sind ...*

Nach langem Blabla haben sie sich für ein mildes Urteil entschieden: *Sie löschen im Beisein von uns die Aufnahmen, die Sie innerhalb des Zollgebietes gemacht haben von der Kassette! – Ja, einverstanden.* Hurra, ich war wieder frei, und den Stempel drückte ausgerechnet der in meine Papiere, den ich am Kragen gepackt hatte.

Wir haben den Lotsen und den Circuskonvoi nicht mehr eingeholt. So mussten wir den Circusplatz selbst suchen. Wir wussten, dass er neben einem Sportstadion sein sollte. Stadions sind ja grosse Gebäude, die müsste man leicht finden. Nach langem Suchen fanden wir ein Stadion, aber da war kein Circus. Weiterfragen, weitersuchen. Endlich fanden wir noch ein Stadion, aber wieder keinen Circus.

Es gab zwei grosse Stadions. Das eine war ein Basketball-, das andere ein Leichtathletikstadion. Ihre Namen lauteten auf Arabisch fast gleich. Ein Plakat mit Clown Galetti half uns weiter. Endlich das dritte Stadion. Es war noch im Bau und sollte ein Fussballstadion werden. Und welch ein Glück, der Circus stand gleich daneben. Die Einweihung des Stadions sollte schon nächste Woche sein. Es war ein riesiges Fest mit Feuerwerk und allem Drum und Dran. Pferde-, Kamelrennen und sonst noch grosse Wettbewerbe.

Da das Stadion nun fertig war sollte ja auch ein Fussballspiel stattfinden. Jetzt kam man darauf, dass es ja gar keine Fussballmannschaft gab. Also liess man eine Mannschaft von Europa einfliegen. In der Zwischenzeit wurde das Flutlicht eingeschaltet und ein Band mit Aufnahmen eines Spieles über die Tonanlage abgespielt. Es sah und hörte sich dann wenigstens so an, als wäre schon ein Fussballspiel in vollem Gange. Zwei Tage später standen die Fussballer des SV Hamburg in dem neuen Stadion.

Aber, da halfen kein Pfeifen und kein Rufen, es waren keine Gegner da. Was nun? Ein zweiter Club musste her. Der Manager dieser grossartigen Veranstaltung musste den Hamburgern etwas schuldig gewesen sein, denn die kratzten jeden Reservespieler und solche die wenigstens wussten, dass ein Ball rund ist, zu einer Mannschaft zusammen und schickten sie nach Abu Dabi. Trotz eines grossen Phantasienamens, hatten die Reserve Hamburger gegen SV Hamburg verloren.

Scheich Hamad Bin Hamdan Al-Nahyan wurde auch Regenbogenscheich genannt, weil er, wo immer es möglich war, die Farben des Regenbogens aufmalen oder drucken liess. Wir gastierten schon vor einiger Zeit vier Wochen in seiner Stadt. Jetzt hatte er den ganzen Circus noch einmal für drei Wochen gemietet. Denn die Hochzeit mit seiner zweiten Frau sollte gefeiert werden. Wir waren mit für die Unterhaltung der Gäste zuständig.

Ein Abend war extra für die First Lady reserviert. Sie erschien mit ihrem ganzen Hofstaat. Es waren zwanzig zum Teil vermummte Personen um die First Lady platziert. Keiner von denen hat sich getraut zu staunen oder zu lachen oder gar sich zu freuen. Das war eine traurige Vorstellung. Ich hätte die alte Dame gerne ein bisschen zum Lachen gebracht. Aber wie soll man denn auf ein vermummtes Gesicht eingehen? Ich habe es nicht geschafft. Herr Schmidt, der Vertrauensmann zwischen dem Scheich und dem Circus, erklärte mir: *Die Königin der Herrscherfamilie getraute sich nicht zu lachen, weil sie gar nicht wusste, was ein Clown ist. Und wenn sie nicht lacht, darf es der Hofstaat auch nicht. – Machst Du Witze? – Du hast ja keine Ahnung, wie diese Leute isoliert sind. Die kommen selten aus ihrem Palast heraus, und wenn, dann sicher nicht unter die Leute. – Weisst Du, dass mehr als ein halbes Dutzend Königinnen bereits über mich gelacht haben? Die Königin der Zigeuner hat am herzlichsten gelacht. Sie war eben mitten in ihrem Volk.*

Der Scheich hat uns über Herrn Schmidt danken lassen. Er bat alle Artisten in die Manege und verteilte „grosszügige" Geschenke. Ein schlecht gedrucktes vierfarbiges Buch über seine Vorfahren und Nachkommen, einen Aschenbecher, Feuerzeug, alles aus „wertvollem" Plastik und in regenbogenfarbiger Papiertüte. Dazu eine Einladung in die königlichen Garagen. Von seinen sieben Mercedes habe ich schon gehört. Das wollte ich mir ansehen.

Da standen sie, die Extra-Anfertigungen. Mercedes 600, gepanzert und aufpoliert. Sieben Stück, für jeden Wochentag ein anderes Auto und für jeden Wochentag eine andere Farbe. Die Uniform des Chauffeurs und des Bodyguards, so wie das Maschinengewehr, waren in derselben Farbe angepasst worden. Stossstangen, und alles, was sonst aus Chrom ist, prangte hier in purem Gold. Der Unterbau der

Autos hatte extra einen geschlossenen Spezialboden, der in den Regenbogenfarben gespritzt war.

Es gab extra einen Stuntman, der das Kunststück beherrschte, auf zwei Rädern zu fahren. Nur damit man die Regenbogenfarben sehen konnte. Jeder Wagen war mit einem Satelliten-Telefon ausgestattet. Damals waren sie noch grösser und in dem Auto gut zu sehen. Auch sie waren in derselben Farbe wie das jeweilige Auto.

Wir standen im Hafen von Abu Dhabi, denn von hier aus sollte die Reise per Schiff weiter nach Doha gehen. Vom Krieg Iran-Irak hatten wir bis jetzt nichts bemerkt. Die Nachricht darüber hatte uns noch nicht erreicht. Einmal durften wir stundenlang einen Hafen nicht betreten. Der Grund dafür war: Ein grosser russischer Frachter mit Kriegsmaterial wurde gelöscht. Warum ich das weiss? Trick siebzehn. Ich musste doch eine Kartonschachtel über den Platz tragen. Durch das Loch im grossen O auf der Aufschrift OMO, habe ich durch die Schachtel gesehen, wie Russische Panzer auf den Platz rollten. Laut Presseberichten gab es in Arabien so was ja gar nicht. Kriegsmaterial-Verschiebungen und Waffenhandel. Erst als das, was es gar nicht gab, aus- und umgeladen war, durften wir auf das Hafengelände!

Ich habe meine OMO-Schachtel entsorgt, und war über das, was ich gesehen hatte, besorgt. In einem anderen Hafen wären wir froh gewesen, wenn wir nicht hinein gemusst hätten. Da stand an einem Kai ein riesengrosses mehrstöckiges Schiff. Es sah aus wie die gewaltigen, düsteren, viereckigen Wohnblöcke in der DDR, mit Hunderten von dunklen kleinen Fenstern. Aber hier waren es Öffnungen mit Gittern, hinter denen Tausende von Schafen eingepfercht waren. Das Schiff musste wieder auslaufen, denn die Tiere konnten nicht ausgeladen werden. Ein Virus hatte eine Epidemie ausgelöst. Der grösste Teil der Tiere war bereits tot, und der andere Teil war in einem jämmerlichen Zustand. Jetzt wurde einfach gewartet, bis auch diese elendiglich eingingen. Um sie dann auf hoher See als Haifischfutter zu entsorgen. Der Gestank, der schon länger toten Tiere war bestialisch. Auf diesem Schiff zur Besatzung zu gehören, das muss grausam gewesen sein.

Seit zwei Tagen warteten wir auf die Bewilligung unseren Circus auf ein Schiff zu verladen. Nun stand ein grosser Frachter bereit um uns aufzunehmen. Wir waren eine kleine Schweizer Kolonie, Jerry Wegmann, unser Dompteur mit seiner Familie und seinem Tierpfleger René, Danny Gasser, der Kraftmensch, auch mit Familie, Mariza und ich. Dann kam vom Hafenmeister das Kommando: *Fahren Sie vom Kai weg, das Schiff ist voll, wir können Sie nicht mehr aufnehmen. – Ach so, sollen wir schwimmen? – Am südlichen Kai steht noch ein Schiff. Das fährt auf Kommission. Mit dem Kapitän wird zurzeit verhandelt.*

Nach einer Stunde war alles klar. Die Raubtiere und die Wohnwagen der Schweizer kamen auf das kleine Schiff. *Hast Du das Ding gesehen? Das Schiff wäre gut als Fähre auf dem Bodensee, aber doch nicht für den Persischen Golf.* Es war ein flaches Schiff mit einer Ladefläche. Am Bug war eine Konstruktion mit Seilwinden für die Ein- und Ausladeklappe. Am Heck gab es einen zweistöckigen Aufbau. Darunter waren die Motoren. Dann gab es eine kleine Küche und Unterkünfte für die vierköpfige Mannschaft. Darüber war die Brücke. Auf dem Dach der Brücke gab es eine ganz kleine Plattform. Da oben hatte man eine wunderbare Aussicht. Aber wenn man die Plattform und die schmale Leiter benutzte, musste man schwindelfrei sein, und oben konnte man nur liegen. Die Kamera konnte ich leider nicht mit hoch nehmen. Auweia! Das habe ich ganz vergessen. Ich konnte mir eine neue Kamera kaufen. Digital! Die Kamera war klein, dafür war das Aufnahmegerät in einer Hängetasche gross und die Bedienung recht kompliziert.

Die Wohn - und Raubtierwagen waren verladen. Kein Meter Platz ist mehr übrig geblieben. Bei den Raubtieren ist es recht eng geworden. Die Wagen standen mit der Öffnung zur Reling. Um die Tiere zu füttern und die Käfige sauber zu halten, musste der Tierpfleger René zwischen den Gitterstäben und dem Boden eine kleine Klappe öffnen. Wenn die offen war und ein Tiger mit seiner Pranke plötzlich heraus griff, hatte René, keine Möglichkeit nach hinten auszuweichen, nur nach links oder rechts. Die Tiere haben das schnell mitbekommen.

Jetzt musste er beim Füttern und Saubermachen wie ein Degenfechter den Hieben ausweichen.

Die Sache wurde für beide Seiten zum Spiel. Die Tiere hatten ihren Spass, und René konnte beweisen, dass er schnell war und gut reagieren konnte. Auch ein Tierpfleger braucht mal Publikum und Applaus.

Das Schiff war Eigentum des malaysischen Kapitäns und seiner dreiköpfigen Mannschaft. Es war eine familiäre, gemütliche Atmosphäre auf dem Schiff. Mit ein bisschen Englisch und ein bisschen Spanisch kamen wir wunderbar zurecht. Wir halfen, wo es nur möglich war. Wir zogen Haltegurten nach, machten sauber wie richtige Matrosen, und mit ein bisschen Anlernen durfte ich sogar für eine Zeit das Ruder übernehmen. Gegen Abend des zweiten Tages kam der Steuermann zurück und übernahm das Steuer wieder selbst, denn es gab plötzlich einen grösseren Kurswechsel. Wir verliessen die normale Schiffsroute und schippten, wo nur kleine Schiffe fahren konnten, der Küste entlang. *Was ist der Grund für diesen neuen Kurs?*

Das grosse Schiff hat auf der Leeseite eine Mine gestreift. Es gab eine Explosion, die zum Glück über der Wasserlinie war. Die Explosion hatte keinen grossen Schaden angerichtet. Es gab nur ein paar Leichtverletzte. Das Schiff konnte nach Abdichten weiter fahren. Jetzt wurde die Küste für uns zum Schutz. In diesen seichten Gewässern konnten die Kriegsschiffe nicht fahren. Eine grossartige Idee unseres malaysischen Kapitäns, Mütze ab! Ach ja, er trug ja keine. Er trug ein buntes Kopftuch. Ein herrlicher Sonnenuntergang und eine ruhige Nacht. Wir wurden von Delphinen und fliegenden Fischen begleitet. Ein wunderbarer Sonnenaufgang, und alles war friedlich. Nur ganz weit weg hörte man ab und zu Detonationen. Ich lag auf meinem Ausguck über der Brücke und bestaunte, was um mich herum war, diese Farbenspiele, die uralten Segler, Holzschiffe, Dschunken und was wir alles überholten oder kreuzten. Der Smuty rüttelte an der Leiter und fragte mich:

Wollen du Tee haben? Ist fül heute letzte.

Bitte gerne, aber warum der Letzte?

Eine Stunde, dann kommen fahlen auf glosse Wassel. Haben Depescha bekommen, dass auf diese Weg viele Seeminen schwimmen. Ich muss auf Bug sein und schauen, dass nicht gibt Kalambolage mit Miene. Meine Kollege müssen sein alle auf Posten. Küche dann sein zu, ich bin nicht mehl Smuty, ich bin Ausguckmann, dass nicht macht Bumms. Jetzt blinge ich noch mal Tee.

Ja bitte, Wenn es auf unserm kleinen Schiff bumms macht, dann brauchen wir sowieso keinen mehr.

Von einem Schnellboot das bei uns angelegt hatte, stieg ein Hamburger zu. Diesmal war es kein Fussballer, sondern ein Lotse. Er hat uns mit Bogenfahren so ein bisschen links und rechts der grossen Fahrrinne glücklich und gesund in den Hafen gelotst. Das grosse Schiff lag am Kai. Es hatte ein recht grosses Loch auf seiner Leeseite. Zwei unserer Kollegen hatten einen turbanähnlichen Verband und drei humpelten uns entgegen. Trotz allem waren sie glücklich, dass alles so gut abgelaufen war und erzählten lieber von den schönen Sachen, die sie auf dem Schiff erlebt hatten: *Stell Dir vor, der Kapitän hat uns erlaubt, als wir auf hoher See waren, die Laderampe bis in die Waagerechte herunter zu lassen. So hatten wir eine Freilichtbühne direkt über dem Wasser. Es war richtig gemütlich. Wir grillten selbst gefangene Fische. Die Musiker haben ihre Instrumente geholt. Es wurde ein kleines Fest auf offener See. Und dann der Bums. Krieg! Die Freilichtseebühne wurde hochgezogen, und das Fest war aus.*

Lieber Herr Veranstalter, was nun? – Die Schiffe müssen gelöscht werden, dann sehen wir weiter. Für das kleine Schiff gab es vorerst dazu gar keine Möglichkeit. Es hatte in dem Teil des Hafens keine verstellbare Rampe. Die anderen Anlegestellen waren alle von Kriegsschiffen besetzt. Wir lagen an dem Kai, wo die Fischerkutter und die friedlichen Schiffe anlegten. Unser kleines flaches Schiff konnte nur bei Flut ausgeladen werden. Bei Ebbe lag die Ladefläche fast zwei Meter unter der Kaimauer, und so hätte es noch einige Stunden gedauert, bis sie durch das steigende Wasser die Höhe der Kaimauer erreicht hätte. In der Zwischenzeit versuchten wir, die Stempel in unsere Papiere zu bekommen. Wir mussten ja so oder so warten. Es war ja egal wo, am Zoll oder am Kai. Die Flut hatte gewonnen, die Ladefläche des Schiffs war schneller oben, als ein Stempel in unseren Papieren. Aber nun hatten wir ein neues Problem. Es gab keine vertiefte Auflagefläche für die Ladeklappe. Dadurch lag sie auf dem Kai auf. Durch die Träger unter der Klappe gab es eine Höhendifferenz von fast vierzig Zentimetern. Um das auszugleichen, suchten wir auf dem ganzen Hafengelände Holz zusammen, um eine kleine Abfahrt zu bauen.

Das war hier gar nicht so einfach, denn Palmen geben kein richtiges Holz, und anderes wächst hier nicht. Mit Resten von Paletten, Kistenbrettern, ein paar Steinen und Eisenabfällen bauten wir für die schweren Wagen eine Abfahrtsrampe. Hurra! Geschafft! Unsere super Brückenkonstruktion hatte alle Raubtier-, Wohn- und Zugwagen ausgehalten. Eigentlich schade, dass die Seereise mit dem malaysischen Abenteuerschiff schon zu Ende war. Da wäre ich gerne länger mitgefahren. Das hätte bestimmt eine interessante Filmgeschichte abgegeben von Menschen, die in die Welt passen. Vielleicht später einmal, wenn ich versuche noch mal alle meine Freunde aufzusuchen. Ich habe ja bei ihnen noch eine Tasse Tee gut.

Interessante Sachen gab es auch an Land zu filmen. Aber manchmal war es gar nicht so einfach. Einmal wollte ich ein handbetriebenes Karussell filmen. Hinter dem kunstverzierten Aufbau stand eine schwarz vermummte Frau, ich hatte sie in meinem Sucher nicht mal gesehen. Und schon war ein Moralwächter da! *Sie haben die Seele der Frau auf ihre Fotoplatte gebannt. Sie müssen den Film vernichten. – Lieber Herr Moral- oder Religionswächter, das kann ich nicht. Wenn ich den Film vernichte, dann ist die Frau hinter dem Karussell ohne Seele. Das möchte ich der lieben Frau nicht antun.* Seele und Film waren gerettet.

Wir lernten zwei bewundernswerte Frauen kennen. Sie leiteten ein Kinderkrankenhaus. Sie baten uns, doch einmal für ihre Kinder im Krankenhaus eine kleine Vorstellung zu geben. Wir sind ihrer Bitte gerne nachgekommen. Ich bin in meinem Leben in vielen, sogar sehr vielen Kinderkrankenhäusern aufgetreten, und ich habe vieles gesehen. Kinder mit schrecklichen Verbrennungen, Kinder ohne Glieder, unheilbare, die dem Tod geweiht waren. Diese Kinder hier wären es auch gewesen, wenn nicht diese englische Ärztin und die Hebamme diese armen Geschöpfe eingesammelt und hier gesund gepflegt hätten. Es waren Mädchen, die von ihren Eltern ausgestossen worden waren, weggelegt, wie alte Schuhe! Dazu finde ich keinen Kommentar, nur meine Hochachtung für die beiden Frauen.

Wir hatten wieder einmal eine lange Reise vor uns durch Sand und Steinwüsten bis nach Katar. Kurz vor unserer Abreise erlebten wir einen starken Sandsturm, der sogar in unseren Wohnwagen hinein den feinen Sand geblasen hatte. Auf allen Flächen konnte man mit dem Finger schreiben. Alles war mit einer feinen Sandschicht überzogen. Auf der Strasse, die durch die Wüste führte, lagen Dünen, die man je nach Grösse mit Schwung durchfahren oder wegschaufeln musste.

Papi, pass auf! Da vor dem Zoll gibt es noch so eine Düne. – Kein Problem, die nehme ich mit Schwung. Es gab einen starken Hopser. Der Zugwagen und der Camping sprangen hoch, denn es war kein Sand, es war ein Betonwall, eine so genannte „Schikane", mit ein bisschen Sand bedeckt.

Papi, ich hab doch vorher gesagt, pass auf. Jetzt sind sicher die Schranktüren aufgesprungen und es liegt alles durcheinander auf dem Boden. – Schon gut, ich konnte ja nicht wissen, dass unter dem Sand Beton ist. Das kann ja lustig werden, wenn es die Schikanen nicht nur am Zoll, sondern auch schon auf der Strasse gibt. Mitten auf dem Zollgelände stand ein hoher, offener Lastwagen, der mit verschiedenen Früchten, Melonen, Annanas und Bananen beladen war. Auf den herrlichen Früchten stampften zwei Beamte herum. Sie teilten mit ihren Schwertern die Früchte. Was sie halbiert hatten, warfen sie auf den Platz vor dem Wagen. *Sie können alles zusammen nehmen und ihren Tieren füttern. – Aber warum zerschneiden Sie die Früchte und werfen sie weg? – Wir suchen Rauschgift. Aber bis jetzt haben wir nichts gefunden.*

Nicht nur die Tiere haben sich gefreut, auch die Menschen genossen die drogenfreien Früchte. Mariza war im Wohnwagen um aufzuräumen, was aus dem Schrank gefallen war. Die Spielkarten hielt sie noch in der Hand. Zwei Araber kamen herein. Einer trug an seinem Gürtel ein reich verziertes silbernes Messer, das ihn als sehr hochrangig auswies. Der Messerträger setzte sich unaufgefordert an den Tisch. Über seinen Begleiter, der perfekt Englisch sprach, erkundigte er sich, ob Mariza bereit wäre, mit ihm Karten zu spielen.
Ja, warum nicht, aber nicht umsonst!
Was setzen Sie denn?
Wir machen hier eine kleine Show auf dem Zollgelände.
Einverstanden, und ich schenke …
Moment mal. Wenn Sie verlieren, dann müssen Sie uns hier einfach mit dem ganzen Circus durchfahren lassen!
Okay.

Das Spiel begann. Wie ein Lauffeuer hat es sich auf dem Zollgelände verbreitet: Mariza spielt mit dem obersten Zollchef Poker. Es geht um die Weiterfahrt. Unsere Wohnwagenfenster wurden von den Kollegen belagert. Ich sass da und schwitzte. Ich hatte Mariza noch nie Kartenspielen, geschweige denn pokern gesehen. Was hat sie vor? Mein Gott, da liegen ja noch Spielkarten hinter dem Tischbein am Boden. Ich wollte Mariza darauf aufmerksam machen. Aber mit einem Zeichen gab sie mir zu verstehen: *Alles okay nichts sagen!* Oh Gott, ist die raffiniert, die weiss, welche Karten fehlen und baut das Spiel darauf auf. Gewonnen! Und der Araber hatte Wort gehalten. Es verging keine halbe Stunde, und der ganze Circustross fuhr vom Zoll weg. *Mariza. Wann und wo hast Du Pokern gelernt? – Papi, in der Artistenschule. Du wolltest doch, dass ich etwas fürs Leben lerne.*

Die Scheichs prägen die Emirate, in denen sie das Sagen hatten. In Oman ist der Scheich mit seinem Helikopter über sein Land und seine Stadt geflogen. In Arabien sind die Ziegel in verschiedenen Farben glasiert. Viele Bauten waren mit roten Ziegeln gedeckt. Das war nicht nach seinem Geschmack. Er liess alle roten Dächer abreissen

und gegen grüne ersetzen. Da standen auf Anhöhen zwei Burgen. Der Baustil war europäisch. Das interessierte mich. Warum und wieso?
Das sind keine Burgen, das sind Gefängnisse.
Das sind ja Nobelgefängnisse.
Das müssen sie schon sein, denn darin hat der nicht regierende Scheich seinen regierenden Bruder einsperren lassen, dass dieser nicht mehr regieren kann. Jetzt regiert der vorher nicht regierende Scheich.
Aha! Ist ja ganz einfach. Hauptsache es wird regiert, egal wer regiert.

Der Vater des Regenbogenscheichs war in Europa. Da hatte er ein Wasserschloss gesehen. Jetzt wollte er zu Hause in Arabien auch so eines haben. Nichts leichter als das. Er liess sich ein Schloss bauen. Als es fertig war, hat er eine riesengrosse Vertiefung um sein Schloss ausheben lassen und einen Zufluss zum Meer gebaut, um den Schlossgraben mit Wasser zu füllen. Neue Stadt, neue Erlebnisse. Wir stehen in Bachrain. Direkt vor dem Circus führt eine Strasse vorbei. Für viele Araber war es der erste Circus, den sie sahen. So auch für einen Autofahrer, der am Circus vorbeifahren wollte und den Verkehr vergass. Auffahrunfall mit Blechschaden, die Polizei musste her, sie war schnell da, aber der Beamte hatte ein Problem. Mit Händen und Füssen und drei Worten Englisch machte er uns klar, dass er nicht schreiben konnte. Deshalb sollten wir für ihn das Unfallprotokoll aufnehmen: *Auf Englisch, es wird nachher übersetzt. – Gut, auf Arabisch hätten wir Probleme gehabt.*

Auch unsere Wohnwagen erregten die Neugier vieler Araber. Menschentrauben hingen an unseren Fenstern. Die Türe mussten wir verschliessen, als wir die Hartnäckigsten hinaus komplimentiert hatten. Es war nicht auszuhalten, als einige auch noch anfingen, an die Wände des Wohnwagens zu klopfen.

Ein Wachmann hatte Erbarmen mit uns und versuchte, die Leute zur Vernunft und vom Camping wegzubringen. Aber es hörte niemand auf ihn. Da fing er an, im Zorn mit seinem Gummiknüppel auf unsere Wohnwagen zu trommeln. Mein Kommentar: *Spass muss sein!* *Aber nicht so laut.*

Kuwait. Wir stehen mitten in der Stadt in einem schönen Park neben zwei grossen Moscheen. Ihre Vorbeter versuchen sich gegenseitig in der Lautstärke ihrer Singsanggebete zu übertrumpfen. Als sie mit ihren Lautsprechern auf ihren Minaretts blieben, ging es noch einigermassen. Aber jetzt hatten sie Lautsprecherboxen in Kopfhöhe im Park aufgestellt, um die Gläubigen, die zum Circus wollten, zum Gebet aufzurufen. Da gab es manchmal Staus beim Einlass in den Circus, wenn sie den Eingangsteppich für ihre Gebete benutzten. Aber noch ist kein Einlass, denn erst muss geklärt werden, sind die Sterne, die zur Zierde im Circuszelt und auf der Rundleinwand, eingegossen sind, eine Anspielung auf den Israelischen Davidstern? Man hatte ein intelligentes Urteil gefällt: Überkleben eines Zackens des Sterns, dann durfte der Circus spielen. Ich war behilflich beim Überkleben. Meine Überklebstellen sind ein wenig grösser ausgefallen. So war der Stern von Bethlehem entstanden. Für mich war es nun der Davidstern mit Schweif. Und keiner hatte den kleinen Stich bemerkt. Ein bisschen Narrenfreiheit, das gehört nun einmal zum Clown.

Abbas hiess unser Sprecher hier in Kuwait. Er war ein grosser stattlicher Mann und immer arabisch gekleidet. Zwischen den Vorstellungen hielt er sich gerne bei uns auf und wir tranken gemeinsam Tee. Er nahm seine schöne rote Kopfbedeckung ab, und zog sie mir an, denn er wollte sehen, wie Clown Galetti mit rotem Kopftuch wirkte. Er fand mich komisch, machte Fotos und hatte Spass. Abbas Frau sah das anders, als sie davon erfuhr: *Abbas! Ein Ungläubiger hat Dein Kopftuch auf seinem Kopf getragen. Du verbrennst es sofort und lässt Dir Deinen Kopf kahl scheren, denn mit Waschen allein wird er nun nicht mehr rein.*

Abbas tat wie ihm befohlen, aber der Haussegen hing trotzdem schief. Erst als er seiner Frau zur Versöhnung einen neuen Farbfernseher brachte, wurde die Stimmung wieder besser. Seine Schwiegermutter nützte die Gelegenheit aus, sie wollte nun auch einen Fernseher haben. Das war ihm dann doch zu viel. Abbas erzählte uns auch, wie das mit einer Scheidung gehandhabt wird: *Ich verstosse Dich. Ich verstosse Dich. Ich verstosse Dich!* Diese drei Worte, dreimal vor einem Zeugen gesagt, reichen, und der Mann ist seine Frau los. Alles, was sie mitnehmen darf, ist das Gold, welches ihr der Mann während der Ehe in regelmässigen Abständen immer wieder schenken muss.

Als Abbas bemerkte, dass wir das nicht ganz nachvollziehen konnten, bemühte er sich schnell uns auch die guten Seiten seiner Kultur und Religion nahe zu bringen. So muss beispielsweise ein gut gläubiger Muslime zwei Drittel seines Einkommens verteilen, nur ein Drittel steht ihm zu. So fliessen Unsummen in Neubauten, Strassen, Krankenhäuser, Wasserwiederaufbereitungsanlagen, Stadions, Hotels. Nun gibt es Emirate, die von klugen und weitsichtigen Ölmultis regiert werden, die diese Unsummen sehr überlegt und zukunftsorientiert einsetzen. Viele Araber bekommen kostenlos ein Haus oder eine Wohnung und, je nach Rang oder Verwandtschaftsgrad mit dem Emir, auch noch einen Zuschuss.

So kommt es, dass viele nicht arbeiten müssen. Die Arbeit wird von Tausenden von Gastarbeitern erledigt. Aber nicht nur die schmutzige Arbeit wird von Ausländern erledigt, auch viele leitende Positionen in der Regierung haben sie inne. Es gibt Stadtteile, da wird nicht mehr Arabisch gesprochen. In Arabien ist der Arztbesuch kostenlos und auch der Aufenthalt im Krankenhaus. Die grosse Gastfreundschaft muss auch erwähnt werden. In Bahrain war die „Bank of the Middle East" unser Sponsor. Am letzten Tag gaben der Veranstalter und der Sponsor für alle Artisten ein Abschiedsfest. Sie hatten es ganz gross und fein aufgezogen, liessen sogar extra aus England Schweinefleisch einfliegen, denn sie wollten den Europäern eine Freude bereiten.

In einem vornehmen Hotel wurden uns die Schnitzel serviert. Mariza und ich sassen ganz oben an der Tafel. *Papi, das ist gut, so bekommen wir zuerst ein grosses Schnitzel. – Ja von wegen, in Arabien fängt man mit Servieren hinten an, wie beim Lesen. – Nicht so schlimm, dann haben wir noch, wenn die Anderen fertig sind. Hurra, jetzt sind wir an der Reihe.* Ah wunderbar nach Monaten wieder einmal ein

Schweineschnitzel. Dann kam der englische Küchenchef zu uns. *Du, Mariza, wir werden vom Chef persönlich bedient. – Entschuldigen Sie, wir haben nicht gewusst, dass die Bankbeamten auch Schweinefleisch essen. Jetzt fehlen die Portionen! Darf ich Ihnen dafür einen guten Fisch servieren? – Ja, ja, bitte. Es leben die Beamten!* Einen Tag später. Die Bankbeamten und die Leute vom Circus waren krank, nicht nur so ein bisschen Unwohlsein, nein, richtig krank. Sie hatten alle bis auf uns zwei Fischesser eine Fleischvergiftung. Das Fleisch, das sie extra aus England eingeflogen hatten, war verdorben.

Jetzt ist die Tournee bald beendet, und ich habe noch gar nichts über das Programm erzählt. Das werde ich ein wenig nachholen. Jerry Wegmann mit seiner gemischten Raubtiernummer. Die Bernhardiner haben Sie ja kennen gelernt. Daniel Gasser, der Kraftjongleur, die Geschwister Quaiser, mit ihrer Elefanten- und Messerwurfnummer. Zwei Wiener Nummern und vier spanische Artistenfamilien rundeten das Programm für Arabien ab. Alle waren auf ihre Art gut, sogar sehr gut. Es waren bekannte internationale Nummern. Es war nicht so, dass man ein billiges Programm zusammengestellt hatte und sich sagte, für Arabien reicht das schon. Es waren alles gute Artisten. Es hatte keiner nötig, sich zu profilieren. So waren wir auch privat ein grossartiges Team. Man hat zusammengehalten und sich gegenseitig geholfen. Arabien war nicht Europa.

Die Rieders, unsere Messerwurf-Nummer, hatten ein Problem, bei dem wir Kollegen auch nicht helfen konnten. Sie hatten ein grosses Brett. Beatrix stand davor und ihr Bruder Felix warf die Messer neben ihr ins Brett. Felix arbeitete mit schweren Messern. Die Feuermesser waren doppelt so schwer. Jeder Wurf beschädigte das Holz ein bisschen mehr. Kleine Splitter flogen weg, und das Brett wurde immer dünner. In Arabien gibt es keinen Baum, aus dem man Bretter hätte sägen können. Seit Wochen warteten sie auf ein neues aus Deutschland, denn das jetzige wurde immer dünner. Das Licht geht aus. Felix wirft mit den Feuermessern auf das Brett. Beim dritten Messer hat es „Wuff" gemacht, und es ist durch das Brett hindurch geschossen, ohne dass das Feuer ausgegangen wäre. Wie ein Komet ist das Messer weitergeflogen Richtung Orchester. Und noch einmal hat es „Wuff" gemacht, und das Geschoss durchschlug die grosse Pauke, wo es unter dem Stuhl des Schlagzeugers landete und weiter brannte. Nur Augenblicke brauchte der Schlagzeuger, um zu löschen. Dann stand er aus Sicherheitsgründen auf dem Stuhl, wo er in gebückter Stellung die Wirbel für die restlichen Messer spielte.

Der Direktor Manfred Mansfeld, hatte es viele Male schwer. Arabien war für ihn auch Neuland. Er nahm gerne Ratschläge von alten Circushasen an. Nur einmal wollte er nicht auf uns hören. Er hat mit dem Emirat Jemen verhandelt. Das Gastspiel fiel in den Ramadan. *Lieber Manfred, wenn Du in dieser Zeit da runterfährst, wirst Du alles und noch ein bisschen mehr verlieren, was Du in den letzten Monaten verdienst hast. — Keine Angst, wir haben die Vorstellungen auf die Nacht verlegt. — In der Nacht da essen und trinken die Araber, was sie am Tage versäumt haben, da geht keiner in den Circus.*

Und es kam wie es kommen musste. Eine grosse Pleite. Und wenn einer am Boden liegt, wird ihm das bisschen, was er noch hat, weggenommen. Es muss sehr schlimm gewesen sein. Sie haben ihn eingesperrt und ihn sonst noch mit vielen Schikanen überhäuft. Murat, unser Kapellmeister, ist mitgefahren und hat alles miterlebt. Unser Glück war, ich hatte schon vor der Arabientour Verträge für das Tivoli in Aarhus in Dänemark und anschliessend für das Variete Linamäki in Helsinki abgeschlossen. Wir haben unser Gefährt in Dubai auf einen englischen Frachter verladen können. In vier Wochen sollte er in Rotterdam anlegen.

Wir selbst sind nach Hause geflogen. Bevor der Circus in den Jemen fuhr, liess der Direktor alle Artisten zusammenkommen und machte ihnen den Vorschlag, 1986 mit ihm in Japan zusammenzuarbeiten. Die Tierlehrer haben mit Rücksicht auf ihre Tiere auf diesen Vertrag verzichtet. Sie wollten den Tieren die weiten Schiffsreisen erst nach Europa und dann nach Japan ersparen. Alle anderen würden wir also zu Weihnachten 1985 in Tokio wieder antreffen. Aber vor der sicher interessanten Tournee durch Japan gibt es wieder einmal ein „Wumm": Unser Wohnmobil und unser Camping wurden von einer Räuberbande ausgeräumt. Und das auf einem europäischen Frachtschiff. Alles war weg. Selbst vom Armaturenbrett ist nicht viel übrig geblieben. Gähnende Leere, wo einst Schalter, Hebel, Kilometerzähler und Anzeigeuhren waren. Aus dem Camping sind Kostüme, Kleider, Souvenirs aus Arabien und alles, was nicht niet- und nagelfest war, gestohlen worden. Unser Fahrzeug musste mit dem Lastkran ausgeladen werden. Es war nicht mehr möglich zu starten und zu fahren. Und wir sollten doch nach Dänemark weiterreisen. Es war eine kriminelle Fahrt mit dem kurzgeschlossenen Wagen und den flatternden Taschentüchern als Blinkzeichen. Aber wir schafften es bis zur nächsten Werkstatt. Einiges wurde uns von der Versicherung ersetzt. Aber für die handgenähten und bestickten Kostüme, Clownschuhe, Perücken und Instrumente, die alle mit vielen Erinnerungen behaftet waren, gab es keinen Ersatz.

Wir sind gerade noch rechtzeitig in Aarhus eingetroffen. Meine Maria und Marco sind mit dem Zug nachgekommen. Tivoli Friheden in Aarhus, es war wunderbar, zwei Monate auf dieser herrlichen Bühne. Mit dem Wohnwagen standen wir im Park, der beinahe bis ans Meer grenzte. Eine gute Direktion und liebe Artisten, das Schicksal gab uns eine kleine Wiedergutmachung. Phillip, der Sohn von Circusdirektor Max Schuhmann, war Bühnenchef und zugleich auch ein sehr guter Sprecher. Es war herrlich, wie er bei unserer Nummer mitlebte und mitmachte. Ein Profi, der schon als Kind im Circus seiner Eltern das gewisse Etwas mitbekommen hatte. Zwei Komödianten, einer jung, der andere schon etwas älter, ergänzten sich grossartig.

Neben der Bühne war ein Restaurant. Kay der Pächter war bis vor kurzem noch am dänischen Königshof Hofkoch. Seine jetzigen Gäste waren nicht adelig, aber sie waren Feinschmecker und kamen aus der ganzen Welt. Er wurde ein Galetti-Fan. Er wusste genau, zu welcher Zeit wir auf der Bühne waren. Dann kam er mit seinen Gästen geschlossen zur Vorstellung. Dem entsprechend war auch die

Stimmung. Ich interessierte mich für seine Küche. Ich hatte oft eine weisse Schürze um, schaute ihm über die Schulter und half kochen. Ich lernte raffinierte Rezepte kennen und wie sie schnell zubereitet wurden. Als im Herbst das Tivoli schloss, ist er uns nach Finnland, der Schweiz und Österreich nachgereist.

In Österreich, bei uns zu Hause, wollte er für meine Freunde und mich etwas Besonderes kochen. Ausgerechnet Gulasch, wo doch dieses Gericht in Österreich ganz oben steht, und es jeder kennt, viel Paprika und genau so viele Zwiebeln wie Fleisch. Sein Rezept war Dänisch, süsslich und sehr farbig. Sein Gulasch bekam die Farbe nicht vom Fleisch, sondern von einer schwarzen Lebensmittelfarbe. Um sie aufzutreiben ist er bis in die nächste Grossstadt gefahren. Und dann gab es etwas verspätet ein dänisches, königliches, süssliches, schwarzes Gulasch. Um seine etwas angeschlagene königliche Hofkoch-Ehre zu retten, hatten wir dem Gericht einen neuen Namen gegeben: „Volksparteieintopf". Mariza und ich brachten unser Engagement in Aarhus mit grossem Erfolg zu Ende. Und zum Abschied wurde mir von der Dänischen Artistenvereinigung bei einer Ehrung die begehrte „Clowntafel" Pat und Patason überreicht. Sie waren wohl die grössten dänischen Komiker überhaupt, eine grosse Ehre für mich. Maria hatte wieder einen Rückfall und musste noch einmal ein Sanatorium aufsuchen. Sie ist deshalb nach Hause gefahren. Meine Kinder und ich hatten nur einen Tag Zeit, um nach Helsinki zu kommen.

Ich versuchte Abfahrt und Reise gut zu organisieren und habe sogar an das Ende der Sommerzeit gedacht. Es klappte auch alles recht gut. Die Reise mit dem Schiff war wie immer ein Erlebnis. Wenn es beim Ausladen keine Probleme gab, reichte uns die Zeit. Man sah schon den Hafen und die grosse Turmuhr. *Mariza, wie kommt es, dass, die Finnen eine Stunde älter sind als wir? – Papi, wir haben die Zeitverschiebung vergessen!* So sehr wir uns auch beeilten, kamen wir doch mit einiger Verspätung zu den Proben. *Entschuldigen Sie Frau Direktor. Die Zeitverschi… – Schon gut, das ist kein Problem, der Bühnenmeister hat zwar an die Zeitumstellung gedacht, aber er hat hier alle Uhren um eine Stunde zurückgestellt statt vor. Wir müssen also etwas später anfangen.*

Wir waren für zwei Monate für die Freilichtbühne verpflichtet. Es ist gewaltig, wenn man oben auf dem Seil steht und die Übersicht über den Park und all die vielen Menschen hat. Es ist gut, wieder für die Frau Direktor Ahtianen zu arbeiten. Und viel Freude machte es, die alten lieben Kollegen zu treffen. Fattini hatte leider kurz nach der Premiere einen Unfall. Er wurde von anderen Hochmast-Artisten abgelöst. Den Nockbrothers! War das eine Überraschung! Die Kinder von Lotti und Artur Nock. Damals bei Knie 1952 bis 1954 kamen sie im Circus zur Welt. Und jetzt stehen grosse athletische Artisten vor mir. Soll ich jetzt sagen: *Ich werde langsam alt oder einfach, Mensch, wie die Zeit vergeht.*

Ein Wermutstropfen hatte das Engagement schon. Es gab ein neues Gesetz, das mich an einen Polizeistaat erinnerte, in dem ich vor Jahren engagiert war. Man hatte uns verboten, hinter dem Varietegebäude unseren Wohnwagen abzustellen. Wir mussten uns weit draussen vor der Stadt auf einem Campingplatz einmieten. Uns wollte man nicht in der Stadt haben. Fahrende mit ihren Wagen waren nicht erwünscht. Sie passen nicht ins Bild. Die Besoffenen lungerten noch herum, nicht nur hinter dem Park. Es war wie vor Jahren, da hat sich nichts geändert. Und noch ein neues Gesetz gab es. Es war verboten, Musiker zu filmen. Es war verboten, Artisten oder Tanzshows zu filmen, wenn sie von Musik begleitet wurden. Ausser, es wurde vorher ein Honorar ausgemacht. Wer das Honorar bekommen sollte, das wusste keiner. Ich wollte mit meinen Filmen kein Geld verdienen.

Ich konnte es gar nicht glauben, waren doch die Musiker alte Kollegen. und die meisten kümmerten sich auch gar nicht um dieses neue Gesetz. Aber einer genügte schon um eine schlechte Stimmung auf die Bühne zu bringen. Hier war das so ein gewisser „Kommissar" einer gewissen Gewerkschaft, und er hatte die Aufgabe zu kontrollieren, dass das Gesetz eingehalten wurde.

Ich wollte die Nock Brüder filmen und zwar ohne Musiker. Ich habe genau darauf geachtet. Ich wollte keinen Ärger. Ihn zu vermeiden war nicht schwer, denn die Nocks arbeiteten am schwankenden Mast in zwanzig Meter Höhe. Da oben gab es keine Musiker und den Ton hatte ich ausgeschaltet. Ich hatte die Kamera kaum angesetzt, wurde sie mir aus den Händen gerissen. Wie in Arabien, – halbe Drehung und den Angreifer am Kragen packen, und die Kamera war wieder in meinem Besitz. Erst liess ich seinen Kragen los, dann musste ich meine Wut loswerden. Das tat ich mit einem wüsten Geschrei. Da hielt es der „Kommissar" für klüger zu verschwinden. Was ich von seiner primitiven Gewerkschaft hielt, habe ich ihm am anderen Tag gesagt: *Du verbreitest Angst und Misstrauen an einem Ort, wo jeder Freude verbreiten sollte.*

Unser Kapellmeister, er kam aus Wien und war genau das Gegenteil seines „Kollegen", den er sich sicher nicht in seiner Band wünschte. Mit ihm hatten wir viel Spass und Freude. In seiner Freizeit leitete er eine Station, in der man gesammelte Pilze kontrollieren lassen konnte. Mariza hatte sich durch ihn ein grosses Wissen über geniessbare und giftige Pilze zugelegt. Finnland ist das Land der tausend Seen und der endlosen Wälder. Da lag es nahe, dass auch wir Pilze sammeln gingen, und das taten wir mit grossem Erfolg. Ich baute mit unserem Warmluftofen und Kartonschachteln eine richtige Pilztrocknungsanlage. Sie funktionierte ausgezeichnet. Einige Kilos getrocknete Pilze konnten wir so mit nach Hause nehmen.

Ein Erlebnis, das beim Pilzesammeln und Baden passiert ist, darf ich nicht vergessen zu erzählen. Bei der Geschichte komme ich nicht so gut weg. Aber wenn ich sie nicht schreibe, denken meine Kinder, ich sei feige. Freier Montag, ein herrliches Wetter, also waren wir an unserem Lieblingsplatz am See, der ganz vom Wald und hohen Felsen umgeben war. Beim Grillplatz gab es einen kleinen Badesteg. Von ihm aus konnte man den ganzen See überblicken. Meine Kinder waren schwimmen gegangen. Ich habe gegrillt. *Das Essen ist fertig!* Keine Antwort. *Mariza, Marco, das Essen ist fertig. Essen!* Wenn es um das Essen ging, brauchte ich normalerweise nur einmal zu rufen. Ich bin zum Steg gelaufen, da sah ich sie ganz weit entfernt draussen im See. Ich wunderte mich, dass sie sich eine so lange Strecke zutrauten. Aber sie schwammen und schwammen. Dann, nach langer Zeit streckten beide die Arme in die Höhe und winkten. Ich wurde langsam unruhig, aber sie schwammen weiter und begannen plötzlich wieder zu winken. Nur diesmal ragten ihre Hände kaum noch aus dem Wasser. Da stimmt etwas nicht mehr, sie brauchen Hilfe. Wie komme ich am schnellsten zu den Kindern?

In der Richtung in der sie waren, fiel ein hoher Fels schroff in den See. Der Fussweg führte weit hinten um den Felszug herum. Aber er war zu weit von mir entfernt, ich würde viel zu viel Zeit verlieren, bis ich ihn erreicht hätte. Barfuss wie ich war kletterte ich die schroffe Felsenwand hoch. Von da oben hatte man eine weite Aussicht auf den See. Ich sah meine Kinder auf den Steg zurudern. Was sie da taten war kein richtiges Schwimmen. Ich rannte so schnell ich konnte den steilen Hang hinunter. Er war übersäht mit kleinen spitzen Steinen die sich in meine Fusssohlen bohrten. Ich hatte schon Seitenstechen und jappste nach Luft. Trotzdem schrie ich immer wieder: *Kinder haltet aus, ich komme, haltet aus!* Wir kamen alle drei zur selben Zeit am Steg an, da rutschten sie grinsend, jeder von einem Holzklotz herunter. Sie waren darauf wie auf einem Luftkissen, die ganze Zeit gelegen und mühelos geschwommen.

Hallo Papi, hast Du Angst gehabt?

Nein, ich stehe nur knapp vor einen Herzinfarkt, und meine Füsse sind blutig. Bagage, traurige. Eine Woche Küchendienst, verstanden!

Ja Papi, aber den machen wir sowieso schon die ganze Zeit, seit Mami zu Hause ist.

Ich möchte das Finnland-Engagement aber mit etwas schliessen, bei dem ich besser wegkomme. *Lieber Herr Galetti. Wir haben ein Problem. Das Programm auf der Varietebühne ist zu schwach. Wir brauchen eine starke Nummer. Sie sollen das Programm aufbessern und gute Stimmung in unser Haus bringen. – Danke, wenn ich Ihnen helfen kann, gerne.*

1986 Grosse Vorbereitungen für Japan

Für die Zeit in der wir weg waren, brauchte unser Haus und Garten eine Aufsicht. Die musste gefunden werden. Eine ganze Familie braucht vieles für die kalte und die warme Jahreszeit. Viele kleine Sachen, die benötigt werden, wenn man auf Tournee nicht im Wohnwagen, sondern aus dem Koffer im Hotel und im Zelt wohnt. Für die Geräte, Requisiten und Kostüme habe ich mit einem Kollegen zusammen massgerecht aus Alublech fünf grosse Koffer gebaut. Für unsere privaten Sachen hatten wir einen alten, aber praktischen Überseekoffer. Auch Murats Instrumente sollten geschützt transportiert werden. All das musste organisiert werden.

Wir flogen von Frankfurt mit einem Zwischenhalt in Anchorage nach Tokio. 1962 hatte ich schon einmal einen Zwischenhalt in Alaska. Da ist man noch über eine Treppe ausgestiegen und weit über den Flugplatz gelaufen und hat gespürt, wo man gelandet ist. Da musste man den Kragen noch hochstellen. Heute kommt man mit der Natur gar nicht mehr in Berührung. Der Zwischenhalt hätte in Zürich oder Paris sein können, eine klimatisierte Halle mit viel Stahl und Glas. Flug, Ankunft, Menschen und das Hotel, alles bestens. Mal sehen, wie der Circus ausschaut, in dem wir uns nun jeden Tag bis zu acht Stunden aufhalten werden. Es war das riesengrosse weltbekannte Korakuen-Stadion mitten in Tokio. Die Tribünen waren bis zu sechs Stockwerke hoch. Im linken Eck des Stadions hatten sie vier riesige Gittermasten aufgestellt. Von der oberen Kante der Tribüne zogen sie starke Drahtseile über die Masten. Darauf spannten sie riesige Zeltplanen. So ist in diesem Winkel ein kolossales Circuszelt entstanden. Ein Hypodrom!

Zehntausend Menschen hatten auf der Tribüne, den Estraden und Logen Platz. Davor waren die Manege und gleich dahinter das grosse Podium des Orchesters. Die Garderoben, waren in kleineren Zeltkabinen unter dem grossen Zelt untergebracht. Hier hielten wir uns zwischen den Vorstellungen auf, kochten, assen und entspannten

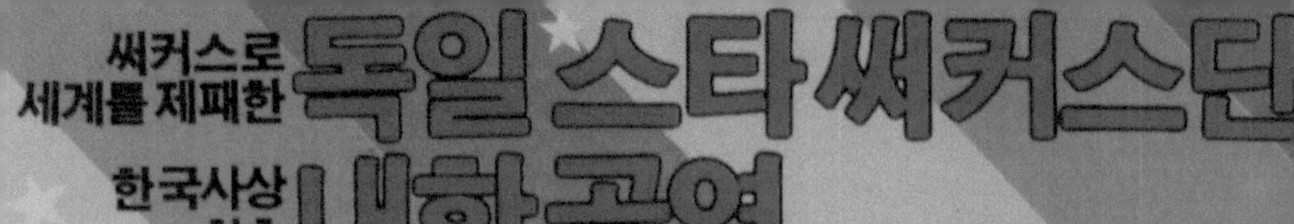

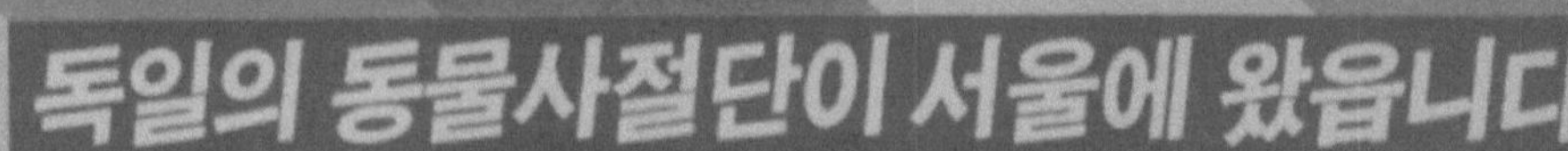

일시 : '86.6.5 → 8.5 (2개월간)
장소 : 중지도 (제1 한강교)

주최 : (주) 동방예술
후원 : MBC 문화방송 독일연방공화국대사관
협찬 : 롯데칠성음료 롯데제과

uns. Es war alles gross und weitläufig. Es brauchte schon eine gute Organisation, um alleine die vielen tausend Menschen an den richtigen Platz zu führen und das jeden Tag, bei drei mal zehntausend Besuchern. Zehntausend wollten aus dem Circus und eben so viele wieder hinein. Dazu kamen die Schaulustigen und die vielen an den Kassen. Hinter dem Circus war ein riesiger Vergnügungspark aufgebaut. Da waren noch mal viele hundert Menschen.

Ich glaube, in keinem anderen Land wären die Menschen hinter einem ins Megafon schreienden Mann so geordnet nachgelaufen, der sie irgendwohin führte. Aber es klappte. Die Japaner gehorchten. Für das Wohl ihrer Stadt, ihres Landes, tun sie alles. In der Schnell- und U-Bahn gibt es keine Kontrolle. Jeder kauft sich eine Karte. In Japan gibt es die Vollbeschäftigung. Darum ist es möglich, billige Arbeitskräfte zur Bewältigung der Menschenmassen zu rekrutieren. Vor unserem Hotel führte eine breite Strasse vorbei. Sie hatte eine Leitplanke, die sauber gemacht werden sollte. Sechs Arbeiter, alle in der gleichen Uniform, liefen an der Leitplanke entlang. Der erste lief rückwärts natürlich nicht schnell, und hatte einen Eimer mit Wasser in der Hand. Der Zweite hatte eine Bürste, die tauche er in den Wassereimer. Dann putzte er an der Leitplanke genau eine Bürste breit den obersten Teil. Jetzt kam wieder einer, der mit einem Eimer rückwärts lief. Der nächste hatte wieder eine Bürste, machte sie beim Vordermann im Eimer nass und putzte die Leitplanke um eine Bürstenbreite weiter unten. Dann kam noch einer mit Eimer und Bürste und die waren für den Rest der Leitplanke verantwortlich.

Als die Eimer leer waren, holten alle sechs neues Wasser. Immer zwei trugen einen Eimer. Arbeitseinteilung für sechs Mann. Kontrolle gab es keine. Sie hatten alle am Morgen vor ihrer Arbeit mit vielen Verbeugungen ihrem Chef gelobt, die Arbeit gewissenhaft zu machen.

Abbildung 55
Ein Plakat unserer Japantournee. (Foto Klossner)

Bei uns gibt es grosse Müllabfuhrwagen mit drei zuständigen Männern. Hier gibt es kleine Müllabfuhrwägelchen, auch mit drei Mann, aber sie können nur ganz wenig aufladen, dann müssen sie zur Deponie. Das hat zwei Vorteile. Erstens Vollbeschäftigung, und sie kommen mit ihren Miniautos in alle kleinen Gassen. Ein Café mit fünf Tischchen, hatte drei oder vier Kellner.

Zurück zum Circus, der nun nicht mehr „German Star Circus" hiess. Der deutsche Circus „Carl Hagenbeck" gastierte schon vor vielen Jahren in Japan, mit einem riesigen Erfolg. An diesen Erfolg wollten die Veranstalter anknüpfen. Sie kauften den Namen Carl Hagenbeck. Auch im Circus herrschte Vollbeschäftigung. Murats Orchester ist nun eine Bigband. Sie wurde mit vier Musikern verstärkt. Die Helfer wurden aufgestockt. Der Vorhang wurde von zwei Uniformierten bedient. Bei jedem Scheinwerfer stand ein Mann. Es gab einen, der war nur zuständig für das, was die Tiere ab und zu in der Manege verlieren.

Organisation ist alles. Dazu kommt ein Heer von Verkäufern und Platzanweisern. Unter dem Podium haben wir gemeinsam eine Küche eingerichtet. Wir haben sie in Schuss gebracht. Dann gab es einmal in der Woche ein Gemeinschaftsessen. Die Artistenkollegen kochten jeweils ein Essen aus ihrer Heimat, Deutsch, Spanisch, Ungarisch, Italienisch, Türkisch und Schweizerisch, dann begann es wieder von vorne. Weihnachts- und Neujahrsmenüs waren natürlich auch dabei. Um diese Küche zu erreichen, musste man durch einen Gang unter dem Podium hindurch. Da lagen und hingen blanke von Hand zusammengedrehte Elektrostromkabel, auf denen eine Spannung von 270, das sind bei uns 380 Volt, war, und diese liefen offen durch ein Loch zu den Scheinwerfern. Und das in einem Land, das in der Elektronik so hoch stehend ist. Aber den Gegensatz in vielen Dingen, habe ich noch nie so stark erlebt wie hier.

Auf unserer Tournee wohnten wir in einem sehr modernen Hotel. Da gab es jeden nur erdenklichen elektronischen Komfort und wenn man aus dem Hotel herauskam, musste man über einen Holzsteg.

Es war kein Bach, es war das Abwasser vom ganzen Hotel mit allem Drum und Dran und Drin. Ich hoffe, dass sie in der Zwischenzeit draufgekommen sind, diese trüben Wässerchen in Röhren zu legen. Oder gilt immer noch die Ausrede: Wenn wir Erdbeben haben, springen die Leitungen?

Das Programm war stark und es ist auch bei den Japanern sehr gut angekommen. Es war über drei Monate lang jeden Tag ausverkauft, an den Wochenenden dreimal dreitausend Menschen. Die Auffassung der Japaner von Komik und Humor, das war ein Problem, mit dem ich jeden Tag zu kämpfen hatte. Irgendwie verstanden sie meine feine Komik nicht. Viele konnten sie auch nicht sehen, sie waren einfach zu weit weg. Sie lachten, nein sie kicherten wenn ich mir die Nase angeschlagen hatte oder wenn ich hingefallen bin. Und wenn sie schon einmal lachten, dann hinter vorgehaltener Hand. Hätten sie sich offen gefreut und gelacht, hätten sie das Gesicht verloren.

Die Richters mit ihrem Paradestück, dem rasierenden Elefanten, hatten da auch so ihre Probleme: Eine Person aus dem Publikum wird von einem Elefanten der mit dem Rüssel einen grossen Pinsel führt, eingeschäumt, und danach mit einem grossen unscharfen Attrappen-Messer rasiert. Anschliessend spritzt der Elefant mit seinem Rüssel den Kunden mit Wasser ab. Diese Szene musste aus dem Programm gestrichen werden. Obwohl der Tierlehrer dabei war und alles im Griff hatte. Es war nicht aus Angst, dass etwas passieren könnte, sondern es ging darum, dass ein Mensch sein Gesicht verliert, wenn ein Tier ihn auf diese Art erniedrigt. Ich bin mit gesenktem Kopf herum gelaufen und habe getan, als hätte ich etwas verloren.
Was suchst Du denn?
Ich, ich suche das Gesicht, das der Japaner gestern verloren hat.
Du bist ein Trottel, das ist doch nur bildlich gemeint.
Ach so. Dann hat man die Rasierszene also auch nur bildlich gestrichen!

Wir kochten und verpflegten uns selbst. Dazu gehörte auch das Einkaufen. In der Nähe des Hotels gab es zwei kleine Strassen, in denen es kleine Geschäfte gab. Die Besitzer waren bemüht, uns Circusleute gut zu bedienen. Sie lachten hinter vorgehaltener Hand, wenn ich auf Japanisch etwas bestellte.

Ich wollte nicht, dass sie auch noch das Gesicht verlieren. So verlegte ich mich dann aufs Zeigen und Deuten. Reis fand ich in keinem Laden. Es gab einfach keinen Reis und das in einem Reisland. Nach langem Suchen und Fragen fand ich eine Abgabestelle in einer Seitenstrasse. Viele Sorten Reis standen in Jutesäcken in einem kahlen Raum. Der Reis war nur in einem staatlichen Reisabgabeladen kiloweise zu kaufen. Das war vor vielen hundert Jahren so, und so wird es noch heute gemacht. Er wird mit der Schaufel in dem mitgebrachten Sack abgewogen. Da werden Erinnerungen wach. Wenn ich als Junge Salz einkaufen musste, dann geschah es genau so, wie hier mit dem Reis. Aus einem grossen Holzbottich wurde es kiloweise abgewogen. Es kam in Japan noch zu einigen komischen Ereignissen, die mit unseren Verständigungsproblemen zu tun hatten. So wissen wir bis heute nicht, was wir uns da alles auf den Kopf geschmiert haben, in der Annahme es könnte Shampoo sein.

Maria und Mariza fuhren mit der U-Bahn in ein riesiges Einkaufszentrum. Es war so gross, dass man beim Betreten gleich einen Lageplan in die Hand gedrückt bekam. Darin waren alle 38 Stockwerke und der Hubschrauberlandeplatz auf dem Dach beschrieben. Sie hatten schon fast alles was sie brauchten im Einkaufskorb, als sie zu einer aus Bambus gebauten Hütte kamen die im Supermarkt aufgebaut war. Zwei Männer in Tracht priesen darin ihre handgemachten Nudeln an. Die Nudeln sahen sehr appetitlich aus und Maria nahm vier Pack. Die Herren freuten sich sehr, bedankten sich überschwänglich und mit vielen Verbeugungen. Auch Maria freute sich über so viel Freundlichkeit und legte noch zwei Pack Nudeln in den Einkaufskorb.

Nun hiess es noch, Butter und Mehl zu finden, dann hätten sie alles gehabt, was auf der Einkaufsliste stand. Sie suchten die Regale ab und jedes Mal, wenn sie in den Blickwinkel der beiden Nudelmacher kamen, begannen diese ihnen zuzurufen und zu winken. Maria und Mariza winkten zurück, und meinten es wirklich nett. Das wiederholte sich noch einige Male und die Nudelmacher lehnten sich beim Winken so weit sie nur konnten aus ihrem Häuschen heraus. Da meinte Mariza: *Jetzt wird es aber langsam lästig, die Leute beginnen schon zu schauen. Komm Mami wir gehen an die Kasse. Mehl und Butter finden wir auch anderswo.* Als sie nun an der Kasse die Nudeln aufs Laufband legten, machte ihnen die Verkäuferin klar, dass sie diese bei den Nudelmachern hätten bezahlen müssen!

In unserem Reisegepäck hatten wir eine kleine Kochplatte. Sie war aber nicht zu gebrauchen, denn sie brauchte 220 Volt Spannung. In Japan beträgt die Spannung 110 Volt. Da kam kein Wasser zum Kochen. Und Maria sollte für fünf Personen das Essen zubereiten. Wir kauften ihr eine neue 110-Volt-Kochplatte. Sie wollte sie gleich einweihen und zwar mit originalen Galetti-Spaghettis. Sie stellte einen Topf mit Wasser auf die neue Platte, und meinte: *Wauu! Schaut einmal, das Wasser kocht schon. Das geht aber schnell, es sprudelt richtig. Das nenn ich eine tolle Technik. – Mami, das Wasser kocht nicht. Wir haben ein Erdbeben, und weil Dein Topf auf der Platte zittert, sieht es aus, als sprudele das Wasser.*

Irgendwie bin ich von dem heutigen modernen, amerikanisierten Japan enttäuscht. 1962, bei meinem ersten Aufenthalt, da fand ich noch diese herzliche japanische Kultur. Die Kimonos, ihre hohen Holzschuhe, das Trippeln. Alles war ruhiger, nicht diese Hektik, diese Ellbogenmentalität. Als Gast in diesem Land will ich ja nicht kritisieren, aber wenn einer aus lauter Gleichgültigkeit vor mich hinspuckt, und der nächste kommt vorbei und tut das auch und hinter mir noch einer, dann muss ich sagen: *Nix mehr Kultur!* Ich bin durch die Stadt gefahren, aber das ist in Tokio kein Vergnügen. Die Hoch- und U-Bahnen sind immer überfüllt. An der Station steht extra ein Beamter, der die Leute in den Wagen drückt, damit die Türen sich schliessen können. Was nützt es, wenn die Bahnhöfe auch in Englisch angeschrieben sind, und man kommt doch nicht zur Tür, um aussteigen zu können. Wenn es dann irgendwo doch noch gelingt wo bin ich jetzt, mit welcher Bahn komme ich zurück, in welche Richtung muss ich fahren und von welchem Stockwerk aus?

Ich habe dann ein Taxi genommen und bin an den Ort gefahren, wo ich alte Erinnerungen auffrischen wollte. Das riesengrosse Theater „Mikado", wo ich vor 25 Jahren engagiert war, die lieben kleinen Restaurants, wo ich mich wohl fühlte. Alles war weg, eine grosse Bank und Spielhallen standen jetzt da. Schade! Ein Restaurant gab es noch, aber da kam das Essen auf einem Fliessband zum Gast. Wie bei Charles Chaplin „Moderne Zeiten". Apropos Appetit, da hatte ich damals ein kleines Erlebnis. In einem dieser kleinen Restaurants wollte ich etwas essen.

In den Vitrinen waren die Menüs und Kuchen ausgestellt. Wau! Da gab es englischen Keks, den ich so liebe, mit Rosinen, Zitronat und Orangeat. Ich deutete auf den Keks und auf die Kaffeeschale. Und mit zwei Fingern, gab ich zu verstehen, dass ich zwei Stück Kuchen und einen Kaffee wollte. Ich bekam zwei Kaffees und ein Stück Kuchen. Ich freute mich trotzdem, nach so langer Zeit auf einen englischen Keks. *Pfui Teufel, was ist denn das? Das kann man ja nicht essen.* Ich hatte nach dem ersten Bissen versucht herauszufinden, was der „englische Keks" wirklich war? Das Resultat: Der Keks war aus Fischmehl gebacken, die Rosinen waren Fischaugen, die hatten durch das Backen das Aussehen der Rosinen angenommen. Das Zitronat war vom weissen und das Orangeat vom roten Fischfleisch. Was sie an Stelle von Zucker genommen hatten, das überlasse ich der Phantasie des Lesers. Zucker war es bestimmt nicht.

Von unserem Hotel aus, nur über die Strasse und hinter der frisch gewaschenen Leitplanke, da war eine andere Welt. Ein uralter kaiserlicher Park. Ein Teil davon ist für normalsterbliche Menschen zugänglich gemacht worden. Es war ein recht grosses Stück, das man begehen konnte, mit Brücken, Furten, kleinen Seen und Wasserläufen, uralten Bäumen, die man stützen und mit Eisenbändern zusammenhalten musste, natürlich die traditionellen Steinmännchen und Steinlaternen, alles kunstvoll angebracht in allen Formen gestutzte Bäume und

Sträucher, aber auch der Natur überlassene Ecken. Da habe ich mich gerne aufgehalten und versucht, das Leben und die Natur mit meiner Kamera einzufangen. Die Parkpfleger, ihr Werkzeug und ihre Kleider waren so, dass es zu dem uralten Park passte. Jetzt hätte ich fast gesagt, wie zu Kaisers Zeiten. Die Abschiedsvorstellung in Tokio. Für uns waren die drei Monate ein grosses Erlebnis und für den Veranstalter ein grosser Erfolg. Der Big Boss, wie er sich gerne selbst nannte, hatte alle Artisten und eine Hand voll, die immer um ihn herum schlichen, zu einem Abschiedsessen eingeladen. Ich habe natürlich schon davon gehört, wollte es nur nicht glauben, dass es das tatsächlich gab. An dem Abend habe ich es erlebt.

Der grosse Boss bedankte sich bei uns über seine Sekretärin, obwohl er Englisch sprach. Er zeigte uns, dass wir für ihn nicht auf derselben Höhe standen. Dann gab er das Essen mit einer theatralischen Geste frei. Es war wie der Startschuss zum Endspurt. Die Japaner assen auch so, als müssten sie im Laufschritt gleich im Ziel sein. Der Big Boss muss schon vorher irgendwo gegessen haben. Nach kurzer Zeit legte er seine Stäbchen weg, wedelte mit der Serviette und verschwand. Seine Schleicher legten ihre Stäbchen auch weg, wedelten mit der Serviette und standen auf. Sie machten lange Gesichter und schauten auf ihre noch halbvollen Teller und die vollen Schüsseln. Aber die japanische Disziplin war grösser. Unsere Direktion hatte sich dem Big Boss angeschlossen.

Von den Artisten hatte keiner Verständnis für diese Disziplin. Wir haben die Teller leer gemacht, wie es uns unsere Eltern beigebracht hatten. Die Leute vom Service haben wir dadurch ganz schön aus der Fassung gebracht. Denn sie waren es gewohnt, dass das Essen für alle beendet ist, wenn der Chef fertig ist. Und sie normalerweise abräumen konnten.

Okinawa

Um die Insel zu erreichen, hatten wir eine Schiffsreise von drei Tagen vor uns. Die Insel Okinawa liegt in der Mitte zwischen Tokio und den Philippinen. Sie wurde bekannt, weil sie im Korea-Krieg eine wichtige Rolle als Stützpunkt der Amerikaner spielte. Unser Schiff war ein einfacher japanischer Frachter. Der ganze Circus musste in den Bauch des Schiffes verladen werden. Es gab auch keine Kabinen. Alles lag und schlief nur auf Strohmatten auf dem Boden. Gegessen wurde schichtweise, da die Tische nicht für alle reichten, obwohl viele ihre Reisschalen zwischen den Knien hielten.

Ich hatte mich mit dem Steuermann ein bisschen angefreundet und viele Stunden auf der Brücke verbracht. Da oben erlebte ich den Sonnenauf- und -untergang. Ich war mit meiner Kamera auf Dauereinsatz, um die grossartige Natur einzufangen. Ich filmte auch einen Sturm, der einige Stunden anhielt und das Schiff ganz schön zum Schaukeln brachte und die Gischt hoch über den Bug blies. Das Anlegen an einer kleinen Insel wurde zum Abenteuer, bis die schweren und starken Seile von den Männern an Land aufgefangen werden konnten, und das Schiff vertaut war. Dass ich nicht seekrank wurde, verdankte ich dem Steuermann. Er brach mir von einer Ingwerwurzel ein Stück ab: *Wenn Du das ganz lange kaust, wirst Du nicht seekrank werden. – Danke, Arrigato Gosaimas.* Es war eine sehr interessante Reise durch das Chinesische Meer. Wir legten an vielen kleinen und grösseren Inseln an. Man sah und merkte, dass es langsam subtropisch wurde, an den Menschen die zustiegen, wie sie gekleidet waren, und was sie bei sich trugen. Auf einer Insel war ein Blumenfest. Alle kamen mit riesigen Blumensträussen. Sie waren so lang und gross, dass sie sie auf den Schultern in das Schiff tragen mussten. Wo man ging und stand, war ein Blumenmeer in allen Farben.

Nach drei Tagen erreichten wir die tropische Insel Okinawa. Wir wohnten in einem guten Hotel hoch über der Stadt mit einer wunderbaren Aussicht auf das Meer und die Stadt und hatten noch drei Tage

Zeit bis zur Premiere. Wir mieteten uns die drei Mopeds, die es auf der Insel gab und gingen damit auf Erkundungsfahrt. Es war grossartig, diese Vegetation! Herrliche Blumen, Blüten und verschiedene Bäume, die alle auch in voller Blüte standen. Bei uns zu Hause waren Weihnachtssterne Topfpflanzen, hier waren sie riesige Büsche. Zu Hause hatten wir kleine Kaktusse, hier konnte man an ihnen hochschauen. Wunderbare Strände, die zum Baden einluden. Dann haben wir erfahren, dass es viele Seeschlangen im seichten Wasser gibt.

Wir wollten kein Risiko eingehen und gingen deshalb nur an einem eingezäunten und bewachten Badestrand baden. Die vier M, Maria, Mariza, Marco und Murat sind weiter hinausgelaufen. Sie wollten schwimmen. *Schau mal, da ist eine tote Seeschlange. – Da ist auch eine, aber die lebt, und da ist auch eine, da noch eine! Pass auf, die steckt schon den Kopf aus dem Wasser.* Langsam und ganz vorsichtig zum Strand zurücklaufen und dann fragen, für was man Eintritt bezahlt hat.

Als wir ins Hotel zurückkamen merkten wir, dass irgendetwas passiert sein musste. Wir fragten die Kollegen: *Was ist los? – Vor wenigen Minuten war ein starkes Erdbeben. Zum Glück ist weiter nichts passiert. Habt Ihr es denn nicht gespürt? – Nein, aber ich weiss warum. Wir sassen auf unseren Mopeds. Durch die Luftreifen, die Federung und die Fahrt haben wir mitgebebt und so das Erdbeben nicht bemerkt.* Nur zwei Tage später. Maria sass im Hotelzimmer und strickte. Die Dämmerung kam langsam ins Zimmer. Sie wollte gerade aufstehen und die Stehlampe zu sich ziehen. Da kam sie selbst, wie von Geisterhand geleitet, zu ihr gerutscht. *Das ist ja grossartig. Die Japaner mit ihrer Technik, wirklich bewundernswert.* Aber dann sah sie, wie die Vorhänge hin- und herschwankten, und die Bilder sich bewegten, und alles zitterte und schwankte. Das war keine technische Neuerung, das war ur-uralt: ein Erdbeben.

Dann eine weitere abenteuerliche, aber interessante Schiffsreise. Unser Ziel: Osaka. Auch eine Stadt, die ich von 1962 kannte, eine Stadt mit riesigen Tempeln und Burgen. Wir hatten mit dem Circus Hagenbeck einen grossen Erfolg. Weiter ging es nach Nagoya. Der

Circus stand auf einem grossen sandigen Platz. Seit drei Tagen regnete es. Trotz des sandigen Bodens war das Wasser nicht versickert. Der Veranstalter löste das Problem auf Japanisch: Vollbeschäftigung. Sie engagierten einige Dutzend Studenten. Die eine Hälfte bekam einen Eimer, die andere einen grossen Schwamm. Der erste saugte mit dem Schwamm das Wasser auf und drückte ihn über dem Eimer aus. Wenn dieser voll war, trug der zweite den Eimer zu einer Stelle ausserhalb des Circusplatzes, dort leerte er ihn. Das haben sie gemacht, bis der Platz trocken war. Am Rande des Platzes wuchsen Büsche. Dorthin leerten sie das Wasser. Zwischen den Büschen lagen Kartonschachteln, die sich auf einmal bewegten.

Menschen kamen schimpfend aus ihnen herausgekrochen, weil Wasser in ihre „Wohnungen" floss. Der Verursacher dieser Überschwemmung hatte ein Herz. Noch am gleichen Tag liess er den armen Obdachlosen Holzpaletten unter ihre Kartons legen. Dieselbe Idee hatte einer der Kartonschachtelbewohner schon vorher. Er hatte zwei Paletten zusammengenagelt, das ganze mit zwei alten Fenstern, ein paar Brettern und Kartons und einem Tuch zu einer Wohnung ausgebaut. Damit das Ding auch beweglich war, hatte er Räder eines Einkaufswagens an den Paletten befestigt. Er war der einzige, der mit seiner Wohnung dem Wasser ausweichen konnte. Ich habe sein Werk bewundert und ihn gelobt. Seitdem musste ich immer, wenn ich bei ihm vorbei kam, das war zweimal am Tag, einen Sake mit ihm teilen. Ich habe mich mit einem europäischen Schnaps revanchiert. Jetzt stand einer Freundschaft nichts mehr im Wege.

Es war eine recht interessante Tournee durch Japan, der Klima-Unterschied von Sapporo im Norden und Kagoschima im Süden war frappant. In ganz kurzer Zeit kamen wir vom Schnee in die volle Blumen- und Blütenpracht. In Fukuoka, auch einer Stadt im Süden, hatten wir Besuch von zwei Europäern: *Wir heissen Sie in Fukuoka herzlich willkommen. Mein Kollege und ich sind aus Düsseldorf. Wir sind schon drei Monate in dieser Stadt. Da drüben in der Kirche bauen wir eine neue Orgel. Wir laden Sie gerne zu einem Besuch ein. – Vielen*

Dank, das nehmen wir gerne an. Murat war natürlich begeistert. Er mit seinem Interesse für Musik und für die Orgel, die er übrigens ausgezeichnet spielt, und ich mit meiner Kamera, waren oft bei den Orgelbauern zu Besuch. Sie gaben uns Einsicht in den Orgelbau und Kostproben von dem herrlichen Klang der neuen Orgel.

Vor vielen Jahren beim Circus Sarrasani und ein paar Jahre später bei Benneweis und auch bei uns zu Hause, besuchte uns ein Japaner. Es war kein geringerer als der weltbekannte Basketballspieler Noriko Okabe, der leider bei einem Weltcupspiel in Stockholm einen schweren Unfall hatte. Er ist seitdem im Rollstuhl. Um an seinem Schicksal nicht zu verzweifeln, begann er zu malen. Circusmotive mit vielen Artisten. Als er mich kennen lernte, versuchte er die Gefühle die ihm das Leben im Rollstuhl brachte, in den Clown Galetti zu übertragen. In Bewegungen, Gestik, und der Balance zwischen Fallen und Stehen.

Er ist mit seiner Malkunst genau so bekannt geworden wie als Sportler. Er besitzt ein grosses Atelier, in dem er auch grosse Wandmalereien malt. Ein Spezialkran ermöglicht es ihm, mit seinem Rollstuhl an jeden beliebigen Ort des Bildes zu schweben. Zurzeit arbeitet er an einem Bild für die japanische Botschaft in Brüssel. Eines Abends bat mich die Regie, nach meiner Nummer noch in der Manege zu bleiben. Der Applaus wollte nicht enden. Was war? Ich drehte mich um, jetzt war mir alles klar. Bummei Okabe schob ihren Mann in die Manege. Er hatte ein grosses in Gold gerahmtes Bild bei sich, das er mir mit einer lieben Geste und lieben Worten überreichte. Ich bedankte mich bei ihm auf meine Clownart, die ihm viel Freude bereitete, natürlich auch den Fernsehleuten, die extra zu diesem Akt erschienen waren. Persönlich und ganz seriös habe ich mich bei ihm zu Hause bedankt.

Die letzte Stadt unserer Japan-Tournee, Toyota. Die Toyotamanager hatten uns in ihr Werk und in das Toyota-Museum eingeladen. Es ist gewaltig, wie da mit der Technik und leider fast ohne Menschen ein Auto auf die Strasse geschickt wird, das auch noch gut aussieht und auch gut zu fahren ist. Eigentlich gibt es in diesem Land so viele positive Sachen, die negativen sind meistens die, welche die Europäer nicht verstehen können. Nur eines möchte ich doch noch erwähnen. Wenn mir einer mit Absicht etwas zuleide getan oder mich beleidigt hat, dann möchte ich nicht in mich hineinlächeln, im Gegenteil, ich möchte ein bisschen laut werden, mit einem Urgeschrei der Wut Luft machen, das manchmal falsche Kicherlächeln übertönen. Ein Gesicht zeigen, das nicht lügt. Mensch sein, wie ich es fühle und es gerne lebe. Nicht wie es mir eine handvoll Vorgesetzter eintrichtern wollen, und das schon am Morgen, vor Arbeitsbeginn. Vielleicht würde es dann auch hier in Japan nicht so viele Selbstmorde geben. Eine Schiffsreise in ein anderes Land steht bevor.

Von Japan nach Südkorea

In Pusan, der Hafenstadt von Südkorea, wurden wir herzlichst mit einer grossartigen Zeremonie empfangen. Schon im Hafen ist ein ganz anderes Leben – laut, unorganisiert, bunt. Wir gastierten aber nicht in Pusan, sondern fuhren weiter in die Hauptstadt Seoul. Da standen wir mit dem Circus auf der Halbinsel Han-Gang, mitten in dem breiten gelben Fluss, der durch die Stadt Seoul fliesst. Auf der Insel gab es Tennisplätze. Davon wurden einige geopfert, um dem Circus Platz zu machen. Bei der Einfahrt gab es eine Polizeistation, noch einige Bäume, die wir Artisten für uns in Beschlag nehmen konnten, denn Schatten war rar.

Dass das Menschenleben in Korea nicht viel wert war, hatte ich mehrere Male erlebt. Unsere Kinder spielten auf einem freien Tennisplatz Fussball. Marco war im Tor. Er bekam einen starken Schuss, den er nicht halten konnte. Der Ball flog über die kleine Mauer in die abfallende Halde der Insel. Marco und sein Freund Michel stiegen über die Mauer, um den Ball zu suchen. Sie kamen ohne Ball zurück, aber mit hochrotem Gesicht: *Stellt Euch vor, da unten liegt der Kopf eines Toten! – Da vorne ist ja der Polizeiposten, das müsst Ihr sofort melden. Sagt denen, was ihr gefunden habt.* Die Polizisten nahmen die Meldung gelassen entgegen und tranken erst mal Tee. Nach langer Zeit ist einer der Polizisten erschienen und hat den Kopf in einen Plastiksack gesteckt und mitgenommen. Das war alles, keine Fragen, nichts. Aus, fertig!

Unsere Garderobenzelte standen am oberen Teil der Insel. Man hatte einen schönen Ausblick auf den Fluss aufwärts und die dahinter liegende Stadt. Hinter der kleinen Mauer fiel der Fels steil in den Fluss ab. Unten wurde es flacher. So wurde manchmal viel Treibgut angeschwemmt. Viele Male waren Tote dabei. Zur selben Zeit, in der wir in Seoul waren, liefen die Vorbereitungen für die asiatische Olympiade. Um Platz für den Austragungsort zu machen, wurden kurzerhand die Slums der Stadt Seoul dem Boden gleichgemacht. Grosse Bulldozer sind aufgefahren und schoben alles auf einen Haufen, wo es „heiss“ entsorgt wurde. Was aus den vielen armen Menschen geworden ist, wo sie jetzt wohnen, habe ich nie erfahren. So viele Notwohnungen gab es in ganz Seoul nicht. Und Blechhütten haben sie sicher nicht aufgestellt!

Weg von den Toten, zurück zum Circus, der den Leuten Freude bringen sollte. Unser Programm hatte auch den Koreanern gut gefallen. Sie kamen in Scharen und freuten sich über das, was wir ihnen boten. Wir hatten einen sehr guten koreanischen Sprecher, der vom Theater kam. Er hatte auch schon in Europa gespielt. Ich habe mich sehr gut mit ihm verstanden. Die paar Sätze, die ich sonst immer in der Landesprache sagte, hat er übernommen, ohne dass der Sinn verloren ging, hat er sie in Fragen umgeändert, die er mir stellte. Ich brauchte dann nur mit einem oder zwei treffenden Worten die Antwort zu geben. Es war eine geniale Lösung und natürlich jedes Mal ein grosser Lacher.

Es war sehr heiss und es herrschte eine enorm hohe Luftfeuchtigkeit. Auch hier waren die Veranstalter nicht zu bewegen, die Aussenleinwand hoch zu ziehen. Sie waren genau so intelligent wie die Araber. Sie montierten noch zusätzlich zwei Ventilatoren, in die Circuskuppel. Sie dachten, so den Knoblauchdunst aus dem Zelt zu bekommen. Es ist unglaublich, was die Koreaner für Mengen an Knoblauch verzehren. Zu jedem Essen, das sowieso schon mit Knoblauch zubereitet wurde, wurde extra noch Knoblauch serviert. In den Restaurants standen in kleinen Schalen geschälte Knoblauchzehen auf dem Tisch, wie bei uns die Salznüsse. Dass die Menschen nicht nur aus dem Mund, sondern aus allen Poren rochen, ist ja klar. Manchmal war es im Circus fast unerträglich. Die armen Musiker, die das über zwei Stunden pro Vorstellung aushalten mussten. Dazu kam noch, dass das Musikerpodium direkt unter dem heissen Zeltdach war. Sie hatten oft über fünfzig Grad Hitze und neunzig Grad Luftfeuchtigkeit. Aber nicht nur die Musiker und Artisten hatten unter der Hitze zu leiden, auch viele Menschen vom Publikum. Ab und zu kippte ein

Gast um. Das war nicht so tragisch. Es gab ja Sanitäter. Die waren für solche Fälle zuständig. Sie trugen den Bewusstlosen aus dem Circus und legten ihn in den Schatten unter die Treppe und verschwanden wieder im Circus und schauten sich das Programm zu Ende an. So viel Zeit musste sein.

Nachricht an alle: *Es ist Regen angesagt. Bitte achten Sie darauf, dass keine Kostüme und Schuhe in der Nähe des Bodens sind.* Das ist ja prima, endlich eine Abkühlung, und ein bisschen Regen. Hätten sie uns gesagt, dass der Monsunregen einsetzt, dann hätten wir sicher anders reagiert. Als wir am anderen Morgen in den Circus kamen, staunten wir nicht schlecht. Der ganze Circusplatz stand unter Wasser. Und es schüttete immer noch wie aus offenen Schleusen. Auf der vordern und linken Seite des Platzes war ein Damm, und der Rest war mit einer Betonmauer umgeben. Es war wie eine riesige Wanne, die sich langsam füllte, denn versickern konnte das Wasser nicht, die Insel war ein riesiger Fels. Die Studenten aus Nagoya hätten hier mit ihren Schwämmen auch nichts ausgerichtet. Die Koreaner versuchten es mit Schaufeln und Besen. Aber wohin mit dem Wasser? Und von oben kam mehr als sie unten wegbrachten.

Ich besorgte mir ein Stemmeisen und einen schweren Hammer. Abwechselnd spitzten wir an der tiefsten Stelle des Platzes ein Loch durch die Mauer, damit das Wasser einen Ablauf bekam. Einige Kollegen zogen kleine Gräben Richtung Abflussloch. Nach einer Stunde schoss das Wasser in einem hohen Bogen durch das Loch über den Felsen in den Fluss. Jetzt hatten die Kinder dafür zu sorgen, dass die Gräben nicht verstopft wurden. Dank unserer jungen Wassergraben-meister und dem Trick siebzehn, hatten wir trotz Monsunregen trockene Böden in unseren Zelten. Privat wohnten wir schön und gut im Hotel Europa weit ausserhalb von Seoul.

Die Busfahrt vom Circus zum Hotel dauerte über eine halbe Stunde, was wir sehr gerne in Kauf nahmen. Das Hotel lag im Hügelland, also alles recht romantisch, und ein kleiner Kiosk war auch noch vorhanden. Das ist ja keine Sensation, aber interessant. Die ersten Tage gab es nur Knoblauch-Sardinen, Kekse und Dosenbier. Nach einigen Tagen konnte man in dem kleinen Kiosk alles kaufen, was man so zum täglichen Leben brauchte. Nach zwei Monaten stand ein mittelgrosser Selbstbedienungsladen an der Stelle des kleinen Kioskes. Er war ein guter Kaufmann und gut im Kopfrechnen. Aber es war besser, wenn man sich die Rechnung auf Papier geben liess. In Korea ist ein bisschen „betrügen" eben Volkssport. Wenn man in unserem Hotel Briefe aufgab, musste man warten bis der Klebstoff der Briefmarken trocken war, sonst wurden sie abgelöst und noch einmal verkauft. Wenn man sie dabei erwischte, wurde die Sache mit einem schlecht kopierten japanischen Verlegenheits-Lächeln abgetan oder einem Blick zum Kollegen, und beide hatten eine Karate-Stellung eingenommen.

Ich hatte aber vor Jahren den braunen Karategürtel erworben. Für den schwarzen hat mir nie die Zeit gereicht, die Prüfung abzulegen. Aber ich wusste, wie man sich zu verhalten hatte. Es machte mir Spass, nur mit einer zackigen Gestik zu zeigen, dass ich bereit wäre, auch auf diese Art für die Briefmarken und für mein Recht einzustehen. Die Briefe sind dann immer angekommen. Bei den Taxifahrern war es gut, wenn man die Strecke kannte und auch den Preis. Von grossem Vorteil war eine Quittung eines ehrlichen Vorgängers. Auf den Postämtern stimmten die Waagen nie. Für bis zu fünf Kilo war der Preis für Überseepakete zehn Won. Ab fünf Kilo war der Preis der doppelte. Nach dem zweitenmal liessen wir unsere Pakete im Kiosk abwägen und schauten genau, dass wir mit dem Gewicht unter den fünf Kilos blieben. Die Waage auf der Post zeigte ein halbes Kilo mehr an, doppelter Preis! Es blieb uns nichts anderes übrig, als die Waage vom Kiosk für eine Stunde zu mieten und mit zur Post zu nehmen.

Das Gas ist ausgegangen. Heute bleibt die Küche kalt. Maria besorgte uns eine kleine Zwischenmahlzeit vom Hamburgerladen auf dem Festland. Erst beim Auspacken sah sie, dass das Fleisch fehlte. So, das reicht, sonst muss man annehmen, dass alle Koreaner so sind. Entschuldigung, zwei Fälle muss ich doch noch loswerden. Der türkische

Generalkonsul, Fahrettin Sasmazer, kannte Murat aus seiner Studienzeit. Er besuchte uns öfters, lud uns in Lokale ein, die ein Fremder nicht finden kann. Als der Konsul uns zurückfahren wollte, gab es ein Problem. Beide Hinterräder waren platt. Zerstochen! Wir überlegten, was jetzt am besten zu tun sei. Da meinte der Konsul: *Nur die Ruhe, es wird nicht lange dauern, dann kommt hier jemand vorbei, der uns ganz „zufällig" genau die passenden Reifen zum Kauf anbieten wird.*

Er hatte Recht, wir mussten nicht mal zehn Minuten auf den „Zufall" warten. Mansfeld unser Direktor ist zu uns gekommen: *Das koreanische Fernsehen ist an unserem Programm interessiert. Sie möchten es aufzeichnen. Sie bezahlen tausend Dollar für jede Nummer. Gut, einverstanden, aber ich möchte einen Vertrag. Die Summe muss am Aufnahmetag ausbezahlt werden, und eine Bestätigung, dass das Aufgezeichnete nur in Korea und nur einmal ausgestrahlt werden darf. Das ist nicht möglich, die kaufen das ganze Programm pauschal. Wenn ich keinen Vertrag bekomme, verzichte ich. Und wenn es zu einer Aufzeichnung kommt, sind alle Kameras bei meiner Nummer gesenkt.*

Ich habe keinen Vertrag bekommen. Eine Woche später war das Fernsehteam zu Probeaufnahmen da. Bei meiner Nummer haben sie die Kameras nicht gesenkt. Ich stoppte meine Arbeit so lange, bis sie es gemacht hatten. Murat hatte mich unterstützt. Vom Orchester kam auch so lange kein Ton. Bei der Direktion gab es ein einseitiges lautes Nachspiel. Ich wollte niemand schädigen. Ich wollte nur mein Recht. Als er aber Murat mit harten Schimpfwörtern beleidigte, nur weil er den Mut hatte, mit seinen Musikern zu mir zu stehen, zog ich einen Schlussstrich unter die leidige Geschichte.
Herr Direktor, wir packen ein, wir gehen. Sie suchen sich einen neuen Kapellmeister und einen anderen Clown.
So war das nicht gemeint.
Also, Sie nehmen die Schimpfwörter zurück. Fernsehen gibt es nur mit einem Vertrag. Und das Honorar im Voraus!
Gut, einverstanden.

Das Koreanische Fernsehen ist nie zu den regulären Aufzeichnungen gekommen. Was sie bei den so genannten „Probeaufnahmen" aufgenommen hatten, das haben sie zu einem abendfüllenden Programm zusammengeschnitten und es auch mehrmals ausgestrahlt. Wo die Honorare hingeflossen sind, war nie zu erfahren. Der Kapellmeister und der Clown waren die einzigen, die sich nicht ärgern mussten, dass sie auf so eine gemeine Art hereingelegt wurden. Weniger ist manchmal mehr.

Eigentlich sollte das Gastspiel des German Star Circus nur in Seoul sein. Des grossen Erfolges wegen wollten die Veranstalter verlängern und mit uns eine Tournee durch Korea machen. Bis auf die Frage Hotelunterkunft der Artisten, war alles klar. Bei den Verhandlungen zwischen der Circus-Direktion und dem Veranstalter war eine Übersetzerin engagiert, eine intelligente Frau, die in Deutschland studiert und in Bonn als Übersetzerin gearbeitet hatte. Der Veranstalter war mit den Bedingungen, die unsere Direktion stellte, nicht einverstanden. Um das auch deutlich zu machen, schlug er der Übersetzerin ins Gesicht und entliess sie auf der Stelle.

Nur zwei Monate später haben wir erlebt, dass nicht alle Koreaner mit der jetzigen Lage und wie sie behandelt wurden, einverstanden waren. Sie wollten sich nicht mehr ins Gesicht schlagen lassen. Es waren die grossen Studentenaufstände. Dieser fast in einen Bürgerkrieg ausartende Aufstand hat auch schwer in unser Leben eingegriffen. Warum, werde ich noch erzählen. Aber noch ist alles von unserer Lage aus gesehen in Ordnung. Wir sind schon über dreihundert Kilometer südlich von Seoul. Da erfahren wir, dass in der Hauptstadt die Schweizer Hotelkette Mövenpick ein Hotel eröffnet hat. Ein Schweizer Ehepaar hat es übernommen. Sie kennt sich im Brotbacken aus. Er ist Metzger und ist Spezialist im Würstemachen, – auch Servelats. Unser Tierpfleger René hatte einen kleinen Unfall, war im Krankenstand und deshalb abkömmlich. Wir haben zusammengelegt für eine Fahrkarte nach Seoul. Renè ist die 300 km hin und wieder zurückgefahren und hat sich mit Servelats und Schweizer Bürli eingedeckt.

Er wurde schon am Bahnhof empfangen. Es gab ein Fest! Nach so vielen Monaten endlich wieder einmal eine Wurst, und erst noch einen Servelat. Ein Bürli in der Linken und eine Wurst in der rechten Hand, das war besser als das grösste Fünf-Gang-Menü. Ach ja, Menü! Maria hatte bald Geburtstag. Sie wünschte als Geburtstagsessen einen guten schmackhaften Braten. Wenn es möglich wäre einen Rinderbraten. Zu dritt sind wir losgezogen, um das Geburtstagsgeschenk einzukaufen. Wir hatten Glück. Gleich im dritten Haus in der Metzgerstrasse wurde geschlachtet, in einem Raum wie eine offene kahle Garage. Da hing ein Rind, an dem sie herum schnitten, einfach Stück für Stück weg, egal ob Filet, Schinken, ob mit Knochen oder ohne. Das war wie eine Lotterie, ein gutes Stück zu bekommen. Am Boden, der voll mit Blut und Abfällen war, sass eine alte Frau im Schneidersitz. Vor sich hatte sie den abgeschlagenen Kopf des Rindes. Sie hatte einen Draht in der Hand. Damit fuhr sie in die Augenhöhle, drehte den Draht einige Male herum und zog ihn wieder heraus. An dem Widerhacken hing nun etwas, das sie mit Genuss vom Draht abschleckte. Der Appetit auf Fleisch ist uns vergangen. Wir sind zu unseren Circusgarderoben gefahren und haben versucht, in der Bratpfanne einen Kuchen zu backen.

Aber, wenn wir gerade bei den Delikatessen sind: Vor unserem Hotel ist ein Kessel aufgestellt. In dem Kessel blubberte es, Luftblasen stiegen an die Oberfläche. Es sah aus, wie wenn meine Mutter Polenta kochte. Es war aber kein Feuer unter dem Kessel. Warum kochte es, warum blubberte es? Ich wollte es wissen. Eigentlich hätte mich der Geruch schon darauf bringen sollen, was in dem Kessel war. Mein Geruchsinn hatte mich nicht im Stich gelassen. Ich wollte es nur nicht glauben. Aber es stimmte. Es waren Fische im Kessel. Die waren aber schon so lange darin, dass sie schon gärten. Es war die Gärung und nicht das Feuer, das die Blasen aufsteigen liess. Die Koreaner essen das mit Genuss. Ich glaube, ein Europäer würde nach dieser Delikatesse elendiglich an einer Fischvergiftung eingehen. Aber nur zwei Meter entfernt braten oder besser gesagt rösten sie dicke feiste Dinger,

die aussehen wie Engerlinge, sie kommen in kleine Papiertüten und werden dann stückweise mit Genuss verzehrt. Ein Glück, dass wir die Fenster in diesem Hotel hinten hinaus hatten. Denn es roch wie abgebrühte Maikäfer.

Ein Taifun ist angesagt! Wir haben beschlossen, wenn alle Besucher den Circus verlassen haben, das Zelt herunterzulassen, damit der Wind keine Angriffsfläche hat. Jetzt waren meine Alukoffer gefragt. Was nur irgendwie ging, hatte darin Platz gefunden. Wir haben sie nebeneinander flach am Boden gesichert

Galetti, haust Du ab oder hast Du Angst, dass Du alles einpackst?
Hört mal, ich habe einige Stürme im Circus mitgemacht. Ich weiss, wie viel Kraft da frei wird, und unsere Garderoben sind nur leichte Zelte.
Aber wir stehen doch hinter dieser Mauer. Da sind wir geschützt. Und wie oft haben sie schon vor einem Taifun gewarnt, den es dann gar nicht gab?
Warte es ab. Lieber einmal zu viel eingepackt, als einmal zu wenig. Wer zuletzt lacht, lacht am besten. Wenn alles vorbei ist, packen wir aus, und Ihr sucht Euere Sachen zusammen, wenn Ihr sie überhaupt noch findet.
Ha, ha, immer der Clown mit seinen Witzen.

Auf dem grossen Gelände standen nicht nur der Circus, sondern auch viele kleine Restaurants, Imbissbuden und Verkaufsstände. Einer hat seine Stühle zusammengebunden. Aber sonst tat niemand etwas. Der Taifun kam in den frühen Morgenstunden. Eine unglaubliche Naturgewalt. Er kam vom Meer her. Bis er die Stadt ereichte blieb uns noch etwas Zeit. Von unserem Hotel, das auf einer Anhöhe stand, konnten wir sehen, wie er unten im Hafen schon tobte. Hausdächer, Bäume und Autos, flogen von seinem Sog getragen umher, als seien sie aus Papier. Nun war die Lage sehr ernst.

Abbildungen 56 und 57
Korea 1985. Der Circusplatz bot nach dem Taifun ein Bild der Verwüstung. (Privatfotos)

Man wollte sich unten im Foyer zu einer Lagebesprechung treffen. Ich fuhr mit Olga unserer Sängerin im Lift. Wir kamen in der unteren Etage an und die Lifttür war gerade im Begriff sich zu öffnen, als es eine heftige Detonation gab. Instinkttief drückte ich auf den Knopf, der das weitere Öffnen der Türe verhinderte. Durch den bereits geöffneten Türspalt kamen grosse Glasscherben wie Geschosse geflogen, und blieben in der Wand hinter uns stecken. Olga erlitt einen Schock und schrie immer nur: *Es ist Krieg, Sie greifen an. Es ist Krieg!* Wäre die Türe ganz aufgegangen hätten wir beide nicht überlebt. Aber was ist passiert? Das Hotel hatte eine grosse Glasfassade, die dem Druck der durch den Taifun entstand, nicht standhalten konnte. Sie zerbarst just in dem Moment, als wir den Lift verlassen wollten. Nun tobte der Sturm schon so heftig, dass an eine Besprechung nicht mehr zu denken war. Der Lärm war so ohrenbetäubend, dass man sein eigenes Wort nicht mehr verstand. Nun konnte man nur noch abwarten und hoffen.

Der Sturm tobte nur etwa eine Stunde. Aber das genügte. Er hinterliess das Bild einer Verwüstung. Das Eingangstor, das extra für das Circusgastspiel aufgestellt war, hatte der Taifun gestreift, es war wie abgesägt. Die eine Hälfte stand noch, die andere war in kleinen Teilen weit über den Platz verstreut. Fast alle Buden waren weggeblasen. Wir hatten Glück, der Sturm zog genau am herunter gelassenen Circus vorbei. Er war nur von den Sachen, die herumgewirbelt waren, zugedeckt.

Die Mauer die einige Kollegen glaubten, sie wäre ein Schutz, wurde von dem Taifun auf genau einer Breite von zehn Metern heraus geschnitten und weggetragen. Die Garderoben standen genau in der Durchzugsgasse des Sturms. Die Zeltstangen wurden abgeknickt. Nur eine auf der Seite ist stehen geblieben, mit einem Stück Leinwand daran, ein Fahnenmast mit Trauerbanner. Der Rest der Leinwand ist davon gesegelt, weit über die noch stehenden Mauerteile. Unsere Koffer mit Inhalt konnten wir unbeschädigt unter den Resten der Zeltanlage herausholen.

Jaja, immer die Clowns. Die Kollegen hatten wirklich nichts zu lachen, Kostüme, Privatsachen und Küchengeräte, alles durcheinander und weit verstreut. Vieles war kaputt. Den Elefantenstall hatte es auch getroffen. Trümmer von Stangen, Leinwandstücken, Stroh und Heuballen lagen um die Elefanten. Sie hatten alles, was in ihrer Reichweite war, weit weggeworfen. Sie haben gespürt, dass ihr Pfleger unter den Trümmern lag. Er betreute die Elefanten schon viele Jahre, sie waren gute Freunde. Mit ihren Rüsseln haben sie alles was auf ihm lag weggezogen. Der zweite Pfleger kam zu dieser Hilfsaktion der Elefanten dazu. Er konnte Hilfe holen. Sein Kollege hatte eine Kopfverletzung und viele Prellungen. Er wurde ins Krankenhaus eingeliefert. Das hat er aber, nur im Nachthemd, nach zwei Tagen verlassen. Sein Chef konnte ja nicht wissen, dass Essen und Trinken, ja sogar das Wasser um sich zu waschen von den Angehörigen ins Krankenhaus gebracht werden musste.

Nur einen Tag hatten wir ausgesetzt, um den Circus wieder in Ordnung zu bringen. Bis neue Garderobenzelte standen, hatte es etwas länger gedauert. Da waren die Koreaner zuständig. Sie glaubten, bei höherer Gewalt, da muss man nichts ersetzen. Nach dem Taifun kam es zu einer grossen Fliegenplage. Kammerjäger sollten Abhilfe schaffen. Mit einem Gerät, in dem Dieselöl heiss gemacht und herausgeblasen wurde, haben sie in die Zelte und Garderoben geblasen. Die Fliegen sind für kurze Zeit verschwunden, aber wir konnten uns ohne ein Tuch vor dem Gesicht die nächsten drei Tage nicht in den Garderoben aufhalten.

Ich hatte starke Rückenschmerzen. Ein koreanischer Musiker gab mir einen Tipp: *Ich kenne einen Mann, der kann Dir mit Akupunktur helfen.* Ich suchte ihn auf, er freute sich über meinen Besuch, denn ich war sein erster europäischer Patient. Erst musste er die Hühner, die in seiner „Ordination" waren, hinausjagen. Dann zeigte er mir Nashornhörner, Klappern von Klapperschlangen und vieles mehr aus seiner Gesundheitsmedizin. Er putzte die Spuren der Hühner von der Liege weg. Sie war nun für mich frei. Ich sollte mich oben auch frei machen

und mich hinlegen. Er ging hinaus, kam aber schnell wieder zurück, aber nicht alleine. Er brachte Frau und Kinder mit. Die hat er rund um mich aufgestellt. Dann begannen sie zu kichern. Er zupfte an den Haaren, die ich auf meinem Rücken habe, um zu zeigen, dass sie echt sind. Dann zupfte die Frau an den Haaren, und als die Kinder sich auch überzeugt hatten, dass alles echt war, haben sie wieder gekichert und sind verschwunden. Er ist geblieben und hatte mich trotz der Körperhaare behandelt und sogar recht erfolgreich. Nicht mit Nashornhörnern oder Schlangenschwänzen, nur mit guter fernöstlicher Akupunktur.

Mit unserm koreanischen Veranstalter gab es immer mehr Probleme. Wir mussten um alles kämpfen. Um bessere Circusplätze, um Unterbringung in anständigen Hotels, Futter für die Tiere, für Wasser, einfach für alles, was am Anfang selbstverständlich war. Dann kam der grosse Wumm! KOREA. IN DER HAUPTSTADT SEOUL IST ES ZU STUDENTENAUFSTÄNDEN GEKOMMEN. ES HERRSCHEN KRIEGSÄHNLICHE ZUSTÄNDE! Wir haben es über den Kurzwellensender erfahren. Einen Tag später ging es auch in der Stadt, in der wir gerade gastierten, los. Kriegsähnlich, das stimmt. Verhaftungen, Fliegeralarm, Verdunkelungen und andere Schikanen, nächtliches Ausgehverbot. Wie und wann kommen wir ins Hotel und zum Circus ohne eingesperrt zu werden? Durch diese Umstände blieb auch das Publikum weg. Als wir dann endlich mit Polizeischutz ins Hotel kamen, wollte man uns nicht mehr auf die Zimmer lassen.

Abbildung 58
*Gefühlvolle musikalische Begleitung von Murat Üstün, der nun
schon viele Jahre zur Familie gehört. (Privatfoto)*

Abbildung 59
Das war die Truppe, die André Heller 1986 für seine Tournee „In Sachen Lachen" zusammengestellt hatte. (Fotograf unbekannt)

Der Grund: Der liebe Herr Veranstalter hatte seit Wochen das Hotel nicht bezahlt. Dann stellte sich auch noch heraus, dass die Transporte, Platzmiete, Strom und alles andere was es braucht, damit alles reibungslos abläuft, seit längerer Zeit nicht bezahlt worden war. Das Schlimmste aber war, dass auch die Einnahmen restlos verschwunden waren. Jetzt fehlte alles in allem eine halbe Million D-Mark. Das war der Anfang vom Ende. Unsere Gagen waren auch noch offen. Es wurde versucht über die deutsche Botschaft Hilfe zu bekommen. Der Herr Konsul Kohler ist angereist. Aber er konnte auch nichts ausrichten. Denn der Veranstalter, Fang Joung, hat sich verhaften lassen, zum Schutz seiner Person. So etwas gab es. Schutzhaft für Gauner. Es gab keine Möglichkeit mehr, an ihn heranzukommen. Obwohl noch Verhandlungen mit anderen asiatischen Ländern liefen, wurde der German Star Circus aufgelöst.

Murat schickte seine grosse Tonanlage mit einem Stossgebet auf dem Schiffsweg nach Hause. Unsere Kochgeräte, den Eisschrank und was sich sonst noch so in der Zeit angesammelt hatte, schenkten wir einer armen Familie in einer Hütte am Rande des Circusplatzes. Meine Kollegen taten das gleiche. Bis jetzt hatten die Hüttenbewohner nichts. Jetzt konnten sie mit Eisschränken, Kochplatten, Toaster, Grillöfen und Ventilatoren einen Handel anfangen. Da ich für meine Familie und das Gepäck eine Rückflugkarte in der Tasche hatte, sind wir eigentlich ohne grosse Probleme von Korea weggekommen. Aber wer hätte gedacht, als wir in Frankfurt im Frachtflughafen waren, dass uns die Schlechtigkeit dieses Koreaners in Deutschland noch einmal einholen würde?

Der Grund: Im Hafen von Pusan gab es sehr grosse Probleme. Es war kein Geld da für den Rücktransport des Circusmaterials und der Tiere. Da standen sie, die Container, Elefanten, Raubtiere, Kamele und andere exotische Tiere. Keine Reederei wollte sie mitnehmen, nachdem was passiert war. Die Hafendirektion von Pusan liess das ganze Circusmaterial vom Zoll beschlagnahmen. Aber da war auch nichts zu holen, denn es war nur gemietet. Es dauerte fast drei Monate bis die Tiere verladen wurden. Aber zurück zur Frachthalle Terminal Frankfurt.

Es tut mir leid, ich kann Ihre Koffer nicht herausgeben, sie sind vom koreanischen Zoll beschlagnahmt worden.

Aber wieso denn, ich habe doch die ganzen Papiere für meine eigenen Sachen?

Auf allen Koffern und Geräten klebt der Kuckuck.

Lieber Herr, das ist ein asiatischer Vogel und hat mit unserem Kuckuck nichts zu tun. Das ist mein Eigentum, und gehört in keiner Weise dem deutschen Circus und noch weniger den Koreanern. Im Gegenteil, die sind mir noch etliches an Gage schuldig. Dieses Material ist meine Existenz, für meine Truppe und mich. Was wollen Sie denn mit der Balancierstange und den anderen Requisiten anfangen? Die sind für Sie doch völlig wertlos. Ich möchte bitte Ihren Vorgesetzten sprechen.

Der hat heute keinen Dienst.

Gut, dann befördere ich Sie zum Vorgesetzten und bemächtige Sie, dieses Schreiben abzustempeln.

Er war ein Beamter mit Humor und dem Herz auf dem richtigen Fleck. Er hat gestempelt. Die Sachen, die wir per Schiff geschickt haben, sind nach langer Zeit unbeschädigt angekommen. Was nun? Es ist Mitte Saison. Die Verträge, die wir noch mit dem German Star Circus hatten, waren nun ungültig, und auf Trostverträge kann ich verzichten. Das Orchester von Murat ist durch die Unsicherheit der ganzen Lage auseinander gegangen. Wir haben uns entschlossen, zu dritt eine Nummer aufzubauen, ein bisschen Poesie, gute Musik und viel herzliche Komik.

Wir konnten unentgeltlich einen schönen Saal zum Proben benutzen. Als Dank dafür machten wir im Kindergarten, der über dem Saal war, eine Vorstellung. Es war nicht nur bei den Kindern ein grosser Erfolg, auch die Erwachsenen, die eingeladen waren, haben sich über uns und unsere Spässe gefreut. Es war wieder da, was uns über die vielen Monate in Arabien, Japan und Korea gefehlt hatte. Es war wieder da, auf wunderbare Art. Die Freude über den Clown, über uns und unsere Spässe. Der Kontakt war wieder hergestellt. Wir konnten improvisieren, alles steigern und einfach glücklich sein und es auf das Publikum übertragen. Unser Auftritt im Kindergarten, der eigentlich nur als kleines Dankeschön gerechnet war, hatte Folgen.

Der Erfolg, den wir bei den Kindern hatten, hat sich schnell herumgesprochen. Es kamen immer mehr Anfragen. Die Idee zu einem Clown-Kindertheater war geboren. Aber noch hatten wir einige andere Verträge zu erfüllen. Als erstes die grosse Weihnachts- Show in Lille. Schon zum dritten Mal wurden wir zum Weihnachtsprogramm eingeladen. „La Voix du Nord", die grosse französische Zeitung, war der Veranstalter. Mariza war gerade mit ihrem Entree fertig, und ich bestieg nun das Seil. Ich sah von oben, wie ein Kontrolleur den Aufgang herunter und wieder hoch rannte und etwas schrie. Jemand rief *Rauch!* Dann rief einer von unten: *Es brennt!* Und jemand schrie: *Feuer! Feuer!* Noch einer rief: *Es ist was passiert!* Dann rief einer von der anderen Seite: *Eine Bombe! Eine Bombe!*

Jetzt schaute uns niemand mehr zu. Der Saal wurde hell, das Publikum stand auf, es herrschte grosse Unruhe. Die Feuerwehr kam und hatte schnell alles wieder unter Kontrolle. Dennoch forderten sie aus Sicherheitsgründen die Leute auf den Saal zu verlassen. Auch wir gingen in den Satteleingang und warteten. Hier herrschte bald helle Aufregung. Die anderen Artisten kamen angelaufen und wollten wissen, warum die Vorstellung nicht weitergehe. Jeder schnappte von irgendwo ein Wort auf und gab es weiter, und plötzlich hiess es nicht mehr: *Während Galetti dran war, wurde eine Bombe gelegt,* sondern: *Galetti hat eine Bombe gelegt!*

So schnell wird man zum Terroristen. Wie sich dann später herausstellte, ist nur das Kabel einer Notausgangsbeleuchtung durchgeschmort. Jaja, das war also Galettis Bombe!

Zurück nach Deutschland. „Lachen machen" hiess eine Produktion von André Heller. Es war eine gut zusammengestellte Show, nur mit Komikern, Komödianten und Clowns, und Murat als „trauriger" Pianist. Die Tournee führte uns durch ganz Deutschland. Es war eine erfolgreiche und gut organisierte, von den Medien sehr gelobte Produktion. Aber für uns eine strenge Sache. Wir spielten in Theatern. Das konnten wir aber nur, wenn sie in ihrem Spielplan freie Tage hatten. Da gastierten wir in einem Theater oben in Travemünde. Dann konnte uns ein Theater in Essen, das einige Tage frei hatte, aufnehmen. Dann wieder hoch nach Flensburg, und wieder war eines im Süden Deutschlands, das spielfreie Tage hatte.

So sind wir über drei Monate im Zickzack durch Deutschland gereist, viele, viele hundert Kilometer. Mit unserer Darbietung hatten wir einen grossen Erfolg, da wir die einzige Circusnummer waren und dadurch aus dem Varieteprogramm herausstachen. Das Programm war gut, es war stark. Es wurde ein halbes Jahr später sogar an den Broadway verpflichtet. Mariza, ich und auch Murat wollten da aber nicht mitfahren. Wir waren gebrannte Kinder und wollten keine Überseeverträge mehr annehmen, auch wenn noch so hochtrabende Namen wie „Broadway" im Spiel waren. Unser Prinzip. Sollte es aus irgendeinem Grund nicht mehr weitergehen, dann muss es die Möglichkeit geben, mit unserem ganzen Gepäck selbst nach Hause zu kommen.

Carlo Olds, ein Musicalclown, der in „Lachen machen" und dann auch am Broadway dabei war, besuchte uns später in Österreich. Er war erst einige Tagen aus Amerika zurück: *Mensch, Galetti, hast Du eine gute Nase gehabt, dass Du nicht mitgefahren bist. Es war ein Fiasko! Die deutsche Agentur, die uns an die amerikanische Agentur vermittelt hat, hatte ... – Bitte, Carlo Themenwechsel. Sprechen wir von etwas Gutem und Schönem. Ich habe eine Idee! Was haltet Ihr davon, wenn wir „Lachen machen" umändern „In Sachen Lachen". Wir stellen eine gute und liebe Show mit Kollegen aus der Umgebung zusammen, wie Levin, die Fernandos und Thomas, und vielleicht Elfi Graf. Murat macht die Musik, Heinz Wendel die Regie und die Moderation und wir bauen ein Schwarzes-Theater dazu. Das offerieren wir dem Tourismusverband von Vorarlberg.* Gesagt und getan. Es war aber ein gewaltiges Stück Arbeit. Speziell das Schwarze Theater.

Zum Glück hatte Mariza eine gewisse Erfahrung mit ultraviolettem Licht. Sie ist vor Jahren bei einem Schwarzen Theater für eine erkrankte Kollegin eingesprungen. Für das Theater fanden wir zwei gute Partner. Mechthild und ihr Mann Ferdi Lampert. Sie haben eine schöne Zaubershow und nennen sich „Die Fernandos". Aus dieser Zusammenarbeit ist eine produktive und enge Freundschaft entstanden. Zusammen waren wir sehr vielseitig, es entstanden immer mehr neue Nummern. Schon bald konnten wir vier ein ganzes Programm alleine bestreiten. Das war der Grund für viele gemeinsame Engagements.

An einem eisig kalten, nebligen Novembermorgen, machten wir uns auf den Weg zu einer dieser Galas. Wir kamen nicht sehr weit, kurz nach der Autobahnauffahrt wurde der Nebel so dicht, dass man die Hand vor Augen kaum noch sah. Plötzlich schrie Mariza: *Nach links, nach links!* Ich riss das Steuerrad herum und konnte so gerade noch in letzter Sekunde einem Autowrack ausweichen. Da tauchte, nur schemenhaft erkennbar, schon das nächste vor mir auf. Ich riss das Steuer wieder nach rechts. Haarscharf kamen wir auch an diesem Fahrzeug vorbei. Aber kaum waren wir wieder auf der rechten Spur, als schon wieder ein querstehendes Auto vor uns auftauchte. Mariza schrie wieder: *Nach links, nach links!* Und hielt die Arme schützend vors Gesicht, weil sie glaubte, dass wir es diesmal nicht mehr schaffen.

Aber wir kamen gerade noch rechtzeitig wieder auf die Überholspur. Im Zickzackkurs rutschen wir auf der eisigen Autobahn weiter zwischen den Unfallautos hindurch. Und kamen schliesslich unversehrt auf dem Pannenstreifen zu stehen. Wir stiegen aus und sahen ungläubig auf das Chaos hinter uns. Kaum zu glauben, dass wir da heil rausgekommen sind. Gabriel hat sich wieder einmal selbst übertroffen. Es krachte immer weiter hinter uns. Nachkommende Autos erkannten die Gefahr im dichten Nebel zu spät und fuhren auf die kreuz und quer stehenden Autos auf. Es kam zu einer riesigen Massenkarambolage. Wir begannen die Verletzten zu bergen. Nun war es von grossem Vorteil, dass Ferdi hauptberuflich in der Notaufnahme der Ambulanz arbeitete. Schnell und unwahrscheinlich geschickt versorgte er die Verwundeten. Als Polizei und Rettung eintrafen, waren die meisten Verletzten schon erstversorgt. Erschöpft und reichlich spät kamen wir dann aber doch noch an unserem Bestimmungsort an. Nun muss sich wohl auch Gabriel eine Verschnaufpause gegönnt haben, denn ab jetzt ging so ziemlich alles schief, was schief gehen konnte. Der Bühnenmeister war unauffindbar und mit ihm der Schlüssel zum Bühneneingang. So waren wir gezwungen unsere ganzen Requisiten durch den Zuschauerraum auf die Bühne zu schleppen.

Verschwitzt, und nun wirklich völlig erschöpft sassen wir hilflos auf der Bühne, denn auch vom technischen Personal war niemand zu finden. Und das eine halbe Stunde vor Beginn der Vorstellung! Langsam wurden wir wütend und waren nahe daran zu gehen. Da kam der Bühnenmeister, aber lange vor ihm erreichte uns seine Alkoholfahne. Zu unserem Leidwesen stellte sich heraus, dass er sich auch für Ton und Licht verantwortlich zeichnete. Es kam wie es kommen musste. Er spielte die falsche Musik im falschen Moment ein, mit dem Spot verfolgte er so ziemlich alles, nur nicht uns auf der Bühne, die Mikrofone waren so übersteuert, dass kein Mensch ein Wort verstand. Und beim Umbau schleppte er die falschen Requisiten auf die Bühne! Wir waren verzweifelt und schrieben ihm mit riesigen Buchstaben auf ein grosses Blatt Papier, wie er sich während des schwarzen Theaters zu verhalten habe. ALLES LICHT AUS !! TOTALE DUNKELHEIT!!! UND DEN VORHANG ERST AUF KOMMANDO ÖFFNEN!! Aber es half alles nichts.

Viel zu früh und bei voller Beleuchtung begann sich der Vorhang zu öffnen. Mechtild war entsetzt und versuchte mit aller Kraft den Vorhang zuzuhalten. Mit ihrem ganzen Gewicht hing sie sich an den Vorhang. Es nützte nichts, denn der Vorhang öffnete sich mechanisch und wenn der Knopf einmal gedrückt war, lief alles automatisch. Und so kam es, dass Mechtild wenige Augenblicke später, einige Meter vom Boden entfernt, am Vorhang baumelte. Das war übrigens das einzige Mal, dass wir sahen, wie Mechtild, die sonst die Ruhe in Person ist, die Fassung verlor. Zum Glück waren solche katastrophalen Vorstellungen die Ausnahme! Und wir hatten sonst viel Spass zusammen.

In dieser Zeit lernten wir auch den bekannten Schweizer Kunstmaler „RenMann" kennen. Als René Käsermann arbeitet er als Kriminalbeamter. Um all die schrecklichen Bilder, die er da in seinem Beruf zu sehen bekommt, verarbeiten zu können, malt er in seiner Freizeit Clowns und Circusbilder. Dabei sind auch einige sehr schöne Bilder von mir entstanden.

Seine Vernissagen, zu denen er uns engagierte, waren auch ein Treffpunkt für Circusfreunde und Clownfans. Nun aber zurück zu: „In Sachen Lachen". Es wurde eine lockere, vielseitige Show und war drei Sommer lang ein Publikumshit für Vorarlberg. Es muss ja nicht unbedingt der Broadway sein, wo drei und mehr Agenten die Hand aufhalten, und der Clown bekommt kein Geld, um seine Instrumente und Requisiten nach Hause schicken zu können. So wie es unserem Kollegen Carlo passiert ist.

Das Programm für unser Clown-Kindertheater wurde von Gross und Klein herzlichst aufgenommen. Man muss die Kinder ernst nehmen. Sie sind ein anspruchvolles Publikum, sie sind ehrlich und reagieren auch so. Schlechtes oder Schwaches wird auf der Stelle abgelehnt. Aber wenn du sie überzeugen kannst, dann sind sie mit dir. Dann gibt es eine Stimmung, die die teuerste Revuebühne nicht hergibt. Mit unserem Kinderprogramm haben wir auch einige recht witzige Anekdoten erlebt. Wir waren in Heerbrug an der Rheintal-Messe engagiert und wussten, dass da auch ein Maskenbildner seinen Stand hatte. Wir benötigten neue Schminke und beeilten uns deshalb, nach der letzten Vorstellung sehr mit Abschminken und Umziehen, denn wir sollten ja beim Verkaufstand sein, bevor die Messe schloss. Wir rannten durch das Messegelände, Mariza zog ihren Hund, der beim Kinderprogramm mitmacht, an der Leine mit sich. Abgeschminkt und in Privatkleidern erkannten die Kinder sie nicht mehr, wohl aber den Hund. Lauthals begannen sie nun zu schreien: *Haltet die Frau! Sie hat dem Clown den Hund geklaut!!!*

Wir waren in Vorarlberg schon eine ganze Woche für eine Bank unterwegs und hatten noch eine ganze Liste mit Auftrittsorten für die kommenden Tage. Am Mittwoch war laut Liste eine grosse Schule in Dornbirn unser Auftrittsort. Wir begannen mit dem Aufbau unserer Ton- und Lichtanlage. Um uns herum lauter staunende Kinder, die wissen wollten, was wir hier machen. Dann kamen die Lehrer und fragten uns verwundert, was wir hier tun. Auch ihnen erklärten wir, dass wir alles für den Auftritt vorbereiten müssen. Nun kam auch noch der Herr Direktor und wollte ebenfalls wissen, was wir hier tun. Geduldig erklärten wir auch ihm, dass wir einfach eine gewisse Zeit zur Vorbereitung brauchen. Das verstehe er schon, aber ob eine ganze Woche nicht etwas viel Vorbereitungszeit sei? Unser Agent hatte sich doch tatsächlich im Datum geirrt und uns eine Woche zu früh in die Schule geschickt.

Wir waren in einem Heim für geistig behinderte Kinder engagiert. Nach der Vorstellung kamen einige begeisterte Kinder zu uns hinter die Bühne. Ein kleines Mädchen war als Indianer verkleidet und hatte eine wüste Kriegsbemalung im Gesicht. Ich fragte sie: *Möchtest Du nicht lieber eine kleine Prinzessin sein? – Nein, auf keinen Fall! Glaubst Du, ich will, dass jeder Frosch mich küsst?*

Es gibt keine Wettbewerbe für Kinderclowns, aber wenn der ganze Saal vor Begeisterung brodelt, dann ist das einfach ein Hochgefühl! Man bekommt keinen golden Clown, aber viele liebe, manchmal wunderhübsche Kinderzeichnungen mit lieben Widmungen, die zeigen, wie sie den Clown sehen und lieben. Ich darf noch einmal mein liebstes Dankesschreiben, das ich vor Jahren bekommen habe, erwähnen: *Ich habe bei Ihrer Nummer gelacht und geweint.* Es hat sich wiederholt, eine Mutter schrieb uns: *Liebe Clowns, ich habe mit den Kindern mitgelacht und geweint, weil sie so gelöst und glücklich waren.*

Ja die Eltern und auch Grosseltern haben es bei unserer Kindervorstellung nicht leicht. Was sollen sie tun? Über die Spässe des Clowns lachen, oder ihre Kinder und Enkel beobachten, die ihre Freude zeigen und so herrlich mitmachen. – Wir haben doch einen

Preis bekommen. Zwar nicht bei einem Wettbewerb, sondern einfach so als Anerkennung und Dank für den Erfolg, den wir mit den Kindern hatten. Der Salzburger Narrensenat überreichte Mariza den „Clown für besondere Leistungen mit Kindern". Und ich erhielt aus demselben Grund den grossen „Harlekin mit Auszeichnung". Es freut mich besonders, dass diese Sparte, die sich doch meistens im Kleinen abspielt, eine Anerkennung in der Öffentlichkeit findet.

Wir machen aber ab und zu auch wieder Abstecher in die grosse Showwelt des Varietes und Fernsehens. Beim Schweizer Fernsehen hatten wir eine Aufzeichnung. Da kam es wieder zu einer Zusammenarbeit mit Hans Möckel und seiner Radio Bigband. Das war ein musikalisches Erlebnis! Viele gute Orchester und Kapellen haben uns in all den Jahren begleitet, Hugo Strasser, Max Greger, Mantovani und viele mehr.

Aber nicht alle sind mir nur wegen ihrem einmaligen Klang in Erinnerung geblieben. Es war im Kursaal in Bern. Wir waren für eine grosse Gala engagiert. Es sollte etwas ganz Grosses werden. Eine Veranstaltung für die „oberen Zehntausend". Ein Orchester aus Ungarn wurde eingeflogen. Spitzenartisten, bekannte Sänger, ein riesiges Ballett und … Bitte zur Musikprobe.

Hallo, ich bin Galetti. Hier haben Sie meine Noten Herr
Kapellmeister.
Entschuldigen Sie, wir können keine Noten lesen.
Sie können … der Pianist auch nicht? Von einem Zwölf-Man-Orchester
kann keiner Noten lesen?
Nein, keiner.
Was machen wir nun, Ihr ungarischen Naturtalente?
Sie sagen Marsch und wir spielen ungarische Marsch. Sie sagen Walzer,
wir spielen österreichischer Walzer.
Ich habe die Melodie von Paul Burkard Oh mein Papa, Allez hopp!
– Allez hopp! Ich brauche eine Musik, die diesen Rhythmus rüberbringt.
Das kein Problem, wir spielen polnische Polka oder Mazurka.
Okay. Und am Schluss der Nummer spielen Sie einen deutschen Trau-

*ermarsch, aber mit Gefühl und ganz langsam zum Hinausgehen. Die
Sache ist ja zum Weinen.*

Dank meiner Frau, die sich neben den ungarischen Maestro stellte und ihm die Einsätze gab, haben wir die Sache sogar mit Erfolg über die Bühne gebracht. Es war ein grossartiges Unterhaltungs- und Tanzorchester, aber von Artistenbegleitung hatten sie keine Ahnung. Viel mehr Erfahrung hatte das Orchester, das uns in Paris begleitete. Das grosse Circus-Orchester des Cirque d'Hiver Maestro Jacques Day in Paris. Wir waren glücklich, bei der „Gala de la Piste" dabei zu sein. Es war einfach wunderbar, zusammen mit den Kollegen den Cirque d'Hiver zum Brodeln zu bringen. Ich möchte gerne einige Kollegen erwähnen, die dabei waren: Liane Dayde, Lilian Kenny, Annie Frattellini, Emilien Bouglione, Bob Bramson, Dany Renz. Für meinen Erfolg umarmten mich Giuletta Masina und ihr Mann Fellini und Paulina Schuhmann mit ihrem Papa Charlie Rivel. Es wäre mir bald die Brust vor Stolz geplatzt, als dann noch Monsieur Andre Salleè, der Programmchef, zu uns kam und uns gratulierte mit den Worten: *Sie waren die Show in der Show.* Auf Französisch klingt es natürlich wärmer und lieber. Ich habe es sehr genossen und mich gefreut über das Versprechen, bald wieder dabei zu sein. Es war ein Höhepunkt auf dem Weg um die Welt.

Wir sind glücklich und zufrieden zurückgefahren, wo wir uns nun wieder voll und ganz unserem Kindertheater widmeten. Die Kindersendung „1, 2 oder 3" hat ihr zehnjähriges Jubiläum. In dem nüchternen Vertrag stand von Hand geschrieben: In dieser Sendung darf Galetti nicht fehlen. Unterschrift: Siegfried Riese. Das ZDF holte uns in den Fernsehgarten, wo die Kindersendung „Pfiffikus" aufgezeichnet wurde. Es war alles ein bisschen steril. Kinder sind keine Erwachsenen. Sie sassen zu weit weg und alle hinter Balustraden. Die Regie hatte Angst, die Kinder könnten ins Bild laufen. Es gab keinen Kontakt zwischen uns und ihnen.

Dann haben Mariza und ich das Drehbuch „vergessen" und haben auf unser bewährtes Konzept umgeschaltet. Die Sprecherin sass auf der Treppe hinter uns. Ich nahm sie an der Hand und zog sie zu uns und in unsere Nummer mit hinein. Sie war erst einmal ein bisschen erschrocken, da die Sendung ja live war. Die Kinder merkten, dass das nicht einstudiert war. Sie reagierten auch spontan, machten mit und freuten sich, dass der Clown einiges abbekam. Aber sie freuten sich noch mehr, dass ich am Ende doch der Sieger war. Sieger war ich auch bei der Regie. Obwohl ich mich nicht so ganz an ihren Regieplan gehalten und sogar ein bisschen überzogen hatte. Gratuliert haben sie nicht, aber wir bekamen einen Vertrag für den Fernsehgarten mit der Moderatorin Karoline Reiber.

Aber hier gab es ein kleines Problem. Die Regie hatte Tische für prominente Gäste aufgestellt und dabei vergessen, dass das eigentlich der Platz für unsere Darbietung war. Jetzt sassen die Leute unter unserem Seil. Nur ungern sind die Gäste ein wenig nach hinten gerutscht. Sie hatten ja bezahlt, damit sie mit auf das Bild kamen und ihren Lieben zu Hause zuwinken konnten. Es wurde eng. Ich brauchte sehr viel Kraft, dass ich mit der Balancierstange niemanden traf. Am Ende der Nummer rutschte ich über die Balancierstange wie über eine Rutschbahn vom Seil herab. Als ich unten ankam rutschte ich weiter zwischen den Gästen hindurch und unter die Tische. Erst erschraken sie, was ich ja auch ein bisschen bezweckte. Aber als ich dann zwischen den Leuten hoch kam, hatte ich einen grossen Lacher, der meinen Kräfteverschleiss wieder gutmachte.

Varietes machten zu, Theater schlossen, Tourneen wurden eingestellt. Ein Glück für uns, dass wir unser Clown-Kindertheater aufgebaut hatten. Die grossen Auftritte wurden immer weniger. Wir waren glücklich und zufrieden mit den Kleinen. In Vorarlberg hatte unser Kinderprogramm schon bald einen gewissen Bekanntheitsgrad erreicht, und es ging nicht lange, und wir hatten einen kleinen treuen Fan-Club. Aber der treueste Fan von allen, war mit Abstand die kleine Katherina Bösch. Sie war nicht nur bei all unseren Auftritten dabei, nein, sie verbrachte auch sonst jede freie Minute mit uns. Sie half beim Auf- und Abbauen, kannte schon bald den gesamten Ablauf und übernahm Ton und Lichtregie. Auch zu unseren Tieren hatte sie eine innige Verbindung. So kam es, dass sie – Maria und ich nannten sie inzwischen schon scherzhaft unsere „Reserve-Tochter" – in der Taubennummer für Mariza einspringen konnte. Mittlerweile ist sie längst den Kinderschuhen entwachsen und kommt mit ihrer kleinen Tochter zu unseren Vorstellungen. Aber so weit sind wir noch nicht. Noch mal zurück zu der Zeit, als die Auftritte mit dem Kinderprogramm immer häufiger und die Auftritte mit der Seilnummer immer weniger wurden. Die Pausen zwischen den Auftritten auf dem Seil wurden immer länger. Es fehlten die Kraft und der Schwung, den man nur behält, wenn man täglich ein- oder zweimal auf dem Seil arbeitet. Auch die Reaktion liess nach, und dann wurde es gefährlich. Ausserdem habe ich zugenommen. Das bekam ich schnell zu spüren. Bei meiner Spirale, der Drehung die ich um das Gestänge des Bockes machte, musste ich loslassen. Ich war zu schwer geworden, um mich bei der Fliehkraft, die da entstand, festhalten zu können. Ich bin weit über die Bühne hinaus geflogen. Da habe ich mich entschlossen, die Arbeit auf dem Seil aufzugeben.

Nun kamen aber noch einige interessante Angebote. Herr Roland Poiger vom ORF-Studio Dornbirn wollte einen Film über mich und meine Familie drehen. Das Seil stand im Mittelpunkt. Nun war Krafttraining und Diät angesagt. Es hat sich gelohnt, es wurde ein lieber Dokumentarfilm.

Ein Clown mit Herz

Für diesen Film drehten sie auch in Thayngen, meiner Heimatgemeinde. Zwischen alten Riegelhäusern und in romantischen Ecken des Dorfes. Als der Präsident und der Gemeinderat davon erfuhren, luden sie mich alle zu einer Zusammenkunft ein. Sie kamen selbst auch gut ins Bild, als sie mir ein schönes Bild meines Elternhauses überreichten. Mit einer Widmung: *In Würdigung der hohen internationalen Auszeichnungen unserem Mitbürger Walter Galetti von seiner Heimatgemeinde gewidmet. Thayngen, 10.September 1987. Im Namen des Gemeinderates. Dem Präsidenten B.Stamm. Gemeindeschreiber E. Schöttli.* Wie sich die Zeiten ändern. Erst war ich der Zigeuner und jetzt fast ein Ehrenbürger der Gemeinde Thayngen.

Nico Milonas ist der Chef einer Filmgesellschaft. Zwar klein, aber dafür hatten sie gute Ideen und ein gelungenes Drehbuch. Sie wollten mit mir einen Film drehen.

Internationaler Circus-Oskar
1970

Circusfreunde Bep v. d. Bergh
1978

Ernst-Renz-Plakette
1984

World Clown Festival
1987

Das grosse Verdienstkreuz
des Landes Vorarlberg, 2008

Der Baum in Nachbars Garten

Ein alter Clown, er ist Wittwer und lebt zurückgezogen in seinem Häuschen. Durch Zufall entsteht eine Freundschaft mit einem Nachbarsjungen. Als Dank für die Freundschaft und das Helfen im Garten führt der Clown ihm die Nummer vor, mit der er im Circus aufgetreten war. Obwohl die Geschichte von einem Clown handelte, ist nicht alles eitel Sonnenschein. Es ist eine ernste und traurige Geschichte, Absturz von der Leiter, Krankenhaus, dann die Abschiebung ins Altersheim und Probleme mit den Erben. Der einzige Lichtblick in der Geschichte ist der Nachbarsjunge. Es war keine leichte Sache, die Clown-Bewegungen abzulegen und an deren Stelle die Gefühle des alten enttäuschten Mannes zu zeigen. Aber ich konnte beweisen, dass ich auch eine ernste Rolle spielen kann. Beim österreichischen Filmfestival bekam ich eine Auszeichnung als bester Schauspieler für diesen Film. Es hatte mir sehr viel Spass gemacht, eigentlich viel mehr als nur Spass. Deshalb sagte ich auch schnell zu, als ich das Angebot bekam, noch in einem anderen Film mitzuspielen.

Abbildung 60
Das Plakat zum Film „Der Baum in Nachbars Garten“. Für diesen Film erhielt ich vom Land Österreich den Preis „Bester Schauspieler“.
(Foto Mylonas)

Niko Mylonas presents

Der Baum in Nachbars Garten

Walter Galetti

Michael Kotterer

ehbuch: Ulrike Vonach-Kamera: Niko Mylonas-Licht: Helmut Allgäuer-Ton:Martin Gohm
Kamera Ass.:Beate Mylonas-Maske:Sandra Tonetti-Musik:Hannes Berthold
Regie Ass.:Helmut Allgäuer-Regie Niko Mylonas

Das Brot meiner Kindheit

Buch und Regie Ralf Klossner. Es war eine Dokumentation über Maroni. Die Geschichte erzählte von den Menschen in den Hungersjahren 1930-31 im Tessin. Ich war ein Maronibrater aus dem Valle Muggio. Durch diese Hauptrolle war ich in die ganze Geschichte eingebunden. Ich war lustig, ich war traurig. Auch diesmal konnte ich beweisen, dass ich auch ernst sein kann, wenn auch die Regie mich in meinen komischen Bewegungen manchmal einbremsen musste. Für den Kameramann war es manchmal recht schwer, dass ich ihm nicht aus dem Bild sprang, wenn meine Bewegungen und die Gestik von alleine aus meinem inneren Clown kamen.

Dieser Film ist durch seine gewissenhafte Dokumentation und der grossartigen Naturaufnahmen ein bemerkenswerter Film geworden. Auf das gute Werk sind interessante Leute aufmerksam geworden und animierten Ralf Klossner und sein Team, einen Spielfilm zu drehen. Dieser Wunsch wurde in die Tat umgesetzt. Da ich auch freudig mein Ja dazu gab, wurde die Hauptrolle auf mich geschrieben. Ich verkörperte einen älteren Hausierer, der in einem naturbelassenen aber armen Bavonatal im Tessin wohnte. Die Figur verlangte sehr viel Einfühlungsvermögen, denn er war naiv, aber zugleich raffiniert. Er war grob und doch liebenswert. Mit dem grossartigen Team zusammen habe ich es geschafft, auch diese Person erfolgreich darzustellen. Die Premiere war ein grossartiger Erfolg. Nicht nur das macht mich glücklich, sondern auch die Tatsache, dass der Produzent Ralf Klossner bis Ende 2007 zwei weitere Filme drehen will. Der erste in Frankreich. und der zweite in Österreich.

Abbildung 61
Das Plakat zum Film „Das Brot meiner Kindheit". (Foto Klossner)

KLOSSNER RALF
PRESENTS

Das Brot meiner
Kindheit

N DER HAUPTROLLE
VALTER GALETTI

ACH EINER IDEE VON RALF KLOSSNER

remiere Premiere Premiere
Altes Kino Rankweil
reitag. 17. November 20.00 Uhr

Armin Wille, ist die führende Kraft und der treibende Motor des Kulturvereins „Altes Kino" in Rankweil. Der Verein hatte sein zehnjähriges Jubiläum. Sie haben ein grosses Circuszelt aufgebaut und alle Kinder von unserem Dorf und aus der Umgebung eingeladen. Über 1800 Kinder haben das Zelt zum Kochen gebracht. Wir haben die Kinder mitgerissen, aber im richtigen Moment auch wieder zur Ruhe gebracht. So viele, so unterschiedlich alte Kinder eine Stunde lang zu unterhalten, ihre Aufmerksamkeit nicht zu verlieren und die Stimmung bis zum Schluss noch zu steigern, erfordert schon einige Erfahrung. Aber es gibt einem auch ein unbeschreibliches Glücksgefühl, wenn man die Begeisterung der Kinder spürt!

Bald darauf im Messepark, in einem grossen Einkaufzentrum in Dornbirn. Faschingsdienstag. Menschen, Menschen. Angesagt war Jubel, Trubel, Heiterkeit und wir mit unserem Clownkindertheater sorgten für Stimmung. Wir waren froh, dass wir es auch hier so toll über die Bühne gebracht haben. Noch geschminkt und im Kostüm wollte uns der Chef des Hauses Burkhard Dünser sprechen.

Galetti, komm her, setz Dich.

Ich habe da so eine Idee. Wir möchten nächstes Jahr einmal in der Woche ein Kasperltheater präsentieren. Wir haben viele Puppentheater angeschaut, aber es kommt keines für uns in Frage. Hör mal Galetti, so wie ich Dich kenne, kannst Du das, und Du bringst es auch professionell rüber.

Danke für die Blumen. Das machen wir, ist doch klar. Da habe ich eine Idee. An Stelle vom Seppel nehmen wir den Galetti .Und nennen das Ganze – „Galetti im Kasperleland".

Abbildung 62
1986 entstand die Idee zu unserem Clown-Kindertheater. (Foto Fels)

Abbildung 63
Mariza als Weissclown und ich als August; ein nostalgisches Clownduo. (Foto Fels)

He Papi, überleg doch erst mal. Das bedeutet sehr viel Arbeit! Man müsste die Puppen machen, ein Theater bauen, Geschichten schreiben und und und.

Liebe Mariza, ich baue das Theater, und ich bin für das Licht und den Ton verantwortlich. Das sind drei Sachen, da kommst Du mit dem kleinen Rest, der bleibt, doch bestens weg.

Haha, – also gut Ihr zwei, wie ich sehe, seid Ihr Euch einig. Also abgemacht.

Danke Burkhard, für Dein Vertrauen und den Vertrag.

Gut, den kannst Du morgen abholen.

Jetzt wurde mir erst klar, auf was ich mich da eigentlich wieder eingelassen hatte. Das Puppentheater bauen, das geht noch, das macht Spass, aber probieren und üben, das wollte ich mir eigentlich mit meinen 72 Jahren ersparen. Es war eine totale Umstellung für mich, meine Gestik, meine Bewegungen mit nur drei Fingern auf eine Puppe zu übertragen. In unserem Kindertheater verkörpert Mariza den Weissclown, der lustig, fröhlich und schlau ist. Genauso spielt sie nun den Kasperle. Ich spiele mich selbst, den Clown Galetti, der immer zu Spässen und Scherzen aufgelegt ist und gerne alles falsch sagt und macht. Mit seinen Scherzen und Sprüchen sogar die Hexe und den Zauberer und den Herrn Polizist hereinlegt. Natürlich zur Freude der Kinder. Mit wunderbaren Puppen und Geschichten, die Mariza geschrieben hat, und mit der passenden Musik von Murat wurde „Galetti im Kasperle-Land" ein grosser Erfolg. Wieder eine Herausforderung, die anzunehmen sich gelohnt hat.

Abbildung 64
Als Puppenspieler habe ich ganz neue Erfahrungen gesammelt.
(Foto Klossner)

Abbildung 65
„Klein Galetti" mit einigen seiner Feunde. Unsere Puppenbühne umfasst mittlerweile weit über zwanzig Figuren. (Foto Klossner)

Natürlich habe ich noch Pläne für die Zukunft, denn wer rastet der rostet. Aber alles hat seine Zeit. So ging es mir als junger Mensch in erster Linie darum, meinen Traum, ein Clown zu werden, zu verwirklichen. Dann, etwas reifer und Familienvater geworden, legte ich Wert auf Anerkennung und den passenden Rahmen. Zu dieser Zeit war ich körperlich topfit, und der Schwerpunkt meiner Komik lag in der Akrobatik. Nun bin ich alt und vielleicht auch ein bisschen weiser geworden. Die Akrobatik ersetze ich durch reife, erfahrene Komik. Und ich brauche auch nicht mehr unbedingt die grossen Bühnen und das gehobene Publikum. Herzliches Kinderlachen macht mich glücklich. In einer Zeit, in der die Medien und allen voran das Fernsehen, Komik immer mehr mit „abartig" interpretieren, ist es mir ein Bedürfnis, diesen jungen Menschen herzliche Komik zu schenken. Und vielleicht, wer weiss, erwacht dadurch bei einem Kind der Wunsch, auch Clown zu werden. Denn wir sollten der Welt die Clowns erhalten, damit sie kapriolenschlagend, der Welt Spass und Heiterkeit schenken.

Abbildung 66
Clown Galetti mit Kind. (Foto Jazyk)